Paseos por Venecia

JJ Merelo

Índice

A modo de prólogo o prefacio	1
Cuando visitar Venecia	7
El corvejón de Europa	11
Historia del mundo de Venecia	15
Del aeropuerto a la Piazza	21
Cementerio y Fondaco dei Tedeschi	35
Murano y sus cristales	45
El palacio de los dogos	59
Piazza única, dos piazzetas	89
Desde la Calle Larga a la Punta de la Dogana	133
Castello y las puestas de sol	175
Hacia Rialto y sus alrededores	199
Por Cannaregio	223
De teatro en teatro	239

España (y Granada) en Venecia	255
Un paseo por el idioma veneciano	267
Arsenal	268
Casanova	268
Casino	268
Chao	269
Cristal	269
Cuarentena	269
Esclavo	269
Folio	270
Gaceta	270
Góndola	270
Gueto	270
Lazareto	271
Lira (la moneda, no el instrumento musical)	271
Marioneta	272
Pantalón	272
Regata	272
Los inventos de Venecia	273
Artillería embarcada	274
Artillería ligera en combate	275
Bancos	276
Biblioteca nacional	277
Bienales de arte	277
Cafetería	278
Capitalismo	279
Carpaccio	280
Comedias con guión	281
Cuerpo diplomático	282
El Excel	282
Cristal transparente	284
Estuco veneciano	284
Infantería de marina	285
Tipo de letra itálica	286
Leyes "Mickey Mouse"	287
Libro de bolsillo	288

ÍNDICE

Lienzo (para pintura) 289
Mapamundi (o planisferio) 289
OSINT, Open Source Intelligence 292
Polifonía multicoral 293
Pinturas de paisajes 294
El punto y coma 295
Primas de seguro 296
Servicios de inteligencia estatales 297
Spritz 297
Teatro (de pago) 298
Terrazo 299
Vacaciones pagadas por el empleador 300

Preguntas frecuentes   303
El agua de la laguna, ¿es dulce o salada? 303
¿Dónde aparca la gente sus lanchas? 303
¿Cuanta gente vive en Venecia? 304
Ucronías venecianas 305
¿Cómo se las apañan la gente de Venecia? 306
¿Por qué llevan los gondoleros camisetas así? 307
¿Cómo funciona el reparto a domicilio en Venecia? 308
¿Dónde repostan gasolina las barcas? 309

Epílogo   311

Dedicatorias y reconocimientos   315

A modo de prólogo o prefacio

O quién me manda a mi intentar escribir sobre Venecia

> "Venecia es la misma eternidad", Joseph Brodsky, poeta ruso, premio Nobel de literatura en 1987, cuyas cenizas fueron enterradas, según él había dejado escrito, en Venecia; escribió sobre ella en su obra "Watermark".

Todo empezó con un viaje planeado a Venecia (y también a Florencia, pero el que mucho abarca, poco aprieta), y el intento de reservar uno de esos tours a pie por Venecia, gratis para siete personas.

- No puede ser, máximo seis personas.

Vista esta contestación, había dos opciones. La opción cañí, que tampoco desentonaría en Italia, que es apuntar a un grupo de tres y otro de cuatro. La otra opción era, claro, prepararse uno el tour escribiendo sobre el tema.

Aclaremos que no es mi primer viaje a Venecia. De hecho será, o habrá sido, cuando leas esto y cuando acabe de escribirlo, el cuarto. Guardo pocos recuerdos del primero, salvo un hotel en el Lido (y de esto no estoy seguro; recuerdo que era cerca de la playa), una foto en la que tengo un gato en brazos cerca de la escalera de caracol del palacio Contarini del Bovolo, y la inmensidad del Piazzale Roma. El segundo viaje fue en agosto de 2021, y sí le saqué mucho más provecho y lo tengo más en mente. Pero, armado de guías y de la Wikipedia, todavía eché de menos mejores descripciones del contexto, y una visión más global de por qué Venecia es lo que es y qué significación tiene, en el contexto de la historia del mundo, de la cultura de la gastronomía y de lo que encarte.

Así que se junta el hambre con las ganas de comer, y el resultado es este panfleto, posiblemente ya convertido en tocho en el momento que haya decidido sacar la primera edición. Para saciar la sed de historia, geografía y metafísica de Venecia de modo rápido y eficiente, están los primeros capítulos. Para servir a modo de guía de Venecia, con más historia, geografía y metafísica, el resto de los capítulos, que pueden ser tres o cuatro o media docena, ya veremos, a modo de paseos. Aprovechando dichos paseos, iré introduciendo ideas que tuvieron su origen en Venecia, o momentos históricos de especial relevancia o en general lo que se me ocurra. Lo que se busca es que el lector o lectora sea capaz de leer la ciudad cuando estemos allí, y también entender la historia contemporánea a través de muchas de sus causas últimas, que estuvieron precisamente allí, en medio de una laguna.

Quizás la primera aproximación que tiene uno a Venecia es como el arquetipo de la "romántica" ciudad de los canales, el gondolero cantando O Sole Mio (canción que nada tiene que ver con Venecia, por cierto), y la pareja acurrucadita en los mullidos asientos forrados de terciopelo de la góndola, mientras se deslizan entre palacios decadentes (en el sentido de que están decayendo a ojos vistas) para ir luego a disfrutar de un Aperol Spritz a 20€ mientras escuchan música de piano en la piazza de San Marcos.

> Durante la escritura de este libro he descubierto que por ese precio apenas te llegaría a un espresso en el Caffè Florian. Pero no voy a adelantar acontecimientos ni precios.

El mito de Venecia precede y sirve de introducción a la ciudad de los canales y atrae a la misma a millones de personas todos los años. Lo atrae porque es cierto, todo eso lo puedes hacer por un precio que no va a ser nada módico. Pero la realidad de Venecia trasciende ese golpe de vista o ese mito. O explica, quizás, su origen.

Porque el origen del turismo, de la misma palabra, pasa por Venecia. Turista, en su origen en el siglo XVII, era el que hacía el Gran Tour, un viaje más o menos iniciático que los hijos varones de la nobleza europea, sobre todo británica, hacían por Europa, incluyendo Venecia;

los selfies que allí se hacían fueron quizás los primeros de su tipo, y los cuadros que le compraban a Canaletto son el origen lejano de los imanes en el frigorífico actuales. El por qué visitaban precisamente Venecia tiene poco que ver con una educación artística y mucho que ver con su educación sentimental (y, por supuesto, sexual), pero el hecho de que visitaran Venecia contribuyó a ese mito que, aún hoy, sigue atrayéndonos.

Lo que se aprendía en el Gran Tour era, para los burgueses diletantes, un sustituto de la consulta de la Wikipedia y permitía, a los vástagos de la nobleza, entender un poco mejor su mundo, o al menos el arte y la cultura del mismo. Y para mi, eso es lo que todavía hace a Venecia relevante. El turismo crea y destruye; destruye formas de vida y crea otras, pero sobre todo congela en el tiempo estructuras, redes, tradiciones, que se mantienen no por su relevancia sino por la capacidad de atraer divisas fuertes o débiles. Y en Venecia hay capas y capas de historia, en piedra, en estructura urbana, en la señalética, en los vehículos que se usan, inalterados por siglos, que son lecciones de historia, de geografía, de urbanismo y de antropología.

No solo el turismo de masas se originó en Venecia y, a la vez, el turismo conformó la Venecia que vemos hoy en día; conservada exactamente de la misma forma que hace siglos, con las mismas tradiciones, la misma estructura y los mismos edificios, "com'era, dov'era"; como era, donde estaba. Por eso Venecia no es sólo un centro histórico o una catedral rodeada de horribles bloques de apartamentos hechos en los años 60, es Venecia, toda ella, todo el tiempo, siempre ella misma.

Pero además, Venecia es eso y es relevante sin dejar de ser esa ciudad italiana donde se come pizza y pasta, romántica en el sentido un poco golfo de la palabra, llena de lujo y glamour y decadencia, que por un día o incluso unas horas, desde que te deja el crucero en el Terminal Venezia Passeggeri hasta que te recoge unas horas más tarde, te inunda de arte y de baratijas no necesariamente hechas en este continente.

Además, la Laguna de Venecia es patrimonio de la Humanidad. No sólo eso, sino que, dentro de los 10 posibles criterios que hacen de un sitio patrimonio de la humanidad, Venecia cumple seis. Hay media docena de sitios que cumplan tantos criterios; la mayoría cumplen uno. Y por si fuera poco, Venecia ha dado otro patrimonio a la humanidad:

las fortalezas venecianas erigidas en Italia, Croacia y Montenegro durante los siglos XVI y XVII. Si un hipotético extraterrestre hiciera un crucero interestelar por los lugares más interesantes del universo, no me extrañaría que aparcara su nave espacial en Venecia. Si es posible, lejos de la laguna.

También es única porque en Venecia todo es historia y cultura. En cualquier otro lugar con la calificación de patrimonio de la humanidad, hay un monumento, un área, un centro histórico. Te sales de esa zona y hay bloques funcionales espantosos hechos en los 60, ese edificio tan bonito sede de la compañía de aguas de Paul Gehry, o ese pastiche de calle de chalets adosados en estilo narco-kitsch. En Venecia no es así. Hasta que el tren no sale de la estación de Mestre no sales de la zona delimitada, de la zona que inspira, emociona y atrae. Una y otra vez. Y en Venecia, en cualquier lugar de la laguna, hay una fuente inagotable de detalles, monumentos, incluso nombres de calles. O los carteles en los que están inscritos.

Y esa historia y cultura es una amalgama de gente de muchos lugares, sensibilidades y culturas. La república marítima tenía como hogar el mar, hasta el punto que se celebraba la Sensa o "matrimonio con el mar" del dogo, y por el mar iban y venían gentes de todas las esquinas del Mediterráneo, desde los más cercanos eslavos, croatas, hasta los más lejanos armenios, griegos, judíos y personas de todos los puntos de Italia. Entre Oriente y Occidente, no se casaba con nadie y fue acogiendo a todos los pueblos que huían de cualquier lugar de Europa, fieles a su origen de pueblo que se refugió en la laguna. El mismo estilo que caracteriza a Venecia mezcla el gótico con el estilo bizantino en una mixtura que tiene pocos ejemplos en el mundo.

> Otro estilo similar, también italiano pero en otro extremo de la bota, sería el sículo-normando. Pero esa es otra historia.

El estilo también único de ciudad con canales ha hecho que, finalmente, "Venecia" se convierta en un nombre genérico que designa esa configuración urbana. Hay muchas "Venecias" (del norte, del sur, de Asia, de no sé dónde más), e incluso un barrio llamado "Venice" al lado de Santa Monica, donde Los Angeles se encuentra con el mar, con unos cuantos canales infectos por los que navegan, a veces, barquitas entecas. Hay un casino "Venetian" en Las Vegas, con canales, piazza y, por supuesto, muchas pizzerías.

Pero Venecia no hay más que una, y en este libro (o lo que eventualmente sea al final, web, o, yo qué sé, un podcast), a base de unos cuantos paseos, vamos a intentar dar las claves para poder leerla y entenderla un poco más, es decir, entendernos un poco más a nosotros mismos y a nuestro mundo.

Pero antes, para entender los porqués de Venecia, veremos un poco de geografía y un poco de historia.

Así que a leer y a disfrutar, vayas a ir a Venecia, estés ahí ya, hayas ido, o no tengas pensado ir nunca pero te interese esta fascinante ciudad.

Cuando visitar Venecia

El tiempo, los festivales y otras movidas

> "Quien quiere ver la verdadera Venecia, que lo haga una mañana de verano o una tarde de invierno", proverbio veneciano: Chi vol vedar Venezia vera de istà a la matina, de inverno a la sera.

Vamos a por el tópico: siempre es un buen momento para visitar Venecia, en cualquier estación del año.

> A partir de 2023, Venecia puede cobrar hasta 10€ sólo para entrar en la ciudad a las personas que se vayan a quedar sólo un día. Si quieres ahorrarte esta tasa, lo mejor es que vayas antes. Durante el año 2022 funcionará de modo voluntario. Esta es una medida con bastante oposición por parte de la población local, así que habrá que ver si se lleva a cabo o no.

Tienes dos condicionantes principales a la hora de visitar: la cantidad de gente que puede haber (que puede ser mucha) y el tiempo (que pude ser horrible).

Empecemos por el primero: la cantidad de gente. Gran parte del turismo en Venecia es de diario; desembarcan en Santa Lucía por la mañana, o llegan en coche y aparcan donde pueden, y se van cuando han visto San Marco y Rialto. Si estás leyendo este libro, o es porque te cae bien JJ, porque te ha dado mucho la chapa para que te lo bajes (o porque lo odias y vas a sacarle defectos, vaya usté a saber) o bien porque eres del tipo de personas que quiere conocer un sitio y leerlo como si se tratara de un libro (como este, mira tú). Por tanto, seguramente querrás estar varios días para absorber bien y entender bien las cosas que sólo se entienden cuando vas por segunda vez, y paseas a tu aire, con tranquilidad. En ese caso, estás de suerte: las multitudes empiezan a clarear a partir de las cinco o seis de la tarde, y podrás evitarlas. Nosotros hemos estado tanto en agosto como en Semana Santa (que es cuando podemos, mecachis), y lo hemos experimentado así. Tomarte unos cicchetti en una plaza a cinco minutos de San Marco con tranquilidad mientras charlas con la gente que atiende es una posibilidad real. O irte a Murano y sentir un poco de miedo porque a partir de las 7 en agosto es una ciudad (o isla) fantasma.

Esas dos son las fechas críticas: Pascua (o sea, las dos semanas que comprenden la semana santa) y el mes de agosto, que es vacaciones en Italia y también en muchos otros países. Si es en fin de semana, peor todavía.

El verano, en general, tampoco es una buena fecha. Aparte de que hay mucha más afluencia de público, hace un calor húmedo nada agradable y a esas alturas los moquitos están ya bien entrenados y pueden hacer un verdadero desastre con la piel del más sensible del grupo, que siempre eres tú.

> Se aconseja de todas formas, y en todas las fechas prácticamente, llevar repelente de mosquitos y/o crema para las picaduras, porque Venecia es una marisma y la sangre de turista un manjar exquisito para ellos.

Primavera fuera de las fiestas señaladas, así como septiembre y el principio del otoño, si se tiene la oportunidad, son las mejores fechas. Menos gente, se ven atisbos de una ciudad real con sus niños que van al cole y con todas las tiendas abiertas (en agosto cierran algunas), y la temperatura sigue siendo agradable, aunque el tiempo en Venecia se parece más al de Centroeuropa que al de, por ejemplo, Florencia, a dos horas en tren (rápido).

Si vas en invierno o al final del otoño, lo que tendrás que tener en cuenta es que, aunque pegada al Adriático, que es un mar cálido, Venecia está más al norte que Barcelona; tiene una cadena montañosa relativamente cerca, y las temperaturas pueden tener una sola cifra fácilmente. Además, llueve con frecuencia, y hay cierta posibilidad de que haya acqua alta; también hay pocas horas de sol (anochece antes de las cinco de la tarde). Si para ti eso no es un obstáculo tan alto como tener que esperar horas de cola, al sol, para entrar a cualquier lado, adelante. Pero no lleves las bermudas y gafas de sol; cámbialas por botas de agua y por un paraguas.

> Estoy escribiendo esto esperando al avión que me llevará a Venecia, un 3 de diciembre. Así que es posible que el párrafo de arriba cambie totalmente. Voy preparado como digo, sin embargo, así que vamos preparados para esos riesgos.

El corvejón de Europa

Donde está Venecia, y como la geografía determina la historia

> "Venecia nació de la nada, de un poco de lodo y de la espuma del mar, como Venus, su casi homónima" P. Braunstein, R. Delort, citados en "Marco Polo y la Ruta de la Seda", de Jean Pierre Drège

Cualquier país, ciudad, imperio, isla, continente, barrio; cualquier entidad geográfica, en suma, está determinada por la geografía, así que hablar de dónde está Venecia es, posiblemente, la mejor manera de empezar a entender por qué existe Venecia y qué es, ha sido, y posiblemente, será.

Todo el mundo tiene la idea de que Italia es una bota, con la punta señalando hacia el Oeste, en la dirección de España, y la pierna en sí ligeramente inclinada hacia el Este. Más o menos a la altura de la espinilla estaría Roma. Pues bien, Venecia estaría justamente en el corvejón; es decir, donde se dobla la rodilla, pero en la parte trasera de la misma. El muslo, entonces, sería la antigua Yugoslavia, hoy en día Eslovenia, Croacia, Montenegro... Y continuaría con Albania y Grecia. Entre el muslo y el gemelo y talón de la pierna (o tacón de la bota) estaría el Mar Adriático. Es decir, Venecia está en el extremo de un mar alargado, con una entrada relativamente estrecha, con menos de 160 kilómetros de ancho (en su parte más amplia), muchos puertos y por tanto muy navegable y también fácilmente defendible.

Aunque sólo fuera por ese hecho, Venecia ya sería notable, aunque una posición similar tienen Trieste o Grado. Pero es que, además,

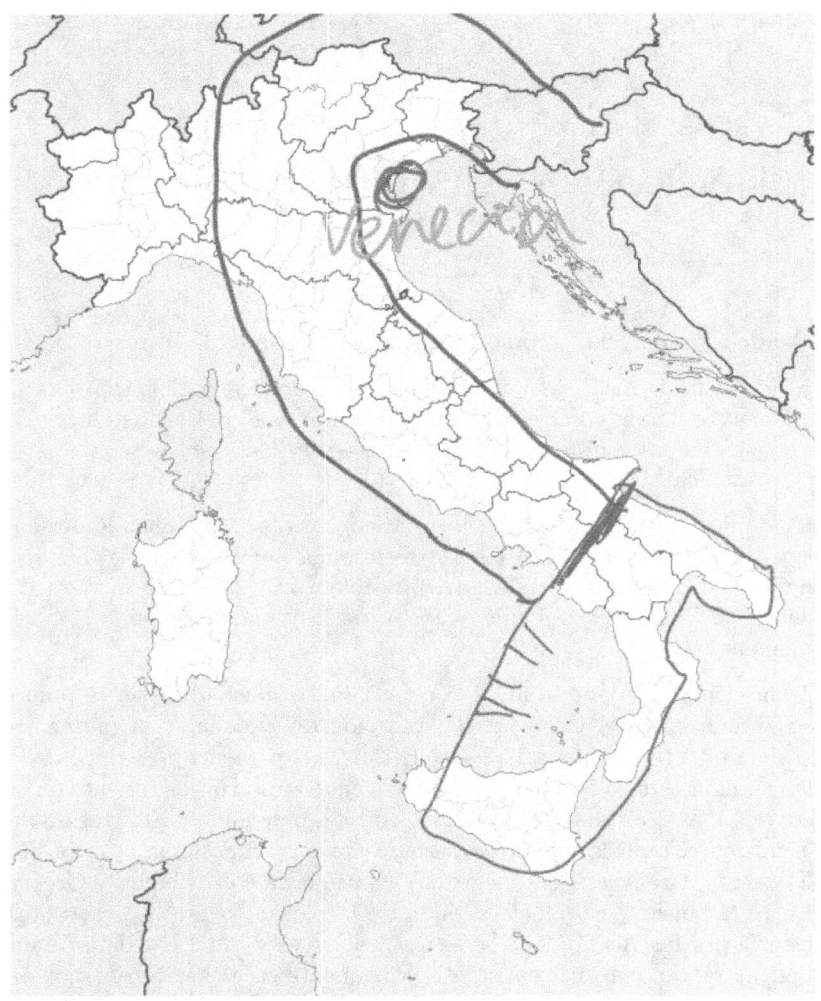

Figura 1: El corvejón de la pata italiana

Venecia es una isla, o más bien un conjunto de muchas islas unidas por puentes en medio de una laguna. Esa laguna está separada del Adriático por una serie de barras arenosas (o "lidos"), en las cuales se abren varias "puertas"; una vez más, posición fácilmente defendible en tiempos azarosos.

Lo que se considera Venecia en sí tendría una forma de busto tumbado, con dos partes separadas una de otra por el Gran Canal, la parte superior (que incluye San Marcos y todas las zonas más conocidas) con una forma aproximada de llave inglesa, con las fauces cerradas sobre la parte inferior, que incluye la estación del tren y diferentes barrios en general relativamente lejos de los principales ejes turísticos. Debajo de estos dos estaría la Giudecca, una isla también alargada y más alejada todavía de los circuitos turísticos, ya que se accede a ella solo usando los (relativamente caros) vaporetti.

> Casi todas sus atracciones, desde San Giorgio Maggiore hasta Molino Stucky, se ven perfectamente desde el vaporetto que va desde San Marco hasta Piazzale Roma.

La posición que ocupó Venecia, por tanto, es relativamente privilegiada, geográficamente hablando. Situada en una zona templada, bañada por un mar cálido, a salvo de mareas vivas y en una zona defendible tanto desde el mar como desde tierra (a la que se unió por un puente solo en el siglo XIX), en la "bisagra" de Europa, entre oriente y occidente, esta posición explica por qué surgió aquí la ciudad que acabó expandiéndose hasta convertirse en el primer imperio marítimo, un imperio que duraría, con altos y bajos, casi tanto como el bizantino y mucho más que el español o el inglés.

No todo son ventajas, claro. La laguna está expuesta a mareas, y por tanto a subidas excesivas del nivel del agua, las cada vez más frecuentes acqua alta, cuando el agua empieza a salir por los sumideros de la piazza San Marco y a reptar por los alrededores del puente de Rialto hasta convertirlos en un gran charco donde los turistas chapotean felices por la experiencia y los camareros vuelven a sacar sus botas altas y maldecir el reuma y lo que van a tener que barrer al día siguiente. Este sistema de exclusas, llamado MOSE, tratará de evitar, en un futuro próximo, que el acqua sea tan alta que convierta a los canalillos en verdaderos canales, y a los canales en una laguna continua de la que sólo salgan las cúpulas de San Marco y las dos columnas con el león y el cocodrilo masacrado por San Teodoro.

Pero de eso hablaremos (sólo un poco) en uno de los siguientes capítulos.

Historia del mundo de Venecia

Cómo la historia del mundo occidental afectó a Venecia, y al revés

> "Si no fuera rey de Francia, habría elegido ser ciudadano de Venecia", Enrique III.

La historia sigue a la geografía y lo acontecido en Venecia y provocado por la misma son, en gran parte, consecuencia de esa posición como bisagra de Europa y punto de inflexión entre Oriente y Occidente.

Por eso hay que irse a épocas muy antiguas para tener un poco de perspectiva sobre esta ciudad. Precisamente al momento, en el siglo tercero, cuando los emperadores romanos empezaron a verle las orejas a lobo, no al presunto compañero de la loba que amamantó a Rómulo y Remo, sino a lobo bárbaro que soplaría, soplaría, y la casa romana derribaría eventualmente; visto que un imperio tan grande era ingobernable, Diocleciano instauró una tetrarquía (la palabra tetra viene del griego y significa cuatro, como el tetrabrik) con dos emperadores; y visto que eso de acceder a la emperaduría por asesinato del anterior no acababa dando buenos resultados, cada emperador o augusto iba acompañado de un becario o césar, un augusto en prácticas. Tú a Londres y yo a California, pero en este caso unos a Roma y otros a una ciudad que Constantino construyó ex-profeso y que se llamó Constantinópolis (ciudad de Constantino, la hizo él, qué pasa) o Constantinopla.

Pero casa con cuatro tetrarcas mala es de gobernar, ya lo dice el refranero, así que a finales del siglo IV se dividieron definitivamente, al dar el emperador Teodosio un imperio a cada uno de sus hijos.

Realmente en ese punto Venecia, como ciudad y estado, no existía siquiera, pero la zona en general donde se encontraba cayó bajo control teórico del imperio bizantino, el llamado imperio romano de oriente. Posiblemente porque era más fácil mandar soldados desde Constantinopla por barco que desde Roma por esos caminos poco practicables, así que el imperio romano de occidente la dejó ir; por ese camino acabó como parte de la llamada Pentápolis, y finalmente independiente a todos los efectos a finales del siglo séptimo. Independiente de oriente (que a esas alturas era el único de los dos originales que llevaba la llama del imperio romano) y de occidente (del que no se podía depender literalmente para nada tras oleadas de invasiones).

Así empezó la república Serenísima, más o menos a la vez que en la península arábiga Mahoma comenzaba el Islam, en el centro de Europa se organizaba el Sacro Imperio Romano Germánico y en China gobernaba la dinastía Tang. En la zona de Asia que ahora se llaman (un poco despectivamente) "los estanes", es decir, Uzbekistán, se empezó a organizar la Ruta de la Seda, que acabaría canalizando todo el comercio entre Oriente y Occidente (y al revés).

Y Venecia, que tenía barcos porque era una república marítima y era lo que sabía hacer, comenzó de esa forma: como una ciudad-estado que recogía los productos en los extremos de la ruta de la seda en Egipto, Constantinopla y otras ciudades como Tiro. Por esa ruta, precisamente, fue por donde Marco Polo viajó para alcanzar la corte del Kublai Khan. Pero mientras Venecia seguía creciendo, el imperio bizantino seguía decreciendo atacado por los diferentes pueblos islámicos. Las cruzadas fueron un intento de apuntalar esos reinos cristianos en lo que se llamaba "Tierra Santa", aunque quien realmente les asestó la puntilla fue la propia Venecia, que en la llamada Cuarta Cruzada invadió, conquistó y expolió Constantinopla.

Hasta entonces, el imperio bizantino había definido en gran parte cultural y comercialmente a la república veneciana. Pero parece que la adolescencia de este último consistió en una rebelión, si no contra el padre, al menos contra el padrino. Por esa razón Venecia tiene tanto de bizantino, pero más cultural que eclesiásticamente; en ese sentido, era leal al Papa de Roma, sin estar totalmente sometida al, que incluso tenía que pasar por caja si quería barcos para una u otra cruzada. Y en esa época había un tercer imperio romano en liza, el Sacro Imperio Romano Germánico, una confederación deslavazada de diferentes estados, que incluyeron en algunos momentos otros ducados o ciudades-estado italianas, y que en su oposición al papado definió la política del final de la Edad Media.

Por eso, el resto de Italia, al final de la Edad Media, se desangraba en luchas entre güelfos (partidarios del Papa) y gibelinos (partidarios del Sacro Imperio, el de más arriba). Venecia, sin apuntarse a unos ni a otros, recibía a los refugiados de unos y otros y les vendía lo que pillaba, manteniéndose en paz con sus vecinos más cercanos y eventualmente conquistando "las tres Venecias", los dominios en el norte de Italia que se denominaron Terraferma. Eso, por supuesto, implica algún tipo de guerra, porque tampoco la gente se deja conquistar fácilmente; sin embargo, más o menos en la época de la caída de Constantinopla, a mediados del siglo XV, la paz que se firmó en Lodi con el resto de los estados italianos duró durante un tiempo y permitió que todos se concentraran en los enemigos de verdad: los internos, y por supuesto el imperio otomano.

Ya no hubo demasiadas guerras en la península italiana; Milán y Florencia son la cuna de la diplomacia, y estos dos estados y Venecia fueron los primeros en crear embajadas permanentes y por tanto profesionales; la diplomacia fue la continuación de la guerra por otros medios, porque Italia, al final, no fue un estado hasta el siglo XIX. Pero la conquista de los turcos de Constantinopla, inevitable, creó un enemigo mucho más formidable para la república Serenísima y del resto de las potencias mediterráneas; pero fue Venecia quien, por tener frontera directa con el imperio resultante y dominios marítimos en su esfera de influencia, se llevó el grueso del ataque. Y empezó su propio declive.

Además, justo después de la conquista de Constantinopla, Portugal empezó a convertirse en una potencia naval, encontrando nuevas rutas marítimas y creando buques, las carabelas, que tenían mucha más capacidad y podían transportar mercancía a menor precio y con menor riesgo. En 1492, buscando otra ruta para las especias, Colón se encontró con América, la descubrió para España y, poco a poco, el Mediterráneo oriental, que había pertenecido a Venecia, dejó de ser el centro comercial y geoestratégico que había sido.

Incluso en ese pequeño reducto veneciano, también tuvieron que retroceder. Tras la conquista de Chipre a Venecia por parte de los otomanos, las dos potencias se vieron las caras en la batalla de Lepanto, donde Venecia, los estados papales y España lucharon de un lado, y la armada turca del otro.

> Y donde Cervantes perdió parte del uso de la mano izquierda, al ser herido en combate.

El resultado de la batalla estuvo claro: derrota apabullante de la flota otomana. El estado veneciano, uno de los primeros en usar el arte al servicio de la política, lo convirtió en una victoria veneciana con dos o tres mendas más, cuando en realidad el grueso de las tropas las puso España y los piqueros españoles, al abordaje, los que dieron la ventaja competitiva. Eso no impide que haya grandes cuadros de Tintoretto en el palacio de los dogos tratando de mostrar a la victoriosa Venecia. En todo caso, la batalla de Lepanto enfrentó a dos formas de ver el mundo, la cristiana y el Islam, y ha sido uno de los mayores enfrentamientos de tal calibre que han visto los siglos. Y ahí estuvo Venecia.

Incluso después del vértice de su poder, la influencia política y económica veneciana en Italia y el resto del mundo fue considerable.

> No tanto como para que la burguesía negra veneciana, como dicen algunos conspiranoicos, sea el "poder en la sombra" mundial.

La moneda italiana, la lira (que significa libra, de peso, y se llamaba así porque era lo que pesaba al principio, aunque con la inflación perdió el 99% del peso original), se acuñó por primera vez con tal nombre en Venecia, y luego fue adoptada por muchos otros estados italianos.

> Incluso por los turcos, que también llamaron lira a su moneda.

Esa influencia fue en declive paulatino tras la batalla de Lepanto. La república tenía que luchar con enemigos externos, como los piratas uscoques, los turcos, e incluso los españoles, que ambicionaban toda la península itálica tras asentarse en una parte y con enemigos internos, reales o imaginados: hubo episodios, como la llamada conjura de

Bedmar, a la sazón embajador de España en Venecia, y granadino de origen, en la que Venecia descubrió y arruinó unos (presuntos) planes españoles de acabar con ella.

>Eso, indirectamente, benefició a Turquía porque España llamó a capítulo al duque de Osuna, virrey español en Nápoles, que se había distinguido por mantener a raya a los turcos con su flota privada, que usaba una bandera negra como enseña. Osuna murió en desgracia, una vez procesado en Madrid.

Venecia, al final, como un estado menor, desapareció definitivamente con la invasión de Napoleón a finales del siglo XVIII. De hecho, Napoleón cedió Venecia junto con el norte de Italia al imperio austrohúngaro, que hasta el Risorgimento o la unificación de Italia, en 1861 tuvo en Venecia una simple colonia.

Venecia siguió siendo Venecia. Pero de causar los maremotos de la historia, acabó por ser víctima de las acquas altas causadas por otros.

Del aeropuerto a la Piazza

Del aeropuerto Marco Polo a la piazza San Marco, yendo hacia atrás en la historia de Venecia, por la laguna

> "Venecia nunca parece totalmente real, sino más bien un decorado de una película suspendido sobre las aguas", Frida Giannini

Hay muchas formas de ir del aeropuerto a donde quiera que te alojes en Venecia; los modos más populares, en el sentido estricto de la palabra, son los trayectos en autobús hasta el Piazzale Roma y luego, vaporetto hasta donde sea que te alojes. O bien andando, que muy lejos tiene que estar uno en la isla principal para que no se pueda llegar en media hora, disfrutando del paseo. Pero vamos a hacerlo en barco, el camino más directo desde el aeropuerto hasta el corazón de Venecia, la Piazza San Marco.

> El vaporetto que va a la estación de Piazza San Marco no es demasiado grande, cabiéndole unas 30-40 personas, siempre que las maletas no sean demasiado grandes. Al menos en el que nosotros nos montamos no es ideal para la visita panorámica, porque tiene una zona que consiste en dos bancos corridos a los lados, con los asientos mirando hacia el centro, y ventanucos (u ojos de buey, como quieras llamarlos) justo en el respaldo del asiento; el techo es bajo y es complicado ponerse de pie, aparte de que el suelo suele estar repleto de maletas, mochilas y todo tipo de equipaje. Aún así, de rodillas en el asiento y abriendo los

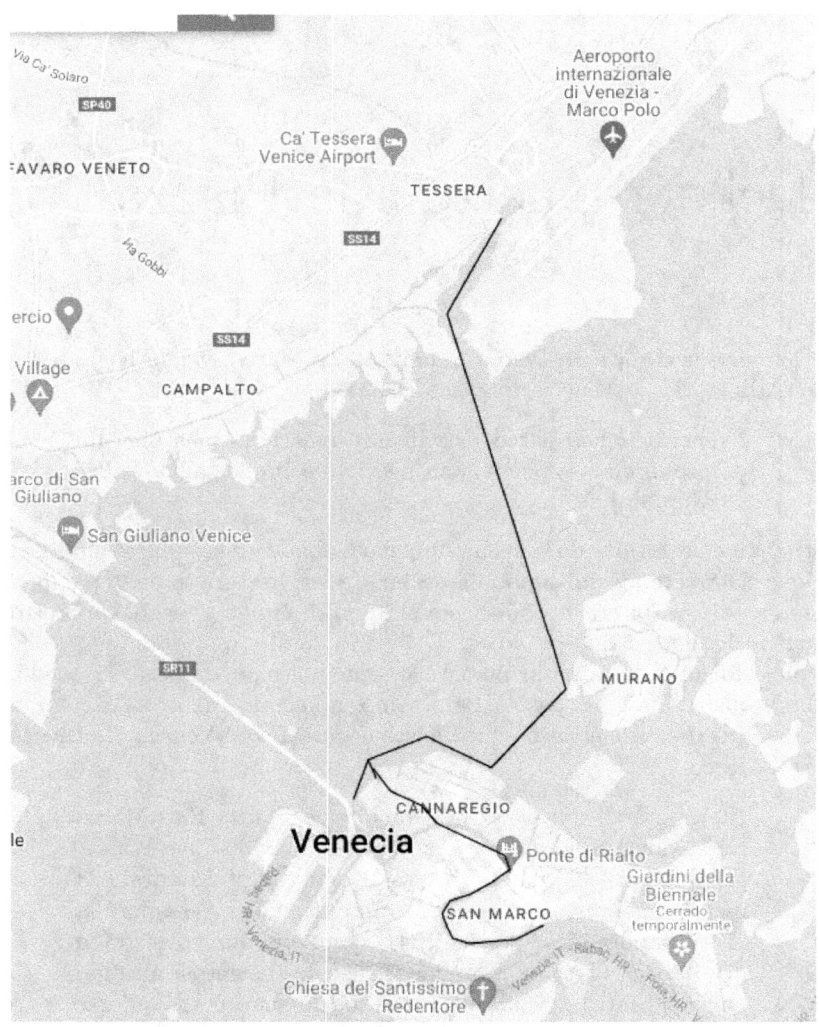

Figura 2: En vaporetto hasta San Marco

ventanucos (no todo el tiempo, y sobre todo cerrándolos si ves que se acerca otra lancha taxi, porque te puede entrar la laguna entera en el habitáculo) se puede ver algo, y hacer alguna foto. Siendo como es a nivel del agua, se puede ver estupendamente el bajo de los puentes y poco más, así que no esperes que sea una visita panorámica para hacer fotos a saco de todos los lugares por los que pases.

Trataremos hacer de este paseo un recorrido por la historia de Venecia, desde el presente hasta su inicio; un poco forzado, lo sé, pero al menos es una pequeña línea temporal de brocha gorda, que iremos afinando al pincel en el resto de los capítulos.

Comenzamos este paseo en la Italia actual, un país democrático, miembro de la Unión Europea y de la OTAN, con un producto interior bruto per cápita superior al de España (aproximadamente un sexto superior, con números de 2021) y el noveno del mundo en números absolutos (datos de 2017, justo por debajo de Brasil y por encima de Canadá). Cinco puestos por encima de España, o quizás cuatro ahora mismo, si es que Rusia ha caído finalmente por debajo. Un país, por tanto, rico y moderno, con sus problemas conocidos por todos, la mafia y su alianza con algunas fuerzas políticas, el populismo y, sobre todo, las diferencias norte-sur; aún así es un país vibrante, industrial, pero con una gran cultura que hace que sea uno de los principales destinos turísticos del mundo. Que es de lo que nos ocupa.

Y lo comenzamos también en el agua, flotando encima de ella, claro; el agua es la razón de ser de Venecia, lo que la hace especial y la que ha traído su riqueza y definido su cultura a lo largo de los siglos. Además, podremos verla desde varios puntos cardinales, y pasear por el Gran Canal, que a modo de serpiente (o de lazo) la divide por la mitad (o la ata). Por si fuera poco, podremos echarle un vistazo a las marismas en los alrededores del aeropuerto, o más cerca de Mestre, donde el puente se une con el continente.

Tomando la linea arancio (naranja) de Alilaguna, una de las empresas que gestiona los vaporetti (la otra es ACTV, que vienen a ser los autobuses urbanos; Venecia es una laguna, y los vaporetti, o pequeños vapores, lo más parecido a los autobuses urbanos que hay. Navegando en uno de ellos, y por un módico precio, podemos retroceder en la línea temporal de la historia de Venecia, yendo desde la actualidad que representa el aeropuerto, hasta muy cerca de los orígenes en San Marco Giardinetti, que es donde termina la línea. Un paseo, además, sentado (si tienes suerte) y que tarda una hora y cuarto, más o menos.

> Los primeros vaporetti, algo tan típico veneciano, fueron realmente barcos de vapor traídos desde París por una empresa francesa a finales del siglo XIX.

El camino por la laguna viene marcado por una serie de postes, que delimitan, a modo de carretera, por dónde se puede circular y por dónde no. Estos postes, cada uno de los cuales se llama una bricola o briccola (plural bricole). Estos bricole delimitan los caminos que, a los largo de los siglos, han ido descubriendo los venecianos en una laguna llena de bajíos y marismas, y por tanto traicionera. Además, encima de cada uno de esos bricole, aparentemente por ley, hay situada una gaviota.

> Al parecer, "tú eres mi bricola", o mi apoyo, es una frase común entre los venecianos; las tres bricole están colocadas de tal forma que una de ellas, inclinada, soporta a las otras dos.

Aparte de los postes delimitadores, veréis un montón con una especie de bola en lo alto de un poste cuyo letrero indica que se trata de algo relacionado con las telecomunicaciones.

> En un plot twist inesperado, a estos postes se les llama "Duque de Alba" en español, o palabras parecidas en otros idiomas. Nadie sabe a qué se debe.

Vamos a abordar el vaporetto en el aeropuerto Marco Polo; qué mejor nombre, el de un viajero veneciano del siglo XIII, que buscando nuevas rutas comerciales acabó en la China e incluso más allá, en Mongolia y posiblemente Indonesia.

> Ya que estamos, no es cierto que Marco Polo trajera la pasta de la China a Italia. Fueron los árabes, en su conquista de Sicilia, los que la introdujeron unos siglos antes, a la vuelta del milenio. Sí es verdad que trajo los helados, aunque los que trajo serían más parecidos a los sorbetes de

hoy en día: hielo con zumo de frutas. Los helados actuales son evolución de esos, cuando se les empezó a añadir leche para hacerlos más cremosos; así que los puestos de helados "Los Italianos" que hay en tantos puntos de la península (como en Granada) deberían llamarse, en realidad, "Helados Chinos traídos por Marco Polo a Italia", aunque como marca comercial no sé si engancharía mucho.

El aeropuerto, hoy en día, es el cuarto con más pasajeros de Italia, tiene vuelos a América, y también a muchos de los lugares donde los venecianos organizaron fondachi durante el apogeo de su imperio: el golfo pérsico, el este de Italia, Croacia, Albania, Armenia... Los fondachi (palabra que viene del árabe funduq, igual que la española fonda) eran puestos comerciales que iban desde un edificio, hasta pequeñas ciudades con todo lo necesario para que una colonia veneciana desarrollara su vida. Es curioso cómo cambian los gobiernos y pasan los siglos, pero sigue habiendo relaciones entre lugares y pueblos que se establecieron mil años atrás.

El edificio del aeropuerto es posiblemente el más moderno que se va a ver en todo el viaje a Venecia.

> En la ciudad de Venecia hay pocos edificios modernos, y con modernos quiero decir del último siglo. Pero los hay, y son bien visibles, incluso en los sestiere más céntricos: al lado de San Moisè, por ejemplo, o en el Campo Manin.

El aeropuerto en sí, que está situado fuera de Venecia, en la ciudad de Tessera, se creó a finales de los 50, aunque el edificio se amplió recientemente, con un proyecto de 2002 que se terminó unos años más tarde. La ampliación, un poco brutalista, es decir, hecha con hormigón armado expuesto, recuerda sin embargo a algunos de los palacios (o el Arsenal, unos astilleros y fábrica en la misma ciudad de Venecia) que encontraremos más tarde en nuestro viaje en el vaporetto, usando, como en ellos, la piedra de Istria, pilastras y elementos decorativos bastante apropiados al contexto. Para irse, más o menos, metiendo en faena.

> Istria es una península que, si Venecia es el corvejón de una pierna, saldría a modo de forúnculo en el interior del

muslo. Actualmente está dividida entre tres países: Italia, Eslovenia y Croacia; en la época de mayor esplendor de Venecia era, en gran parte o completamente, suya.

La línea arancio continúa su viaje parando en la isla de Murano primero, la más cercana, o en Santa Maria dell'Orto, en Cannaregio.

> Murano es posible que se conozca por el cristal de Murano, que se vende en todo el mundo, y también en múltiples tiendas en la ciudad de Venecia, en forma de figuras decorativas, pero también colgantes y joyas. Los comerciantes de estas tiendas son especialmente convincentes, así que hay que tener cuidado con no acabar con un vaso en el que beben pajaritos de 200€ que no te cabe en el equipaje de mano. Durante mucho tiempo la fórmula de la fabricación del cristal se mantuvo en secreto, hasta el punto que estaba prohibido que los cristaleros abandonaran la ciudad, y que los extranjeros participaran en la fabricación del cristal. Palabra que, precisamente, viene del término cristallo, que significa simplemente "transparente", que los vidrieros de Murano usaron para denominar a un tipo de vidrio que era totalmente transparente. Otra palabra veneciana para todos los lenguajes occidentales.

Vamos a continuar el viaje por la historia hacia la fundación de Venecia. Por eso, no vamos a prestarle mucha atención a la isla de San Michele, que aloja el cementerio, que dejaremos a la izquierda. Y que existe como cementerio desde que Napoleón lo eligió personalmente como tal. Pero de esto hablaremos más adelante, cuando lleguemos a esa época.

La siguiente parada es Madonna del Orto, en Cannaregio, que es uno de los seis barrios de Venecia.

> En muchos idiomas, las palabras que se usan para designar a los barrios vienen a indicar que se trata de "un cuarto" de la ciudad, por los campamentos y ciudades romanas, divididas en cuatro por dos calles, el cardus y el decumanus. En italiano es también así: barrio o vecindario es quartiere. En Venecia y en veneciano, sin embargo, se dice sestiere. Por su especial configuración (véase el capítulo dedicado a

la geografía), Venecia está dividida en seis "sextos" o sestieres: Cannaregio es el primero que veremos, pero además están Castello, San Marco, Dorsoduro, San Polo y Santa Croce. Pasaremos por todos ellos durante este viaje.

Pero pasamos un poco de largo para nuestra siguiente (y anterior en el tiempo) etapa en este viaje por la historia de Venecia: el puente de la Libertad, Ponte della Libertà. Si lo miramos desde la actualidad, Italia dejo de ser libre en el año 1944. Ese fue el momento en el que depusieron a Mussolini, que había presidido un régimen fascista, de hecho, el régimen fascista por excelencia, desde veinte años antes.

No pasaremos debajo de él, si bien lo tendremos a la vista en cuanto que salgamos de la parada de Madonna dell'Orto, a la derecha del barco. El puente por el que van los automóviles y autobuses, sólo hasta el Piazzale di Roma, es de los años 30; lo inauguró el príncipe Umberto de Saboya, a la sazón el rey de Italia, con presencia, cómo no, de Mussolini, que era quien partía la pana (y más cosas) en aquella aciaga época. Pero no era el primer puente que unía a la hasta entonces isla con el continente o Terraferma: el puente ferroviario se inauguró, en la época de la ocupación austríaca, unos 80 años antes, junto con la estación de Santa Lucía.

> Terraferma, o tierra firme, era como los venecianos llamaban a los dominios de la zona de Italia, por oposición a los que estaban "en el mar", que había que llegar por barco, vamos.

Esta estación ferroviaria está enfrente (con una isla de por medio) de la parada llamada Guglie, a la derecha del barco, y es de las más frecuentadas de Italia. Al piazzale de Roma la une un puente del (posiblemente) famoso arquitecto español Calatrava, nada menos, que tiene la peculiaridad de que, siendo un puente frecuentado por gente con maletas, tiene escalones en vez de una rampa. Pero no lo veremos sino a lo lejos. Quizás veamos la estación de Santa Lucía, que evidentemente entró en servicio a la vez que el puente ferroviario; el nombre de la estación se debe al convento de Santa Lucía que ocupaba el mismo lugar.

> Entre estos dos momentos históricos Italia pasó por dos

guerras mundiales. En las dos estuvo en el lado equivocado. En la segunda guerra mundial porque, hasta 1944, luchó (más o menos) al lado de los nazis. Y en la Primera Guerra Mundial porque tampoco había un lado que fuera mejor que el otro, y su intervención en la misma, luchando contra los austríacos, fue un verdadero desastre.

Los austriacos, sin embargo, ya no estaban allí cuando se abrió la estación, en 1861. Italia surge (o resurge, por eso se llama Risorgimento) como país unificado en marzo de ese año, adoptando la bandera tricolor que todos conocemos. Para ello, antes tenía que desaparecer Venecia como tal, y eso sucedió a finales del siglo XVIII con Napoleón, que fue realmente el único que invadió con éxito Venecia, aunque no fue pertenencia francesa durante mucho tiempo: Por un tratado secreto fue traspasada inmediatamente al imperio austrohúngaro. Hay pocos edificios de la época de Napoleón en Venecia; hay uno muy evidente y lo veremos en el siguiente paseo. Pero recogemos el testigo lanzado más arriba sobre el cementerio. No construido por Napoleón, pero sí por causa de Napoleón. Previamente, en Venecia (y en todo el orbe cristiano) a la gente se le enterraba en las propias iglesias. Todas las lápidas que ves en las iglesias actuales, albergan cadáveres de verdad; hasta que llegó Napoleón, todos los suelos de las iglesias eran enterramientos colectivos o, si tenías posibles, individuales. El llamado Edicto de Saint Cloud cambió eso por razones de salubridad pública, para evitar infecciones y los malos olores que generaban: tenía que haber un lugar designado específicamente para enterramientos, fuera de la población y, sobre todo, fuera de las iglesias. Dado que Venecia perteneció a Francia entre 1805 y 1814, se le aplicaron los decretos como a cualquier otro lugar del imperio napoleónico.

A España llegó un poco más tarde, con la invasión napoleónica en 1808.

Mientras tanto, seguimos hacia atrás en la historia cuando pasamos del Canale de Cannaregio a Grande Canale, el gran Canal que, en este punto, separa Cannaregio de otro sestiere, San Polo, que viene a ser san Paulo con ese apócope (o acortamiento y a veces unión de palabras) que es tan característico de los venecianos y su idioma. Y nos encontramos con el que los venecianos llaman el Canalasso, que el mundo conoció, en el siglo XVIII, gracias a las pinturas de Canaletto.

La verdad es que cuando escuché el nombre, o más bien el apodo, de este pintor, pensé que se llamaba así por las muchas veces que había representado el Canal en sus cuadros. Pero no, se llamaba Antonio Canal, y como su padre era también pintor y tenía el mismo nombre, se quedó con el diminutivo cariñoso: Canalillo, para entendernos.

Canaletto vivió en el siglo XVIII, que fue el último siglo del estado veneciano. Sin mucho producto material que ofrecer al mundo, se convirtió en una potencia cultural. El por qué sucedió es otro tema. Tiene que ver con el Gran Tour del que hablamos antes, pero el que Venecia formara parte de ese gran Tour está relacionado con el hecho de que el carnaval de Venecia duraba varios meses y que, en un momento determinado, la cantidad y calidad de personas dedicadas a la prostitución en Venecia era considerable. Los granturistas, a los que podemos llamar simplemente turistas, volvían de Roma llenos de sabiduría y arte clásico, y de Venecia llenos de experiencias mundanas, por decirlo de alguna forma, habiéndose quitado "lo gordo" petroleándose los bajos a base de bien.

Pero también tenían que llevarse un recuerdo. Y ahí estaba Canaletto, con sus diferentes vistas del Gran Canal, en el que estamos ahora mismo, y otras escenas de regatas, carnaval, desfiles... También Piranesi, que se especializaba en retratos de los granturistas, retratos que han pasado en las familias británicas de generación en generación.

De Canaletto se conservan nada menos que doce vistas del Gran Canal. Esas vistas, o vedutas, fueron otra de las aportaciones de Venecia a la cultura mundial. Aunque parezca mentira, la idea de dibujar, así por las buenas, una vista urbana real o imaginaria, no se encuentra ni en el Renacimiento ni antes. Pinturas con tema mitológico, religioso, retratos de personas pudientes, todo eso. Sin embargo, los granturistas no estaban tan interesados en el paisaje (sí en los retratos, como hemos visto antes), como en llevarse una vista detallada de los sitios donde habían estado. Donde hay demanda, acaba habiendo oferta, y Canaletto y otros paisajistas acabaron cubriéndola. De hecho, las vedutas evolucionaron en capricci, caprichos que incluían también elementos imaginarios y que, por tanto, precedían al romanticismo.

Viajando por el canal podemos imaginar, por ejemplo, el ambiente del mismo en un día de regata tal como lo pintó Canaletto; en el cuadro se muestra el canal desde San Vio, justamente al final de la S que forma, y en dirección contraria desde la que venimos; las góndolas son, en su mayor parte, cubiertas, pero ya usaban el estilo de remo actual, la voga veneta o remado véneto, que permite dirigir y propulsar la embarcación con un solo remo.

No obstante, antes tenemos que pasar por el puente de Rialto, un puente que podría haber hecho el gran Palladio, el arquitecto que, él solito, creó las reglas de la arquitectura como ingeniería (y que dejó algunas obras en Venecia), pero que se hizo en realidad a finales del siglo XVI y por otra persona, el apropiadamente llamado Antonio da Ponte, el único entre todos los que participaron en la licitación (incluyendo al susodicho Palladio) que propuso un puente de un solo arco.

A Palladio, por cierto, le dio bastante coraje no ganar el concurso. Puso mucha ilusión en el puente aunque, con tres arcos en vez de uno solo, habría sido imposible hacer pasar por él barcos del tamaño de los vaporetti de hoy en día (y del siglo pasado), así que igual habría pasado por la piqueta, que los italianos de según qué época no le tenían muchos miramientos a "lo antiguo", y los fascistas seguían mucho el manifiesto futurista que quería arrasar Venecia y tirarla al mar. Si no sobrevivió ni al concurso ni habría sobrevivido a la piqueta fascista-futurista, su imagen sí nos ha llegado. Palladio dedicó un capítulo dedicado a los puentes en sus "Cuatro Libros de la Arquitectura", la obra donde vertió todas las reglas que luego se siguieron en la arquitectura renacentista. Pero ese libro volvió a Venecia. El "cónsul Smith", el cónsul de Gran Bretaña en la república, lo reimprimió y lo puso a la venta; tanto éxito tuvo la edición que el mismo Goethe llevaba una copia, según cuenta en su viaje a Italia.

Pero Smith era un gran aficionado al arte, y también a los ducados y la libra esterlina. Se le considera uno de los impulsores del Gran Tour en Venecia. Y también fue agente de Canaletto, comprando muchos de sus cuadros. Canaletto, mira tú por donde, pintó un capriccio, un paisaje imaginario, donde ponía la versión de Palladio del puente de Rialto. Seguramente animado por el propio Smith; además, Guardi también usó el mismo tema en uno de sus cuadros. De esa forma, tenemos una visión, totalmente falsa, de cómo habría quedado este puente y así ha pasado a la posteridad. Tan real como el real.

Frente a este puente que no existe, y el que se construyó de verdad, ya existía allí un puente desde mucho antes. Mientras que San Marco y alrededores habían sido el centro gubernamental, Rialto era el mercado y el centro financiero. El diseño de un solo arco es todo un prodigio de la ingeniería de la época y permite que, aún hoy, siga permitiendo la navegación de buques de cierto tamaño, como el vaporetto en el que iremos navegando. Tan audaz era que, en su época, se predijo su caída, que evidentemente no se ha producido. Los otros diseños rechazados (por ejemplo, el de Palladio, o incluso uno del mismo Miguel Ángel) tenían varios arcos y eran planos, y habrían cerrado el Gran Canal; cabe pensar que sólo el diseño actual ha permitido que se siga usando el canal con su fin original, el comercio, sin impedir el paso del tráfico por debajo.

En el canal y a ambos lados veremos todo tipo de palacios renacentistas, barrocos y góticos. Cada uno de ellos tiene un nombre y una historia. Pero quedémonos con uno: poco después de Rialto y a nuestra izquierda, un palacio de fachada encarnada es Ca' Bembo, que mezcla el gótico (recuerden, arcos ojivales, rosetones, arbotantes, todo eso) con el bizantino (cúpulas con forma de "cebolla", arabescos) en una combinación que es muy veneciana. Además, en el siglo XV, Venecia era la única heredera de la cultura bizantina: Constantinopla, la actual Estambul, acababa de caer en manos de lo que acabó convirtiéndose en el imperio otomano (recordemos, en parte culpa de la propia Venecia), y ya no se construyeron más cúpulas, sino minaretes. Bueno, también alguna cúpula, intentando hacer algo del porte de Santa Sofía, pero ni el gran arquitecto Sinan logró llegar al mismo nivel.

Palacios (o palazzi, como debería decirse, porque el italiano hace el plural de esa forma) hay en todos lados. Pero sólo hay Ca' en Venecia. Ca' viene de casa, igual que en mi pueblo, que para ir a la casa de alguien se va ancá o incluso, de la misma forma, cá no sé quién. "Vamos cá la tía Petra", por ejemplo.

En Venecia tiene ese sentido, pero además significa "casa" en el sentido de linaje o dinastía, como la Casa de Austria o la Casa de Borbón. Es decir, la Ca' Bembo era la casa de, y a la vez del linaje de, los Bembo, hijos (siempre era el hijo, claro, los linajes en general se transmitían por línea masculina, nietos, bisnietos y tataranietos del Bembo original, el que instauró el linaje. Esta casta, en todos los sentidos de la palabra, dio generales de la Armada, cardenales, abadesas y hasta un dogo, un gobernante elegido entre las familias que figuraban en el Libro de Oro por otros miembros de las familias, poca sorpresa, que también estaban inscritas ahí. Este Libro d'Oro era, efectivamente, donde se inscribían las familias venecianas que tenían derecho a votar al dogo y a figurar en el Maggior Consiglio y por supuesto ser votados en la institución más alta de la república. Este "libro" se creó en la serrata o "cierre" de 1297, antes del cual la elección era, hasta cierto punto, popular. Los venecianos, bien conscientes de que no había que confundir la libertad de los nobles con el libertinaje del pueblo, dijeron, hala, se acabó, a partir de ahora somos nosotros los que votamos, que vosotros votáis mal. Sorprendentemente, eso dio lugar a un sistema de gobierno bastante más estable que el de cualquier otra república, o para el caso ducado u otro tipo de reino, italiano.

De hecho, la familia Bembo era de las llamadas "viejas" (longhi en veneciano). Sólo había 24 familias de este estilo, y de entre ellas salieron los dogos más conocidos, nombres de palacios, y también de topónimos que encontraremos por toda Venecia: Morosini, Dandolo, Falier, Soranzo... De hecho, un Bembo ocupó el palacio ducal, o de los dogos: Giovanni Bembo, aunque fuera solo tres años, hasta 1618.

> Conviene quedarse con esa fecha en la historia de Venecia, al menos en su relación con España. Luego veremos por qué.

A la familia Bembo el palacio ducal le quedaba tan cerca como a nosotros en este punto del viaje, más o menos. También a este palacio de la familia le queda muy cerca en estilo: el palacio ducal, de los Dogos, donde está el final de nuestro viaje, tiene el mismo estilo gótico-veneciano-bizantino.

Un poco más tarde llegamos al final del viaje, y más o menos al principio de la historia. En la república Serenísima se elegía al gobernante, el Dux o Doxe en veneciano (plural: Doze), de por vida, y había reglas muy estrictas para que no se eligieran hijos a continuación de los padres, de forma que no se concentrara el poder en unas familias; tenían el ejemplo de otras repúblicas de la península italiana, los Medici, Sforza, Visconti y Borgia, demasiado presentes.

Y estos son sólo los más conocidos. Nadie se acuerda ahora de las otras tres repúblicas marítimas: Pisa, Génova y Amalfi. La familia Visconti estuvo entre los últimos gobernantes de pisa, en el siglo XV; Amalfi fue un ducado hereditario, que no pasó del siglo XII. Precisamente Génova, la que mas duró, tenía un sistema similar, que pasó más adelante a una república con un dogo elegido cada dos años.

Hubo más de 120, y el primero se considera que fue Paolo Lucio Anafesto, en el año 697. En realidad, este era un verdadero duque del imperio bizantino, pero espabiló lo suficiente como para controlar el territorio (una sola ciudad y su laguna, de hecho) y que se le considerara el primer gobernante de Venecia.

Y llegamos así al final del primer paseo. El siguiente paseo empezará más o menos por aquí, así que no se vayan todavía y pasen la página.

Cementerio y Fondaco dei Tedeschi

El final de la vida y el final del día en un entorno incomparable

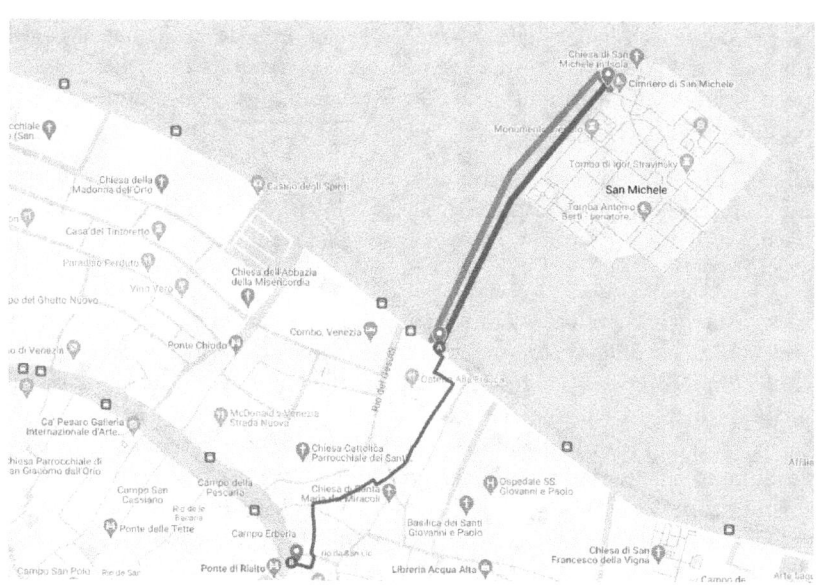

Figura 3: Cementerio de San Michele y Fondaco

> "Venecia es el lugar más romántico del mundo, pero es incluso mejor cuando no hay nadie alrededor", Woody Allen.

Este va a ser un capítulo breve: el cementerio cierra a las 6, y además ya hemos hablado de él. Seguro que os acordáis: Napoleón, salubridad, todo eso. Vamos a buscar uno de los sitios en Venecia donde no hay gente alrededor. O gente viva, al menos.

Los cementerios son siempre un sitio interesante. Por la tranquilidad, por el arte, por ver qué hay escrito en las lápidas, ver las imágenes de la gente insertas en las lápidas, descifrar las últimas despedidas. Los que tienen vistas al mar son especialmente paradójicos. Piensa uno, qué sitio tan bello para pasar la eternidad.

> Recuerdo uno, especialmente recoleto, en Cacela Velha, apenas una aldea en el Algarve portugués, con muros encalados, y un centenar de tumbas. Hacía falta empinarse un poco por encima del muro para ver el mar.

He de confesaros que visitar cementerios es una de las constantes en mis destinos turísticos; a veces por ver las tumbas de celebridades, pero también simplemente cuando están ahí, con sus cipreses y sus monumentos.

El de Venecia, habiendo sido cuna de tanto literato y artista diverso, no es una excepción, ni en la belleza, ni en la tranquilidad, ni en el hecho de haberlo visitado, en este caso en el segundo viaje que hice en abril de 2022.

Este cementerio, al ser el municipal, incluye también tanto los enterramientos católicos, como los de otras confesiones, o los de ninguna confesión. Todavía se sigue usando; incluye tumbas de marinos británicos de la primera guerra mundial, donde, recordemos, los italianos estuvieron con los aliados, igual por la inquina que le tenían a los austrohúngaros, que dejaron de ser austrohúngaros a consecuencia de la misma; también varias capillas, la tumba del hijo de un emperador de México (sí, existe tal cosa), y la de Helenio Herrera, conocido entrenador que ganó cuatro títulos de liga en los años 50 con el Madrid y el Barcelona.

Por si fuera poco, contiene una historia de amor, un poco loca como lo son todas, si bien esta más de lo corriente, porque incluye a un poeta, también locos de por sí, pero en este caso de ser un americano que apoyó, hasta el punto de participar en emisiones radiofónicas defendiéndolo, el fascismo y nazismo durante la segunda guerra mundial. Ezra Pound es posiblemente uno de los mejores poetas del siglo XX, y gracias a su actividad como editor se dieron a conocer autores como James Joyce. Lo que no quita que estuviera realmente zumbado. Y dentro de su estado general de locura, mantenía una relación tanto con su esposa como con una amante, Olga Rudge, que fue quien le cuidó hasta el fin de sus días, los cuales sobrevinieron aquí precisamente, en Venecia. Por eso están enterrados los dos en este cementerio, uno al lado del otro.

También está aquí enterrado Stravinsky, y el bailarín Diaghilev, este último condenado por el régimen soviético, y cuyo mayor miedo era morir en el agua. Sobre estar muerto rodeado de agua por todos lados posiblemente no tenga ninguna objeción; se le enterró donde murió, todavía más cerca del mar, en el Lido. Ni sobre eso ni sobre ninguna otra cosa, una vez muerto.

Diaghilev usó al futurista Fortunato Depero para diferentes escenografías y vestuarios. Finalmente, los futuristas tenían que acabar relacionados con Venecia, aunque fuera por vía de los muertos enterrados en su cementerio.

No es casual tampoco que Diaghilev esté cerca de Stravinsky; primero, porque se trata del cementerio "ortodoxo", y los dos eran rusos; además, Diaghilev creó varias coreografías para música de Stravinsky. Stravinsky, sin embargo, murió en Nueva York y veinte años más tarde que Diaghilev. Fue enterrado, como pidió, cerca de su amigo, y los dos no están sólo cerca, sino rodeados por el mar. También al lado de su mujer. Su tumba está cubierta por monedas, conchas y piedras, situadas en torno al borde de la misma, igual que en la de su mujer.

De todas estas tumbas logramos encontrar prácticamente todas, salvo la del hijo del emperador de México. La de Ezra Pound está al pie de un arbusto, rodeada por la vegetación, una placa de piedra ligeramente inclinada hacia delante, con su nombre y ningún otro signo, y cuatro girasoles de plástico en la tierra, justo delante. La tumba de su amante, Olga Rudge, está justamente al lado. Por qué había girasoles delante de la lápida, o encima de la tumba, de Ezra Pound no es fácil de averiguar, igual que no es fácil saber por qué hay monedas, conchas y piedrecitas encima de la tumba de Stravinsky. Ezra Pound fue quien introdujo la poesía china en la cultura occidental, haciendo traducciones de las que decían que Ezra Pound era mejor poeta que traductor. El girasol es un símbolo de longevidad y buena suerte. No es imposible que algún aficionado a la poesía china los haya colocado. Que nadie haya quitado estas lápidas puede que indique que los italianos asumen el pasado y recuerdan a la gente por su ingenio artístico, más que por su ideología; Ezra Pound colaboró con el régimen fascista y fue encarcelado por ello al final de la guerra, cuando reconquistaron el norte de Italia, donde vivía. En el mismo cementerio hay enterrados oficiales navales austríacos, y seguro que más de un fascista. Nada extraño por otro lado en este país: hay un monumento a Sissi, emperatriz consorte de la potencia que ocupó gran parte de Italia durante muchos años, y que mandó al exilio y a la cárcel a cientos de patriotas, en Trieste. Gabriele d'Annunzio, otro gran poeta que no solo coqueteó con el fascismo, sino creó la simbología que este usó y, por si fuera poco, montó una milicia e invadió la ciudad de Rijeka/Fiume, ahora en Croacia, reclamándola para Italia, le da nombre al paseo marítimo el Lido, el Lungomare Gabriele d'Annunzio.

Es posible que todo ello se interprete como que el fascismo todavía pervive en Italia; o quizás que en realidad los italianos estuvieron en guerra los unos con los otros durante siglos, se mataron fraternalmente, se invadieron y se exiliaron, así que tampoco importa demasiado un invasor más o menos. Finalmente, también se trata de separar la obra de la ideología, y no pensar que por admirar a una se está introduciendo un germen que haga florecer la otra. Algo posiblemente bastante sano.

En este cementerio, como todos los cementerios, hay también una zona dedicada a las tumbas infantiles. Son las que más pena dan, pero también las que más llaman la atención. Una, cubierta de arbustos adornados con corazones rosas; la siguiente, con una estatua de un ángel niño, está rodeada de animalitos de plástico; una Nala (del Rey León), un elefante... En otra, un dálmata de plástico, y también un girasol. En otra, una muñeca con un traje raído y ya gris se apoya sobre el brazo de otro ángel cuya mano ha sido cortada en la muñeca; detrás, un ángel más pequeño, de mármol, toca el violín. La combinación de lo ingenuo y lo macabro resulta perturbadora y a veces supera a la tristeza que provocan esas vidas, de las que no conoces, en realidad, nada.

También hay varias capillas: San Cristoforo, San Rocco, y San Michele; la primera y la última son los nombres de las islas que, en realidad, forman la única isla que hay hoy en día. San Michele tiene un origen bastante anterior, y antes de ser una capilla funeraria alojó a una comunidad de frailes camaldulenses, incluyendo a un tal Fra Mauro, que literalmente dibujó el primer mapamundi.

> Tuvo que ser, por supuesto, un veneciano quien dibujara, en 1459, el mapa más preciso del universo conocido. Habiendo navegado en los buques y peleado por la Serenísima, era el único estado que permitía a alguien alcanzar esa formación y obtener datos para dibujarlos.

Lo que tiene su mérito, porque todavía no había ni siquiera una imagen clara de qué había en el mundo, antes de que Magallanes le diera la vuelta.

San Michele, la capilla del monasterio donde pasó sus días Fra Mauro, es entre otras cosas la primera iglesia renacentista que se construyó en Venecia. Por eso el aspecto exterior, con una bóveda de medio punto y los dos arcos que unen los dos paños de la fachada con el centro es una característica que encontraremos en muchas otras iglesias en Venecia. Fue la primera iglesia de su arquitecto, Mauro Codussi, que a partir de ese momento trabajó casi exclusivamente en Venecia.

Está construida con piedra de Istria, la que vimos por primera vez en el aeropuerto, y es uno de los primeros ejemplos de arquitectura renacentista en Italia. Al atardecer, vista desde el vaporetto, es una verdadera maravilla. Pero la verás mejor desde el vaporetto que desde la propia isla; normalmente está cerrada, o al menos yo no vi la forma de acceder. También la puedes ver en un cuadro de Canaletto "San Cristoforo, San Michele y Murano". Pintado en el siglo XVIII, antes de que se convirtiera en cementerio, muestra una iglesia bastante espectacular, dorada por los rayos del sol y reflejada en la laguna. Donde estaban, ahora sólo hay tumbas. Pero con Canaletto, Guardi y otros, los Google Photos de la época, podemos ver también la Venecia que desapareció.

El cementerio cierra a las 6 de la tarde, y de ahí al atardecer hay un buen rato; puedes ir a Murano (en el capítulo siguiente), o tomar el vaporetto hasta Fondamenta Nuove, y volver de ahí, andando, qué remedio, a Rialto.

Muy cerca, antes de llegar al puente y en lo que es todavía el sestiere de San Marco está el Fondaco dei Tedeschi, o de los alemanes; en realidad, se les llamaba alemanes a todo guiri que no fuera de la parte de oriente (esos eran los turchi). Y ya hemos visto que un Fondaco o Fontego (en veneciano) era un lugar que servía como alojamiento para comerciantes extranjeros, pero también contenía oficinas, y almacenes.

No es mala situación para unos almacenes, justo al otro lado del canal del mercado de Rialto. El apogeo de la república veneciana coincidió en tiempo con la llamada Liga Hanseática: una alianza de una serie de ciudades en el mar del Norte y Báltico, que comenzaron con un acuerdo entre las ciudades alemanas Lübeck y Hamburgo para acabar con los piratas que asolaban el comercio entre las dos ciudades, y terminó en un semi-estado que abarcaba desde Tallin, en la actual Estonia, hasta Brujas, en Bélgica; un grupo que tenía su propio ejército y que monopolizó el comercio en los mares que eran su zona de acción. Además, usaba el oro como moneda de cambio; igual, precisamente, que Venecia. Afortunadamente, sus nichos ecológicos eran diferentes, si no habrían sido tan enemigos como Venecia lo fue de los turcos. No siendo así, se convirtió en el centro de distribución de pieles, que los hanseáticos compraban en Novgorod, y ámbar báltico, a todo el resto del Mediterráneo. Curiosamente, más adelante devino el lugar donde los daneses y otros países nórdicos acudían para pagar el rescate de esclavos capturados por diferentes corsarios mediterráneos, tunecinos, marroquíes o argelinos.

El edificio tiene un aspecto bastante clásico, en el sentido de la antigüedad clásica romana y griega. Como en aquella época no se iba al Ayuntamiento a registrar el proyecto visado por el colegio de arquitectos, no se sabe exactamente quien lo hizo. Pero se le atribuye al llamado Fra Giocondo, Giovanni Giocondo de Verona, un fraile que además era arquitecto e ingeniero militar y que nos encontraremos en otro capítulo (más adelante) diseñando las defensas de Padua; y la atribución viene precisamente de su gusto por la arquitectura clásica descrita por Vitrubio y se le considera la persona que la introdujo en Venecia. Estuvo allí hasta que participó también en la licitación para reconstruir el puente de Rialto; como no ganó, se pilló un rebote importante y acabó yéndose a Roma. O, posiblemente, se quedó algo más y proyectó este Fondaco del que estamos hablando.

> Es la parte buena y mala de las licitaciones: te llegan muchas figuras a participar; pero si no ganan, se cabrean y te arriesgas a perdértelos para cualquier otro proyecto. Pero la parte buena es que o reciclan los diseños (en el caso de Palladio, en sus libros de arquitectura) o se dan a conocer en la ciudad y, con eso, Venecia acabó reuniendo a los grandes arquitectos italianos a lo largo de bastantes siglos.

Durante un tiempo fue oficina de correos, y todavía los nizioleti que señalan cómo se llega a correos apuntan hacia aquí. Hoy en día es un centro comercial, en lo que se convirtió tras ser comprado por una empresa de productos de lujo. Dentro hay mucho lujo, glamour, tiendas y restaurantes, pero no se diferencia demasiado de cualquier otro centro comercial. Tampoco vamos a pararnos demasiado en el mismo: vamos a la azotea.

> En mi último viaje, con la visita a la azotea ya planificada, llegué tan lejos como la cola que había para salir a la azotea, que yo achaqué al Covid y restricciones de aforo. Pero no, es que la visita, siendo gratis, hay que reservarla. Y acabo de caer en la cuenta para reservarla para la próxima visita, tú puedes hacerlo online o, al parecer, con un código QR que hay en la cuarta planta. Puedes reservarlo con hasta tres semanas de antelación, y si quieres ver el atardecer, consulta cualquier calendario que te diga a qué hora se va a poner el sol.

La azotea es uno de esos miradores que no recibe mucha prensa, aunque tendrá más de mil imágenes en Google Photos en el momento que leas esto, se añade una casi cada día; sin embargo tiene una de las vistas más bonitas de la ciudad a la hora del atardecer, y a cualquier hora donde el sol no de te directamente en la cara. Mirando hacia el canal, a la izquierda tiene el puente de Rialto, y a la derecha la curva del Gran Canal; si el día está claro, igual ves un poco de Murano y de la laguna. El Campanile se ve, como desde toda Venecia, y las cúpulas de San Marcos.

Todo esto lo dejamos para otros paseos.

Pero también veremos una cosa curiosa: unos charnaques (término totalmente ubetense) o a modo de terrazas erigidas sobre pilares en lo alto de los tejados; unas estructuras metálicas o de madera, con barandas alrededor, que se alzan sobre los tejados a dos aguas. No son terrazas en sí, porque no forman en el techo; están construidas por encima de los tejados y a ellas se accede... de alguna manera. Se trata de las altanas, un curioso fenómeno arquitectónico veneciano que surgió no de forma moderna, sino en siglos anteriores con el objeto, wait for it, de que las mujeres se tiñeran el pelo al recibir el sol sobre la cabellera en la que habían untado un ungüento llamado "agua juvenil", que contenía... orina de caballo. Para este fin se ponían una visera alrededor de todo el cuero cabelludo, porque se trataba de que el sol diera en el pelo y nada más, y ahí se quedaban un ratico, hasta que el rubio era satisfactorio o se habían terminado la revista del corazón que se hubieran subido.

> Esta historia, que he visto en varias webs y libros, hay que tomarla, como todas ellas, con un grano de sal. También puede ser que simplemente estuviera prohibido construir terrazas y esta fuera la forma de torcer la ley para tener una que no fuera ilegal. Igual que en fabular historias, los venecianos también son expertos en este tipo de cosas.

Estas altanas se ven en todo tipo de cuadros, y si te fijas un poco las acabarás viendo. También desde la calle, claro, aunque por lo estrechas que son no son tan evidentes.

Por supuesto, también puedes echarle un vistazo a las chimeneas, que estas sí que no podrás verlas desde muchos más lugares. En cada edificio verás una buena cantidad de ellas, a veces en forma de embudo; esta al parecer sirven para el humo en sí, mientras que otras parece que simplemente se usaban como ventilación en edificios que no parecían tener ni patios interiores ni espacio para los mismos. En todo caso, muchas están decoradas y algunas tienen un tamaño considerable.

Dependiendo del momento del año en que vayas, a la derecha verás también los montes Dolomitas, nevados o simplemente grises, en la distancia. O, si se da el fenómeno del stravedamento, mucho más cerca.

Esta azotea está verdaderamente solicitada a la hora del atardecer; las plazas aparecen con unas tres-cuatro semanas de antelación. Así que si piensas visitar Venecia, consulta la hora del atardecer de los días que vayas y reserva a esa hora, que es la primera que se acaba. Por otro lado, en caso de lluvia o simplemente si el suelo está húmedo por la lluvia caída horas antes, lo cierran sin más contemplaciones, así que mi consejo es que reserves varios días, por si acaso uno de ellos no pudieras visitarlo; si por cualquier razón el primer día está cerrado, seguramente el resto de los días esté ya reservado a la hora del atardecer. Sigue siendo bonito a cualquier hora, en todo caso.

> En mi viaje en diciembre de 2022, sólo lo conseguí a la tercera vez, después de estar cerrado el primer día, con un chaparrón considerable; el día siguiente era imposible a la hora del atardecer, así que reservamos por la mañana y volvía a estar cerrado por estar húmedo de la lluvia caída el día anterior, y finalmente lo logramos el tercer día, aunque una hora antes del atardecer. Un truco para visitar sin reserva es que te dejes algún dinero en el centro comercial; nos dio la impresión de que si te veían con bolsas de compras ni siquiera te pedían la reserva.

Con el sol poniéndose sobre estos camini y reflejándose en el Gran Canal, terminamos este paseo, buscando algún lugar donde tomarnos unos cicchetti en alguna tasca, de camino que hacemos la clásica passeggiata por alguna de las calles de la animada ciudad.

Murano y sus cristales

Una versión en miniatura de Venecia, con múltiples tiendas

> "Muy diferente es el espíritu de Murano, la más cascarrabias de las comunidades venecianas, donde siempre parece que es el día en el que se cierra temprano." Jan Morris, Venice

Murano es una isla de tamaño considerable, situada más o menos al este de la isla principal de Venecia, y ligeramente al norte y este del cementerio. Se llega en más o menos cinco minutos desde este en el vaporetto. Está a unos veinte minutos (parada en cementerio mediante, si es hora de apertura) de las Fondamenta Nuove, o u buen rato desde San Zaccaria. Murano es Venecia, e igual más que las islas principales. Aquí podía soltar algo de "por lo degradadas por el turismo que están". Pero no, también hay turismo, y considerable. Pero si buscas una "esencia" (inexistente, pero es legítimo que la busques) de la vida en la Laguna, es posible que aquí te encuentres un poco más cerca de ella.

Si llegas después del cierre del cementerio, te resultará bastante sorprendente. A esas horas no hay un "promotor" que te indique a la salida del vaporetto que a la derecha se va hacia la fábrica, ni un montón de gente entrando y saliendo de las tiendas que venden, más o menos, las mismas cosas; las tiendas estarán cerradas. Entenderás lo que dice Jan Morris arriba; parece que es el día en el que se cierra temprano. Ni tendrás que esperar que pasen varios vaporetti para volver a Venecia, porque habrá tanta gente (y los locales y/o listos se colarán por la teórica salida del vaporetto) que no podrás entrar el primero.

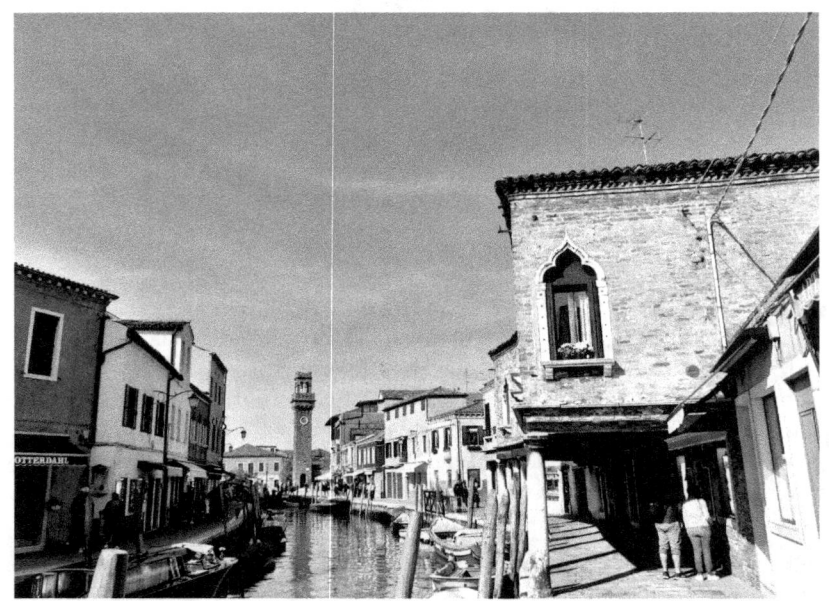

Figura 4: Riva del vetrai

Tardarás igual lo mismo, porque hay pocos vaporetti por la tarde, pero al menos lo harás esperando tranquilamente en una parada flotante donde podrás sentarte.

Las paradas flotantes no son exclusivas de Murano; todas o casi todas las paradas del vaporetto son en realidad unas barcazas, o quizás pontones, protegidos de la intemperie, con sus paredes y sus anuncios, pero flotantes. Como tales, el viento o el acqua granda puede causar estragos y llevarse por delante el transporte público en Venecia.

¿Por qué ir a Murano? Bueno, puede que desees escaparte de las multitudes. A cualquier hora del día, no va a haber mucha gente (pero es que en cuanto que haya 100 personas, con los pocos vaporetti que hay, ya se van a llenar las paradas). Igual te interesa la tecnología del cristal que, recuerda,la crearon precisamente aquí.

Bueno, no aquí-aquí. Los hornos tuvieron que irse a Murano cuando el gobierno de la república decidió que ya estaba bien de explosiones e incendios en la ciudad. Eso, y las residencias de los nobles, con jardines y demás, ocupaban la isla hasta que, como dice Alvise Zorzi, llegó "la borrasca napoleónica". Fábricas ya queda una solo; hay talleres que actúan para el público, y hay muchas tiendas. También una curiosa iglesia, con cuadros de cierto mérito. La "calle" principal es un canal estrecho, y en ella se concentra el grueso del público. Más allá o más acá, vas a encontrarte o muy solo (y quizás un poco asustado) o rodeado de chavalillos que juegan al fútbol, abuelas que los contemplan y admiran, y gente que va a su bola sin hacerte mucho caso.

El cristal de Murano debe tener su público, pero yo, desgraciadamente y hablando en general, no soy uno de ellos. No me he comprado ni el clásico imán, aunque hay algunas creaciones a base de algo parecido a las hama beads, pero de cristal, que tienen su gracia Estas cuentas o beads se llaman murrine, y se usan para crear mosaicos, pero también para fundirse creando joyas o adornos, o incluso para incluirse en piezas más grandes, vasos (goto, que es su nombre en veneciano) o jarras. Estas murrine se crean por lotes y se guardan como oro en paño, por el color que aportan a una pieza o la textura. Al menos eso es lo que nos contaron en una tienda donde vendían sus propias piezas: habían tomado un lote de murrine creadas 60 años antes por un vedrai mítico, y que habían encontrado en su horno. El color dorado que tenían no se había conseguido, y por tanto las piezas hechas con ellos eran irrepetibles.

> Todo esto teniendo en cuenta que los venecianos llevan siendo mercaderes muchos siglos, y que saben venderte la historia tan bien como la pieza que hacen. Que ahora está decorando mi casa, y es realmente bonita.

La invención de las murrine es relativamente reciente, principios del siglo XIX. Creaciones con ellas, tales como colgantes, son muy posteriores y se deben a un horno, el de Ercole Moretti, a finales de los años 60. Este horno sigue activo y puedes comprar piezas por toda Venecia y Murano y en el mismo aeropuerto.

> Si, también picamos en eso. Es que eran muy bonitas, unas placas multicolores que recordaban a las capas de los personajes de los cuadros de Klimt.

Estas murrine te las puedes comprar sueltas; pero en general hay productos de Murano para todos los presupuestos: desde cuentecitas por pocos euros para enganchar a una pulsera, hasta grandes figuras, muchas de las cuales incluyen pájaros de colores en un abrevadero, que pueden valer varios cientos de euros y que en estas eras de equipaje de mano en aviones de bajo coste, no acaban de ser prácticos. Supongo que habrá quien lo adquiera, quizás del extremo oriente o el extremo occidente. Gente, en todo caso, cuyo presupuesto incluye bastante más que cena en el apartamento y unos imancitos de recuerdo. Y a quien además le gustan esas cosas, claro.

Si te vas a ciertas zonas alejadas de la calle principal de Murano o del eje San Marco-Rialto, puedes encontrar ciertas tiendas con vedrai que conocen su oficio y su producto, y hacen todo tipo de objetos modernos: chopsticks, por ejemplo, o incluso soportes de los mismos; también joyería y colgantes, algunos de ellos relativamente económicos, pero hechos con cariño y talento. Así que huye de los lugares que tienen a Spiderman en cristal, o fuentes con pájaros, y ve a esa pequeña tiendecita donde veas alguna cosa que sea especialmente interesante o te llame la atención. Puedes acabar con un bonito adorno navideño, unos soportes para joystick, una pluma y, además, interesantes historias de artesanos que llevan varias generaciones trabajando y creando.

Lo cierto es que era el producto de exportación de Venecia durante mucho tiempo. Antes de que la tecnología fuera adquirida por muchos otros estados europeos, el vidrio que se fabricaba en Europa ni era transparente (era verdoso o de otro color, dependiendo de las impurezas) ni uniforme, teniendo burbujitas que estorbaban su transparencia. El cristal de Murano era transparente, uniforme, y además estaba decorado y se podía usar tanto para la vajilla como para decoración. Así que los barcos llegaban desde el Báltico con pieles, o desde Inglaterra con lana, y volvían con productos de cristal de Murano, primorosamente envueltos. En Pärnu, en la costa báltica de Estonia, el museo muestra rutas de comercio en la alta Edad Media y un trocito de cristal de Murano recuperado de algún asentamiento de los caballeros teutónicos, que eran los que dominaban la zona en esa época.

> Luego llegaron los suecos, y los rusos, pero esa es otra historia. Por cierto, que la organización de los bastiones defensivos del castillo de Pärnu, en época de control sueco, sigue la misma tipología de fortaleza renacentista de la que hemos hablado en uno de los paseos.

El cristal de Murano mejoró con las aportaciones de los artesanos que vinieron de Bizancio, y con eso consiguió el estándar de vidrio por el que se medían los artesanos de toda Europa. Ya no se trataba de hacer vidrio transparente o tintado o de un tamaño determinado, sino de conseguir lo mismo que habían hecho en Venecia. A base de importar cristal y analizar lo que tenían en Barcelona e incluso en Cadalso de los Vidrios consiguieron hacer piezas "que en todo se parecían a las originales". Cadalso, una ciudad de la provincia de Madrid, se llama "de los vidrios" precisamente por esa razón. Sin embargo, como dijeran Les Luthiers, "parecido no es lo mismo" y el nivel técnico y artístico que alcanzaron el Murano no se alcanzaría hasta mucho más tarde, principalmente cuando los vidrieros de Venecia empezaron a escaparse y/o a ser atraídos o secuestrados a otros países.

Porque las recetas del vidrio no sólo se consideraban secretos, sino secretos de estado. El principal secreto era la composición del vidrio, especialmente el cristal o cristallo, el transparente, el que nadie había sido capaz de conseguir hasta el momento. Los padroni, o patrones, y maestros, guardaban celosamente estos secretos no solamente de otros estados, sino de otros vetrai, en los llamados libri di fornace, o libros del horno, que, por si fuera poco, usaban un cifrado que los hacían inútiles aunque alguien los arrebataran de su lugar. Por eso desaparecieron relativamente pocos, o ninguno, optando quienes querían espiar por introducirse en algún horno para aprender, o directamente captar padroni para llevárselos al extranjero. O lo hacían de motu proprio, como los Miotti, que establecieron hornos en diferentes sitios, como Ragusa, y que fueron acusados, condenados y asesinados en cuanto que la Signoria tuvo ocasión, o simplemente con los que se quedaron en Venecia.

> La protección de un secreto requiere protectores de secretos, y este secreto en concreto propició la formación de unos servicios de inteligencia permanentes, de los que hablamos en otro de los capítulos.

Una de las partes de la receta que no eran tan secretas era la madera con la que se alimentaba los hornos: tenía que ser madera de olmo, que era la única cuya llama alcanzaba una temperatura adecuada para fundir la arena; de hecho, consumían leña con tal voracidad que a finales del siglo XIII se obligó a los hornos a consumir exclusivamente este tipo de combustible, de forma que el resto de la leña quedara para uso doméstico y no subiera de precio. Luchando contra la inflación de la cesta de productos básicos, ya en el siglo XIII. Sorprende, en todo caso, la cantidad de leyes que regulaban todos los aspectos de la actividad económica y social que el Senado (no en aquella época) promulgó, e hizo cumplir.

Aunque no haya un listón como en San Marco o Santo Stefano, el paseo por Murano consiste, aproximadamente, en andar Fondamenta dei Vetrai, a la izquierda del rio dei Vetrai hacia arriba, llegar al también llamado Campo Santo Stefano, donde hay una torre del reloj, y volver Fondamenta Manin abajo.

Esta fondamenta se llama así por Daniele Manin. ¿Os suena este apellido?

> Aparte de por el teatro —inexistente— en que sucede una

de las últimas escenas de la película Veneciafrenia, de Alex de la Iglesia.

Es el del último dogo de Venecia, que se llamó Ludovico Manin. Pero no son familia... Más o menos. Daniele Manin era judío, pero se convirtió al cristianismo; su padrino fue el hermano del susodicho Ludovico. Así que sería algo así como el sobrino putativo de Ludovico Manin. Y... También fue el último presidente de la república. Pero no de la Serenísima, sino de la República de San Marco. De hecho, su apellido original era Fonseca, o quizás Medina, y su abuelo, Samuele Medina, era español. ¿Que el último presidente de la última república fue de origen judío y español? Pues sí, pero veneciano e italiano hasta la médula. Y aquí, en Murano, lo homenajean.

La recién proclamada república de San Marco se rebeló ante los austriacos, y logró una parcela de libertad que duró pocos años. Junto con Tommasseo, otro de los padres de esta versión de la patria veneciana, acabó en 1848 con otra invasión austríaca. Manin se exilió a París, y se dedicó a dar clases de italiano para ganarse la vida. Murió fuera de Italia, pero se trajeron sus cenizas, así que descansa en su patria. O en lo que se ha convertido la misma.

Puedes ir un poco más allá de esta fondamenta, o bastante más allá, pero con las paradas en cada una de las tiendas de una u otra fondamenta y encontrar algún sitio donde comer, ya tienes echada la excursión.

Merece la pena, sin embargo, ir mucho más allá, porque la isla, que sigue el mismo patrón que Venecia (un par de islas divididas y unidas por un canal "grande" central), tiene bastante que ofrecer. Murano fue incluso un ayuntamiento independiente durante cierto tiempo, y tuvo su propia catedral, una iglesia románica dedicada a Santa María y Donato, porque dedicarlo sólo a Santa María parecía poca cosa.

Pero es o ir por ahí, o ir al museo del Vidrio (que, igual que el naval es para gente muy aficionada a los barcos, este posiblemente sea sólo para gente muy aficionada al cristal, si es que existe tal cosa, que seguro que sí, porque hay gente para todo), o ir a alguno de los talleres donde soplan vidrio.

Que es lo que la define, claro; la tecnología del vidrio estaba tan avanzada con respecto a lo que había en Europa en la Edad Media, que los dogos querían preservarla a toda costa. El que los vedrai estuvieran en Murano era por cuestión de riesgos laborales, pero también para que no les fuera fácil escaparse e irse a Alemania, o a España, o peor, a Florencia o Milán, y montar allí sus hornos. Hasta el punto que si lo hacían, el Consejo de los X mandaba asesinos a cargárselos. Todo sea por el monopolio.

Pero aquí hemos venido a pasear, así que vamos a pasear por Murano. Si todavía tienes ganas de ver cristalitos, venga, date un garbeo por lo de arriba y vuelve, no tardarás mucho. Vamos a empezar justamente en la parada de vaporetto, Murano Colonna "B", y vamos a ir hacia la izquierda, bordeando la isla y la laguna por el piazzale Calle Colonna y a continuación por la fondamenta Serenella.

Aunque es muy posible que para venir aquí hayas tomado el vaporetto en las Fondamente Nuove y te hayas preguntado qué es eso de fondamente (o fondaminti en véneto), plural de fondamenta. Si estás leyendo esto y no te he obligado yo porque eres amigo, amiga o familia, seguro que has dicho "y esto, ¿a santo de qué?"

La primera vez que vine con cierta consciencia en agosto de 2021 (la primera-primera vine en un viaje organizado, pasé lo justo, y por la noche nos llevaron a Lido, creo; no recuerdo mucho, pero sí que estaba muy solitario y estábamos en la playa), tras pasar por las calli y rugas me puse a mirar rápidamente, con ese acceso universal que nos dan hoy en día los móviles, por qué no teníamos las clásicas strada y corso del resto de Italia. A lo largo de un curso de agua, precisamente, las calles se llaman lung-lo que sea. Lungarno, si es a lo largo del Arno, Lungopo, si es a lo largo de eso, del Po; el Lungotevere en Roma y así sucesivamente.

Aquí hay más cursos de agua que ríos, pero no de rii. Las calles que los bordean se llaman, precisamente fondamenta, que viene a ser cimientos, porque se construyeron inicialmente como apoyo o cimientos a los palacios que estaban a la orilla de la laguna. Estas fondamenta eran iguales que los cimientos de las casas: troncos verticales de roble, abedul, álamo y aliso (sea lo que sea un aliso). Los marangoni, los carpinteros del Arsenal, se encargaban de seleccionar los troncos y "curarlos" para que aguantaran rodeados por arena húmeda. Para terminar, se colocaban losas de piedra. Los bordes llevan piedra blanca, sobre todo para que sean bien visibles debajo del agua, cuando el acqua alta las cubra, lo que sucede con cierta frecuencia, y cada vez más últimamente. Y es que, a diferencia de los lungi de las ciudades italianas, que cierran la ciudad al agua, aquí son una forma de relacionarse con ella; por escalones se baja a las embarcaciones, o directamente desde la fondamenta, donde también se pueden atar las embarcaciones. Lo normal es encontrarte, a todo lo largo, góndolas, paradas de vaporetto flotantes, pequeños embarcaderos para los traghetti, y gente sentada al fresco. O chapoteando en caso de que haya acqua alta. O cayéndose al canal o rio si está alta y son imprudentes y se están haciendo un selfie.

Como vemos, Murano repite los patrones de la isla principal de Venezia: un solo piazzale, que es un nudo de comunicaciones (y que, la verdad, es más pequeño que casi todas las fondamenta en Venecia), un gran canal que separa dos meta-islas bien diferenciadas, y fondamente diversas a lo largo del mismo. La fondamenta a continuación recibe el nombre de una de las islas de Murano, Sacca (o ensenada) Serenella; esta es la isla que está a continuación, porque en la que nos encontramos se llama San Pietro.

Este paseo tiene, a la derecha, una serie de talleres de vidrio, alguno de los cuales estará abierto y esperando clientela; cerrados también tienen su gracia: las puertas vidriadas, hasta las placas de los mismos, tratan de mostrar lo mejor terminado del taller; en cualquier casa de Venecia (y del resto de Italia también) las placas de los porteros automáticos y los timbres son de bronce, de piedra del lugar, o de diferentes formas de expresar el arte incluso en los objetos que se usan para llamar a la puerta; por ejemplo, el arte de Massimiliano Schiavon Art Team lo puedes ver en su página web, pero para ver el timbre de la puerta tendrás que venir aquí.

Prácticamente todas y cada una de las mansiones y casa que hay por aquí alojarán un taller: Ferro Toso, Vivarini... Pero en algunos casos también podrás ver alguna de las mansiones que, en su época, estaban habitadas por gente con posibles. Los embajadores ingleses en la república de Venecia tenían sucesivamente aquí sus mansiones, por quitarse un poco de en medio entre tanto turista, o para seguir aficiones solitarias o en compañía lejos de los espías de la Serenísima. Aquí, en Murano, tenían prohibido venir, así que algo habría de cierto en ello.

Al final del camino está el Signoretti Glass Center, uno de los museos/showrooms/tiendas más grandes de la ciudad, con su propio promotor en la parada del vaporetto. Que si te gusta ver gente soplando vidrio, está bien; lo cierto es que hoy en día es más artesanía que tecnología, y que es bien curiosa. Por cierto que yo donde lo vi por última vez fue en el Poble Español en Barcelona; porque Murano tendría el monopolio en su época, pero ya se ha acabado; por el camino, unos bonitos nizioleti que indican esto en letras azules hechas de pequeñas piezas sobre fondo blanco e incrustadas en la piedra. Por si alguien se pierde, tienes que ir en la dirección s-i-g-n-o... y no en la de i - l - l - e.

Pero igual no te apetece ir por ninguna de esas direcciones, así que tuerce a la derecha, hacia el interior de la isla, al campiello de Italo Svevo.

¿Que quién es Italo Svevo? Pues me alegra que me hagas esa pregunta, porque es una persona bien interesante. La primera aproximación es que es un novelista, autor de "La conciencia de Zeno"; vivió a caballo entre el siglo XIX y XX y murió en 1928. Eso, para empezar, nos dice una cosa: las plazas en Murano recibieron su nombre (o se lo cambiaron) más recientemente que lo que es habitual en Venezia. También es normal, se trata de una plazoleta en un bloque moderno, de los que tampoco existen muchos en el resto de Venecia (alguno que otro, en Giudecca y Cannaregio), pero tampoco muchos.

No he sido capaz de encontrar ninguna información sobre el bloque correspondiente, pero tiene pinta de haber sido creado en los 70 o después, y que el color del bloque viene dictado por las leyes de uniformidad artística. Pero si quieres quitarte un poco el síndrome de Stendhal, date un garbeo por allí. Quizás encuentres una pequeña placa, aparentemente de cristal de Murano pero como uno no lo entiende más posiblemente de metacrilato, con unas palabras de Italo Svevo sobre Serenella, la siguiente isla y por donde nuestro paseo no nos va a llevar. El tuyo sí, si te apetece, pero no el nuestro.

Porque esa isla es la sede de otro de los productos que se hallan por toda Venecia: las barcas. Que es el medio de transporte principal, como ya sabemos, y que cualquier familia de posibles tiene que usar para llevar al cuñado al aeropuerto o a la niña a las colonias en Mestre. Las lanchas que se usan en Venecia tienen que ser un poco peculiares, porque no están hechas, como el resto, para andar en mar abierto, sino para ser muy maniobrables, ser capaces de negociar El Paso con una góndola que venga enfrente, o girar en 90 grados en un rio en medio de la ciudad. El "Cantiere Motonautico Serenella" se encuentra justamente ahí; si miras desde el puente que une la otra isla con esta, puedes ver la maquinaria y almacenes, porque ocupa gran parte de esta isla.

No sé si se podrá visitar, la verdad. Igual trato de sacar por segunda vez mi "carnet de escritor" a ver si me la enseñan.

Los taxis y muchos de los barcos que verás por la laguna son de esta empresa. A los más pequeños se les llama tender, que es algo así como "recaderos"; son los que servían, en principio, para ir del barco (o navío) al puerto o a otro barco, tending o tendiendo un puente entre ellos. Esos barcos son simples, relativamente económicos, y hechos en fibra de vidrio; los taxis, sin embargo, tienen la superestructura en madera y pueden, en sí, estar hechos en madera también. Estos barcos cuestan varios cientos de miles de euros, aunque quién lo diría viéndolos en tal cantidad por la laguna.

Hay una característica de estos barcos que los diferencia del resto: la posición de la cabina de conducción, que está todo lo adelantada que se puede, precisamente para tener visibilidad en las esquinas. La otra la comparten con muchas lanchas modernas: usan un mecanismo que se llama z-drive, que no usa un timón para cambiar la dirección, sino un movimiento del eje de la hélice. Y logran meter todo esto en verdaderas obras de artesanía, tan bonitas y elegantes que dan ganas de probarlas. Pero... Ya sabes, 100€ el viaje. Más o menos. Mirarlas es gratis, eso sí.

Desgraciadamente, las barcas, sobre todo a partir de los años 50, empezaron a encontrarse no sólo flotando, sino en el fondo de la laguna. Las barcas se abandonan, y están en muchos lugares hundidas o semihundidas. Y eso es un problema, porque al deshacerse sueltan todo tipo de metales, productos químicos, y microplásticos; las más duraderas, las de fibra de vidrio, acaban descomponiéndose en microplásticos. Todo ello es un problema, y ahora mismo no hay un buen sistema para solucionarlo. Habrá que hacerlo eventualmente, porque la ecología de la laguna forma parte de la distinción de patrimonio de la Humanidad.

Pero volvemos a lo mismo ¿qué tiene Italo Svevo de importante y por qué se le homenajea aquí?

Lo cierto es que Italo Svevo, que traducido literalmente significa "el italiano sueco", nacido Ettore Schmitz, era un escritor judío que vivía en Trieste.

> Una ciudad que aconsejo vivamente, así como el libro que Jan Morris escribió sobre ella, "Trieste y el significado de ningún sitio". Si Jan Morris estuvo allí y habló sobre él, tiene que ser bueno.

En Trieste había, a la sazón, una fábrica de pintura antiincrustante llamada Veneziani. Pintura imprescindible para que no se le pegaran moluscos a los cascos de los barcos, y que tuvo un gran éxito; tanto, que empezaron a crear fábricas en otros sitios. Pero para dirigir las fábricas necesitaban a alguien de confianza, porque la pintura tenía una fórmula secreta que no podía caer en manos de nadie. ¿Quién mejor que el bueno de Ettore, una persona de letras, que había aprendido inglés nada menos que con James Joyce, y que además estaba casado con una de las hijas de la familia Veneziani? Pues allí que destinaron a Ettore, y allí se tiró un tiempo.

Esa pintura antiincrustante, precisamente, es la que acaba disolviéndose en el agua de la laguna cuando se abandonan barcos y provoca los peores efectos, hasta el punto que una de las pinturas usadas, llamada tributiltina, se ha acabado prohibiendo.

La conclusión que hay que sacar de todo esto es que, a diferencia de Venecia, donde la producción ha sido, desde hace varios siglos, más cultural que otra cosa, en Murano vive gente de verdad y se han producido cosas de verdad. Me refiero, no de artesanía. Ya me entendéis. El nombre de los lugares, el dinamismo de la construcción, y el sólo hecho de ver gente por las calles, y también esquelas, igual que en Cannaregio (y en toda Venecia, en realidad), es testigo de su vivacidad.

Pero continuemos el paseo, por unas callejas que seguro que están llenas de pisos turísticos, pero que parecen la calle de cualquier pueblo mediterráneo. O crucemos al otro lado, a la Serenella, a la "Eglise San Cipriano". Es un sitio que aparece en Google Maps y no tiene ni una sola reseña. Algo tiene que tener. Y si no tiene nada, tendrás el honor de ser el primero que pone una reseña a una cosa aleatoria de Venecia (de la laguna, vamos).

Pero puedes volver a la isla principal, y por diversas calles, ramos y fondamenta llamadas Da Mula llegamos al palazzo Da Mula, que tiene las oficinas municipales y va a ser uno de los pocos edificios góticos venecianos de esta zona; el palacio se llama así porque perteneció a la familia del mismo nombre, una de las nuove familias patricias venecianas, descendientes nada menos que del rey Amulio de los albaneses. O sea, familia mediterránea al fin y al cabo. Acabó, claro, en manos de alguna familia de artesanos vidrieros. Cuando estuve allí, este palacio no nos llamó la atención en absoluto. Porque en cualquier canal veneciano hay varias decenas; pero en este contexto resulta sorprendente e interesante. Al final, Murano es lo que habría sido Venecia si, antes de llegar a su cumbre, hubiera perdido una gran batalla con los genoveses o los turcos y se hubiera convertido en otra pequeña ciudad más de un estado gobernado por alguna familia noble. En eso, quizás, reside el encanto.

De estos palacios nos encontraremos varios si seguimos paseando y cruzamos el puente del gran canal, que no tiene mucha historia. Hay un encanto especial en las cosas que ni tienen encanto ni lo pretende. Este puente es un puente, ni se peleaba la gente en él, ni hubo concursos que perdieron grandes arquitectos, ni hay trileros. De hecho, al avanzar por ese puente cada vez se ve menos gente; las trattorias al otro lado parecen de barrio; puedes seguir a la izquierda del puente hasta llega hasta Santa Maria degli Angeli, o hacia la derecha buscando la heladería artesanal Murano, sobre todo si estás harto de las Venchi que hay por toda Italia, el McDonald's de los helados italianos.

Aunque el cristal de Murano podría bien ser el susodicho McDonald's de Italia. En un centro comercial en Tartu, Estonia, puedes encontrarte un local de "Antica Murrina", una tienda de cristal de Murano (o similar) que incluye joyas, figuras y otros objetos de diseño. No tengo muy claro si es una marca local, o una franquicia. El hecho es que en cualquier lugar del mundo, el cristal de Murano es reconocible, y la tecnología que se creó inició la industria en no pocos lugares del mundo.

Una vez hecha esa reflexión, y volvemos a donde comenzamos, de vuelta a casa. Procura evitar las multitudes en el vaporetto.

> Un truco puede ser evitar la parada Colonna B y tomarlo en uno de las paradas anteriores. Dado que el billete es más caro desde esas otras paradas, puede ser una forma menos estresante de volver. Cambias tiempo por dinero, claro. En Venecia siempre puedes ir con un presupuesto limitado, pero si te permites pequeños lujos (como este, que serán unos cuantos euros) la experiencia será bastante más agradable. Tanto en Murano Venier como en Murano Da Mula puedes tomar el 4.2 hacia Fondamente Nuove, por ejemplo.

Y si navegas al atardecer hacia el oeste, verás una maravillosa puesta de sol sobre las torres y altanas de Venecia. Disfrútala.

> "¿Y qué me dices de Burano?", preguntarás. La verdad es que no digo gran cosa. Burano está relativamente lejos de la ciudad, a una hora en barco, más o menos a la misma distancia del aeropuerto. Tiene una fondamenta con casas pintadas de colores, una torre, una basílica y un museo del merlotti, o encajes. Tiene su interés, como todo lo que hay en la laguna. Pero para ser sincero, a una hora de Venecia, en tren en este caso, hay cosas mucho más interesantes, como Padua o hasta Bassano del Grappa. Así que tú mismo (o misma).

El palacio de los dogos

Los dogos como personificación de la república y los resortes del poder en la misma

> "Que no en vano
> tanto en el mundo se ensalza
> el gobierno á que Venecia debe su poder y fama";
> Luis, personaje de "El español en Venecia", comedia en verso del Granadino Francisco Martínez de la Rosa.

La idea de "paseo" implica el que se haga en exteriores; sin embargo, conviene que incorporemos también el deambular por dentro de una atracción turística como esta. Para evitar perder el tiempo en colas, conviene que se saquen las entradas con antelación (aún así, habrá que hacer algo de cola. aunque mucha menos que en la basílica de San Marco) y que se reserve una mañana o tarde para la visita. Incluso mejor, un día entero; hay una cafetería dentro del recinto, y merece la pena pararse con tranquilidad en él.

> Con la entrada está incluida también la visita al Museo Correr. No he estado allí, pero si eres aficionado a las artes decorativas, a Napoleón o a Sissi, igual es una opción interesante.

Y merece la pena porque nos encontramos en el centro del poder de Venecia durante más de quinientos años. Este palacio fue residencia y prisión, aparte de contener múltiples oficinas administrativas. Hoy es un museo, con múltiples obras de arte, mobiliario e incluso armas de época, y también una muestra de la decoración de interiores y de

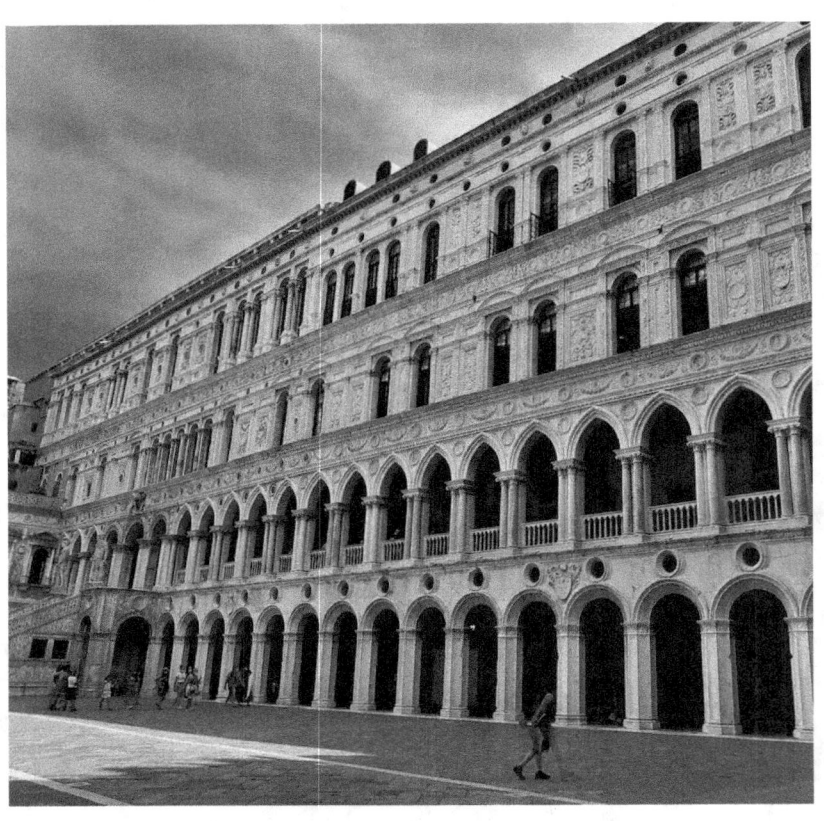

Figura 5: Patio del palacio de los dogos

cómo trataba la república a sus delincuentes comunes o políticos, que tanto da.

Por eso no es un palacio como el resto de los edificios a los que se llama palacio en el resto de Europa, y sólo es más grande que el resto de los palacios venecianos por todas las funciones administrativas que ocurrían allí: reuniones del Maggior Consiglio, del Senado... También juicios. Goethe, en su viaje a Italia, cuenta que estos juicios, abiertos al público, constituían un verdadero espectáculo, con abogados, acusados y jueces enzarzándose en bromas y retruécanos que provocaban las risas del público. Una alternativa de ocio en la época en que visitó Goethe, las postrimerías de la república, que competía con los muchos teatros abiertos y, a la vez, servía de inspiración para los actores y autores en los mismos.

Los popolani también podían acudir al palacio a depositar sus quejas en una boche de leon, un buzón entre los muchos que había por la ciudad para depositar quejas y denuncias dirigidas a los inquisidores del estado o el Consejo de los Diez, los que se encargaban de contraespionaje y la seguridad del estado. Las denuncias tenían que ir firmadas, a menos que se tratara de un caso especialmente grave. Como la conjura de Bedmar, supongo.

De la que hablaremos en otro lugar.

La deferencia que se le debía implicaba que, igual que sólo hay una piazza en la ciudad, también hay sólo un par de palazzi (aunque palacios son): el del patriarca de Venecia y el de los dogos. El resto son sólo cases, casas, o ca', abreviado. Si ya habéis visitado algún otro palacio "real" por ahí, como el de Charlottenburg en Berlín, o el de la Granja, o el castillo de Ludwig II de Baviera o incluso el de Miramare, cerca de Trieste, no esperes nada parecido. Todos esos palacios barrocos, rococós o románticos, eran residencias y sedes reales, llenos de lujo y oropel, aumentado y multiplicado en cada generación sucesiva de la familia "real" que los ocupaba.

Pero es que aquí no habitaba ninguna familia real. Como igual ya habéis sospechado porque se le llama República Serenísima, Venecia era una república. Una república vitalicia, donde el elegido gobernaba de por vida (salvo algún caso en el que dimitió por razones de salud, muy pocos) y a continuación se elegía a otra persona a esa magistratura. El sistema inicialmente era parecido al de la época de la tetrarquía, en la que había un "césar" y un "augusto" que debería estar preparado para relevar al césar cuando muriera; en algunos casos, pero no todos, los primeros dogos nombraban un "co-regente" para que lo sucediera en la gobernación. Fue cuando empezaron a aparecer los numerales II y similares, como Pietro II Orseolo, hasta que las personas notables de la ciudad, que teóricamente eran los encargados de nombrar a los dogos, dijeron "hasta aquí hemos llegado" y empezaron a aprobar una serie de leyes "constitucionales" que restringían el poder del dogo.

Por eso, el palacio no es un palacio real, ni un palacio de una dinastía. Es nada más y nada menos que un palacio ducal, un palacio que representa el poder de la república; en vez de los aposentos del rey y de la reina y los salones de baile y el del trono, hay salas para celebrar consejos, para que los funcionarios trabajen, para celebrar juicios, para recibir a embajadores y sí, también para encerrar a los enemigos de la república. Se visita no para admirarse por el lujo y el glamour real, sino para entender cómo Venecia no abandonó nunca la forma de gobierno republicana, como sí lo hicieron otros estados italianos como Florencia, y como continuó siendo un estado independiente, una rareza en una Europa donde los estados aparecían y desaparecían con los vaivenes de las grandes potencias que tocaran en el siglo correspondiente. Y hay que visitarlo para contemplar cómo ese poder que duró mil años se ve a si mismo y la imagen que quiere proyectar.

El palacio está ahí, o al menos hay ahí algún palacio, desde principios del siglo IX. Un dogo, Agneolo o Agnello o Angelo Partecipazio o Particiaco o Participazio, lo erigió en unos terrenos de su propiedad una vez que se decidió trasladar la sede ducal de donde estaba previamente, Malamocco, a las islas entonces llamadas Rivo Alto, en el centro de la laguna, para poder defenderlas mejor. Lo curioso de este hecho es que, mientras en la mayoría de los reinos y feudos medievales en aquella época se ponían los recursos a disposición del señor para beneficiar a este y a su familia, en este caso fue el propio dogo quien puso sus recursos, el suelo de su propiedad y suponemos que sus propios dineros en la erección de lo que, aparentemente, era un castillo al uso y del que se conserva bastante poco.

El que lo hiciera con la intención de legarlo al estado o a su hijo Justiniano, que fue quien lo sucedió como dogo, es otro tema; de hecho, hubo unos cuantos Partecipazio más, hijos y sobrinos, que actuaron como dogos. A veces la república Serenísima escribe recto con renglones torcidos; es posible que se le vieran las intenciones, porque por primera vez se le impuso al dogo unos "tribunos", elegidos anualmente, que controlaban su poder y su capacidad de elección. Así que las primeros intento de separación de poderes empezaron bastante pronto, y eventualmente conformarían el estado y su sede, el palacio que nos ocupa. La separación entre poderes no era perfecta, y desde el punto de vista actual, difícil de entender, pero lo que se fue creando fue una multiplicidad de instituciones con cometidos que tenían cierto solapamiento, de forma que se controlaban unas a otras en una incepción relativamente imperfecta, pero funcional, de las ideas democráticas de Montesquieu. El mismo Montesquieu, sin embargo, no tenía muy buena opinión de Venecia. Decía que "ya no tenía fuerza, comercio, riquezas, ley; sólo la perversión tiene el nombre de libertad".

Este edificio, palacio, sede administrativa o castillo, que se concibió como sede ducal, sufrió múltiples incendios y modificaciones. Incluyendo, por supuesto, añadidos como la basílica de San Marco, que no era otra cosa que la capilla ducal, pero el aspecto actual se debe al mismo Nicolò Barattiero que erigió las dos columnas y la versión original del puente de Rialto.

La posición del palacio, justo al lado del Molo o muelle, no es casual. Un dogo debía estar dispuesto a navegar en su galera siempre que fuera necesario para la mayor gloria de la República. Esta galera, el Bucintoro, tenía todos los extras y, aunque era principalmente ceremonial, eso no fue obstáculo para que Napoleón, con esa tirria por la nobleza que le caracterizaba, se lo cargara. Hoy en día hay una reproducción en el museo Naval, por si te interesa ver barcos totalmente inútiles pero bonitos, y además en versión copia. Yo no la he visto, pero me la imagino como una góndola un poco tocha.

Pero estamos enfrente del palacio, igual esperando en la cola para entrar, bajo el sol de agosto. Mal, porque ya te he dicho en el mes de agosto no se va a Venecia. Y mal doble, porque también te he dicho que no vayas en temporada alta ni en fin de semana. Pero no todo está perdido: tienes esto en tus manos mientras esperas la cola. Así que estando en estas, echémosle un vistazo desde fuera. El color, aspecto y estilo no es tan diferente del resto de los palacios del Gran Canal; la piedra blanca de Istria, por ejemplo, los arcos ojivales del arte gótico veneciano, y todo lo esperable. También de la misma época, e incluso el mismo arquitecto: Antonio da Ponte, aunque se limitó a los techos.

Hasta el célebre arquitecto del Renacimiento, Palladio, metió mano, aunque sólo de refuerzo estructural, algo que era su especialidad, tras uno de los muchos incendios que hubo. Y eso después del berrinche que seguramente le provocaría ver que la fachada no sigue ningún tipo de proporciones palladianas. El primer piso es más alto que la planta baja, y el tercero el más alto de todos. Y las columnas y sus capiteles ni hablemos: Palladio abogaba por usar un orden determinado, corintio sobre jónico sobre dórico, y aquí tienen todos unos capiteles bastante corintios sobre unas columnas bastante esbeltas, que parecen incapaces de soportar tanto peso. Pero lo hacen, y lo han hecho durante un buen montón de siglos.

En todo caso, da la impresión de una gran mole sobre un par de arcadas con frágiles columnas; mientras que la arcada de la planta baja crea un espacio público y serviría, seguramente, para alguna función administrativa, aparte de simplemente un lugar donde se intercambiaran chismes o se esperara a un acto administrativo u otro. La arcada o loggia de la primera planta se abre a diferentes estancias y era donde el Dogo se asomaba a hacer las proclamaciones que hubiera menester, en la parte del balcón que daba a la Piazzetta San Marco. Esas estancias tenían que ser altas y amplias, y con techos tan grandes que tuvieron que traer a los carpinteros del arsenal para que las techaran, porque los albañiles de la época no podían con ello. La segunda planta no tiene ningún balcón, sólo ventanas góticas que dan luz a diferentes estancias donde se llevaban a cabo los asuntos más serios de la república.

Y encima del techo, las clásicas chimeneas venecianas en forma de copa, con el fuste de ladrillo.

Y también unas extrañas construcciones que parecen cruces tridimensionales, con bolas en los extremos. ¿Qué son estas extrañas cruces?

Pues... no tengo ni idea. Pero os cuento a qué me refiero: Tanto en el techo del palacio ducal como en la basílica hay, coronando cúpulas y torres, algo que parece un pararrayos. Es una construcción metálica en forma de cruz tridimensional; es decir, en vez de una cruz plana añade otros brazos que surgen del centro de la cruz, formando, exactamente, una cruz en tres dimensiones, como la del cuadro de Picasso.

Los cinco extremos de los brazos de la cruz a su vez se dividen en tres ramas en el caso de los brazos horizontales, cinco en el caso de los brazos verticales, y cada uno de ellos termina en una bola dorada. Raro, ¿verdad? En "Venecia insólita y secreta" habla de las "cruces de San Marcos", que terminan en flores de lis; para empezar, no he encontrado en ningún lugar otra referencia a unas cruces que se llamen así, y mira que la internet es grande; cruces así están dentro de la basílica. Para continuar, es que no son cruces normales planas o bidimensionales.

En fin, quedémonos con el hecho de que en el techo de San Marcos hay cruces tremendamente originales. Si pudiera avanzar una hipótesis, que con 200 páginas escritas (en el momento que produje estas líneas) sobre Venecia igual ya puedo, diría que dada la independencia relativa de la iglesia en Venecia, que tomaba elementos tanto de la iglesia de Oriente como de Occidente, esta es una cruz que apunta a los cuatro puntos cardinales, indicando o bien una espiritualidad que apunta a todas direcciones o bien, conociendo a los venecianos, "por aquí, por aquí, por aquí y por aquí mandamos, por los cuatro puntos cardinales, por el mar (el brazo que mira hacia abajo), y si hubiéramos subsistido 100 años más, tendríamos una flota de dirigibles steampunk que dominaría también el cielo".

En esa tercera planta, en una zona que no está abierta a la visita habitualmente (sí, espero, dentro de los "itinerarios secretos"), están las estancias donde el dogo habitaba durante su presidencia, de forma más bien modesta. Esa modestia parece que no tiene nada que ver con la pompa de las ceremonias y la riqueza de la república en sus buenos tiempos. Quizás fueran estas las que atrajeran a los venecianos a optar, o postularse, para ser dogo.

Suponte que eres de una de las familias patricias de Venecia, porque recordemos que después de la serrata, sólo podían presentarse los nobles, y quieres llegar a dogo. ¿Cómo lo consigues?

El modo de uso al principio de la república ya se ha comentado, y seguía el esquema de Roma y Bizancio: tenías que conseguir que el dogo te nombrara "cónsul", una especie de vicedogo, que estaría destinado a sucederle, mientras tenía una serie de funciones ejecutivas que le permitían aprender mientras trabajaban.

Lo ibas a tener bastante complicado: hecha la ley, hecha la trampa, y algunos dogos decidieron nombrar como cónsules a uno de sus hijos, creando una dinastía que se auto-perpetuara. Eso no duró: el poder ejecutivo realmente no residía en los dogos, sino en el consejo que les rodeaba. Este empezó a promulgar leyes que impedían esa designación por parte del dogo, y restringiera el poder del dogo de diferentes formas.

Eventualmente, se llegó a un sistema que trataba de garantizar dos cosas: que no hubiera familias que acumularan demasiado poder, que la elección fuera aceptable a una amplia mayoría, pero sobre todo que si había alguna facción minoritaria en el Maggior Consiglio, tuviera ciertas posibilidades frente a la mayoría, siempre que no fuera demasiado minoritaria. Pero el sistema era complejo. Comenzaba con el Mayor Consejo, al cual podían pertenecer varios miles de personas, pero de los cuales, en el momento de la elección, se podían en realidad reunir unos cuantos cientos, unas 500 personas. Entre los cuales se sorteaban 30 puestos, que constituían el primer grupo; para el sorteo se metían bolas doradas y plateadas en una bolsa que sostenía un chaval del coro de San Marco. Cuando se acercaba un miembro, se sacaba una bola que determinaba si se quedaba o no. Dorada: dentro; plateada, fuera.

Los ganadores del sorteo eran siempre una minoría dentro del grupo mayor, que en el primer paso era el Maggior Consiglio. Y este grupo tenía que ponerse de acuerdo, por mayoría cualificada, para elegir el siguiente colegio electoral. A partir de ahí se ejecutaban una serie de fases en las que se realizaban sorteos entre la comisión anterior y designaciones de otra comisión con una amplia mayoría (por ejemplo, se designaba por parte de una comisión de x personas pero para designar cada persona tenía que haber una mayoría de un 70%). Tras varios pasos así, eventualmente una comisión de 41 personas designaba al dogo con una mayoría de al menos 25.

De esto lo único que era seguro era que iba a ser algún noble que, para empezar, quería serlo, y para continuar, tenía un apoyo suficientemente cualificado. No merecía le pena montar facciones ni partidos, porque era matemáticamente imposible que una sola facción consiguiera mayoría en todos los pasos y, por supuesto, al final. Partiendo del Maggior Consiglio, donde había miles de personas, era también imposible comprar a todo el mundo. Eso no impedía, claro, que se vendieran votos, y los barnaboti, nobles arruinados hacia la época del declive de la república, lo tenían como fuente de ingresos principal. Pero tampoco podían cobrar mucho, porque una bola de plata y estaban fuera.

Una vez elegido el dogo, los pasos siguientes estaban establecidos y se repetían de forma invariable a lo largo de los siglos. El dogo se presentaba a la asamblea popular reunida en San Marco; esta asamblea popular o concio era la que, al principio de la república, elegía al dogo; pero desde 1172 su papel era simplemente simbólico. Ni el pueblo ni sus representantes, sino las familias nobles, elegían al dogo, pero cuando aparecía en San Marco, se le decía:

Questi xe monsignor el Doxe, se ve piaze

"Aquí está el monseñor Dogo, si os place". Y les placía, y si no, no les quedaba otro remedio que aceptar. De San Marco iban al palacio del dogo, a tomar posesión. En la escalera de los Gigantes del mismo, juraba siguiendo la fórmula de la promissione ducale, un juramento que cambiaba en cada elección, pero que venía a decir que se respetarían las leyes del estado. A continuación, se le imponían los símbolos ducales: el consejero más joven le ponía el camauro, que tienen pinta de auriculares o de calienta orejas, no puedo definirlo de otra forma. Y el más mayor le daba el corno dogal, el gorro frigio que les caracteriza. Y con eso, se retiraría a sus aposentos y a reflexionar sobre lo que le había caído encima.

Aparte de todo el protocolo, no debió de ir mal, porque el sistema fue el mismo durante una buena cantidad de años, y sólo se destituyó a dos: Marin Falier, que además fue ejecutado y condenado a la damnatio memoriae, a la eliminación de toda memoria, y Francesco Foscari.

Si buscas su imagen en los retratos de la sala del Mayor Consejo, o sala del Maggior Consiglio, no los encontrarás, porque se eliminaron. Pero Venecia, a diferencia de muchos estados europeos y casi todos los italianos, logró al menos mantener su independencia y sus instituciones y evitó que las familias poderosas que crearon dinastías en Florencia, Milán o Ferrara, llevando los estados eventualmente a la ruina, aparecieran aquí. Entre todas las familias que llegaron al dogado, no hay una que lograra serlo más de ocho veces entre los 125 dogos que hubo en la historia de la república. Y la república sobrevivió hasta que llegó Napoleón, que era mucho Napoleón y muy francés. Y le tenía especial tirria a Venecia, por razones que no están muy claras. Los corsos siempre fueron más de Génova, quizás.

> Los venecianos aprenderían bien de la nefasta evolución del resto de los estados italianos, donde una familia como los Medici se apropiaba de los mecanismos de la Signoria, o peor aún, un mercenario como los Sforza se hacía con el poder y se perpetuaba ahí. Los venecianos, pragmáticos, simplemente crearon un sistema que asegurara un gobierno si no perfecto, suficientemente funcional, y garantizado por leyes y contrapesos institucionales, y no la bondad de un linaje.

La política veneciana hereda de la política bizantina su falta de transparencia, al menos en la elaboración del relato mítico; eso y la eliminación de la memoria de su existencia hace que no estuviera muy claro realmente qué es lo que hizo Marin Falier y si fue el líder de una conspiración de calado o simplemente un calentón que le dio por despecho y por una serie de faltas de respeto que había sufrido en su mandato. Lo que quería, aparentemente, era aumentar el poder del dogo; pero bien puede ser que el Maggior Consiglio quisiera restringir el poder del mismo. Al parecer Falier quería democratizar la república aumentando el Maggior Consiglio. Y eso no se podía consentir, claro.

El efecto Streisand, eso de que cuando se quiere borrar algo de la memoria u ocultarse de la vista del público, hace que todo el mundo lo recuerde, provoca que este sea, precisamente, uno de los dogos con mayor influencia cultural. Lord Byron escribió una tragedia en la que contaba su historia; esta sirvió de libreto para una ópera de Donizetti,

"Marin Faliero", que se estrenó en 1835 en el Teatro Italiano de París.

El poder del dogo no era realmente ejecutivo, sino más bien ceremonial, y una de las ceremonias principales era ese el llamado matrimonio con el mar. El matrimonio simbólico con el mar era también una unión simbólica del palacio con la laguna, y el palacio parecía estar ahí para demostrar el poder de la ciudad sobre ese mismo mar. Ese "matrimonio" fue el clásico shotgun wedding o matrimonio a la fuerza.

> La clásica imagen de cómic o peli del oeste es la del chavalote que deja embarazada a la hija de una familia de vaqueros, y estos con la escopeta o shotgun obligan a la pareja a casarse. De ahí el término. Aquí, aparentemente, a base de invadir Dalmacia, la actual Croacia, Venecia obligó al mar a casarse con ella. Tal cual. Por si quedara poco claro por el concepto de matrimonio de aquella época, además la fórmula que usaba en los desposorios era el equivalente en latín de: "Te desposo en señal de un dominio verdadero y perpetuo". Más claro, el agua. Del mar, claro. No de la laguna, que no está nada clara.

Sigue leyendo.

El "matrimonio" se celebró por la victoria de las tropas venecianas, dirigidas por Orseolo, sobre los "dálmatas" o "narentanos" de la isla de Lagosta; el resto de las ciudades de la costa dálmata, incluyendo Split, por ejemplo, estaban bastante hartas de las luchas entre bizantinos, rascios y quien pasara por allí y directamente dijeron "vale, somos súbditos vuestros, total, peor no vamos a estar". El número uno del volumen uno del cómic "VeneciaSuperCity" situaría los orígenes secretos de la misma en la Lagosta arrasada. Supervillano o superbueno, dependerá del punto de vista.

> Aunque no es como Galactus, que es un supervillano que luego dices, vale, si la criatura come mundos, no se va a morir de hambre, ¿no? Destruir a sangre y fuego una ciudad tampoco es una acción que admita mucha equidistancia moral ni ética.

Este cómic supuesto tiene sus paneles en el palacio de los Dogos, y sus bocadillos en los títulos de las diferentes pinturas y las advocaciones mitológicas de las esculturas. En la mentalidad de la época, el matrimonio significaba dominio, y se llegó a ese dominio a través de las armas, de la guerra. ¿Cuál es la lectura del palacio? Venecia, por mano de sus dogos, domina el mar (que a veces veremos representado por Neptuno o de alguna forma similar) a través del poderío militar (representado por Marte, o alguna otra metáfora). ¿Está claro? Vamos a verlo por partes.

La unión con el mar a veces es literal; durante un breve episodio de acqua alta que experimentamos en agosto de 2021, el agua entraba por las puertas abiertas en el canal lateral (rio del Palazzo), e inundaba parte del suelo. Como es natural, las únicas puertas del palacio no eran las que dan al Molo o la Piazzetta, y a veces el mar, simplemente, vuelve a reclamar lo que es suyo, su dote o lo que sea.

El hecho de que el dogo fuera, literalmente, el señor Del Mar y fuera proclamado tal por la ceremonia de la Sensa, liga a Venecia con la saga moderna Canción de Hielo y Fuego y la serie de televisión a la que dio lugar, "Juego de Tronos". En esa saga hay una ciudad, Braavos, también llamada "Braavos la de las mil islas", gobernada por un "Sea Lord".

> La inspiración de su autor, George R. R. Martin, en historias y ciudades de la Edad Media, no estaba nunca demasiado lejana; Desembarco del Rey era muy parecida a Constantinopla, y en el ataque a la misma usa elementos históricos como el fuego griego (fuego valirio) y la cadena que cerraba el cuerno de Oro.

En el mapa "oficial" de Braavos, un mapa aprobado por el creador George R. R. Martin, el palacio del Señor Del Mar tiene un gran parecido con este palacio de los Dogos que nos ocupa.

> La serie no tiene ninguna escena rodada en Venecia, cosa lógica, porque no debe ser nada fácil conseguir permisos para hacerlo; si rodó en una antigua colonia veneciana, Dubrovnik, que ahora tiene todo un tour de Juego de Tronos.

El palacio repite esta unión/dominio con el/del mar, con la sala más importante, la del Maggior Consiglio o Consejo Mayor, plena de luz procedente de unos grandes ventanales que dan al Molo, y desde los que se puede ver la laguna; justamente al otro lado, los cuadros que quien presidía el consejo podía ver a su derecha muestran también la batalla naval en la que Contarini derrotó a los genoveses.

También hay un cuadro de Tintoretto que representa la toma de Riva sul Garda por parte de los venecianos, en el episodio llamado galeas per montes, o galeras por los montes. Porque eso fue lo que hicieron los venecianos: transportaron con más de mil bueyes unas cuantas galeras y fragatas hasta el lago de Garda, a principios del siglo XV. Voy a ahorrar los detalles, aunque lo puedes mirar en la Wikipedia; una historia bastante épica que resultó en la victoria (eventual, no inmediata) de los venecianos.

Y por eso lo pintó Tintoretto. Aunque la imagen es un primer plano de un abordaje, con una plancha por la que andan, se supone, los bravos venecianos, un cañón tirando al tresbolillo, espadas y porras al aire, velas o banderas rojas enmarcando luchas encarnizadas. A la tercera va la vencida, y los milaneses acabaron derrotados y Brescia y Bérgamo como parte de los dominios de Terraferma, hasta el final de la república.

En realidad, es prácticamente imposible narrar algún hecho notable de la república en el que no interviniera, de una forma u otra, la novia de la república (novia a la fuerza), la mar.

> Tanto en italiano (il mare) como en véneto (el mar), el mar tiene género masculino. Así que cada cual interprete esto como quiera.

Las variedad y especificidad de las instituciones venecianas hacen su enumeración, e incluso su estudio, un tanto complicadas, pero estaba muy clara la división de funciones. Quien era la cabeza visible era el Dogo, pero tenía poco poder ejecutivo. Este poder residía en el Consejo de los diez, o Consiglio dei X. Estos "Diez", a partir de 1310, se nombraban todos los años por parte del "Consejo Mayor", incluían al dogo, y eran los que se encargaban de establecer la política de cierto peso en la república: política exterior, hacienda, defensa, e interior y orden público. La primera vez que actuó fue en la conjura de Bajamonte Tiepolo; pero a partir de ese momento y hasta el final de la república, acabó siendo una institución permanente. Por si fuera poco, de ellos se elegían "los tres", los inquisidores del estado, que eran quienes estaban encargados de la defensa de los secretos de estado.

Todas las salas están decoradas con cuadros que ensalzan las virtudes de los funcionarios públicos. Por eso, tras avanzar por las diferentes salas, vemos cuadros y cuadros de Tintoretto y de Veronese sobre las victorias (siempre son victorias) de Venecia sobre las repúblicas marítimas (Amalfi, Ragusa, Génova y Pisa) y, por supuesto, en la batalla de Lepanto, y por si quedara poco claro, una representación de Neptuno (el mar) y Marte (la guerra) con fondo del campanile y el león de San Marcos. Los motivos de Marte y Neptuno se repetirán, una y otra vez y a menudo juntos, en pinturas y esculturas, por todo el palacio; por ejemplo, al extremo de las escaleras que suben desde el patio. La sala del Collegio está más hacia el interior, con ventanas a la piazzetta, y representa no sólo el culmen del poder veneciano, sino también un intento consciente de proyectar, a través del arte, la imagen de Venecia como líder en la lucha contra el imperio otomano. Históricamente, Venecia aportó la mitad de las naves, tantas como el imperio español con todas sus dependencias; los infantes de marina, en su mayoría, los aportó España, pero hubo cinco mil soldados venecianos, fanti da mar, en la batalla. La victoria aupó a uno de sus capitanes, Sebastiano Venier, al dogado en cuanto que murió Alvise I Mocenigo. Tenía ya 81 años cuando sucedió, así que tampoco tuvo tiempo más que de ver los cuadros, redecorar sus aposentos y posar para un cuadro de Veronese.

> Gabriele d'Annunzio se enteró del nacimiento de su tercer hijo en una ocasión en que llegaba a Venecia con su barco, "Don Juan". Por esa razón, llamó a este hijo Venier, en honor al capitán de Lepanto, dejando clara su admiración por la Venecia victoriosa, la "Dominante", y la identificación de la ciudad con sus ideas irredentistas. Era un poco especial, el d'Annunzio.

Cuando Venier se convirtió en dogo, la historia iría por otros derroteros; los otomanos conservarían el poder en su zona del Mediterráneo y los venecianos, los cuadros. Chipre sería del imperio otomano hasta finales del siglo XIX, cuando pasó a control de los británicos.

¿Qué hay de los otros matrimonios, los que de verdad unieron a los dogos con las dogaresas? No hay gran cosa sobre ellos, y en la historia de los dogos les dedica poquísimo espacio a las esposas, o ninguno; en la Wikipedia apenas viene la historia de unas cuantas dogaresas, que así se llamaban. No hay ningún aposento dedicado a ninguna de ellas, ni decorado de una forma determinada a su gusto. Sí hay una lista completa, donde volvemos a encontrar otra vez los mismos apellidos: Contarini, Dándolo, Morosini... Dos Morosini, Laura y Morosina, fueron dogaresas una detrás de otra. No he logrado averiguar si fueron hermanas, o qué tipo de parentesco tenían. En realidad, la mayoría de los dogos se casaron; unos pocos, dos veces. Sin embargo, hubo bastantes dogos solteros, más que lo habitual en jefes de estado. Al no ser hereditario, no tenían ningún tipo de presión, y se casaban si les apetecía, y si no, no. La unidad dinástica era la casa, y por tanto ya habría alguien dentro de la familia que llevara el apellido.

Y eso que Morosina fue una de las dogaresas más famosas; de hecho, la última dogaresa, porque se decidió a partir de ella que no habría ningún título especial para las esposas de los dogos. Con Morosina, sin embargo, echaron el resto. Era la esposa de Marino Grimani cuando accedió al trono ducal en 1597; en la "Repubblica del Leone" describen la comitiva compuesta por damas enjoyadas "hasta lo inverosímil", personas de todos los gremios, soldados, atravesando un arco triunfal construido por los carniceros o macellai (no me preguntéis, alguna razón habría). Así llegaron a San Marco (dos páginas después, y con descripción de las diferentes partes de la comitiva), para ir luego al banquete en la sala del Mayor Consejo. Morosina recibió una condecoración pontificia, la Rosa d'Oro. La Storia dei Dogi así lo menciona, y no menciona prácticamente nada de ninguna otra dogaresa. Así que tuvo que ser realmente una dama de armas tomar.

Antes de ella, la esposa de Alvise I Mocenigo, el dogo de la batalla de Lepanto, fue Loredana Marcello. Si de la victoria de Venecia en Lepanto se habla hasta la saciedad (aunque, bien es cierto, no se menciona nunca al dogo, o rara vez), de la victoria de Loredana Marcello sobre la peste por las recetas basadas en sus conocimientos de botánica, que creó para tratar los síntomas de la misma, se habla más bien nada. Loredana estudió en Padua con un famoso botánico, y dejó escritas todas sus curas, aunque no ha quedado ni una para la posteridad. Sí ha quedado su descripción en los Ceremoniali. Murió también antes que su esposo, lo que puede explicar la (posiblemente inexistente, porque no me fío de la fuente) depresión que sufrió hasta su muerte. Que era mucho más inteligente que su esposo, por otro lado, queda suficientemente documentado. Porque hay que ser un poco lerdo, o quizás simplemente desgraciado, para ser jefe del estado durante la mayor batalla naval de la historia y que no aparezca tu nombre por ningún lado, ni en la página de la Wikipedia.

Eso no quiere decir que no haya existido ninguna veneciana que haya sido reina. Caterina Cornaro o Corner, de los Corner de toda la vida, llegó a ser reina de Chipre por una carambola de eventos que incluyeron quedarse viuda estando embarazada, convertirse en regente y que su hijo también muriera. Tras muchos problemas, rebeliones y ataques (en los que intervinieron, en un giro de guión inesperado, la corona de Aragón) Venecia dijo que se acabó lo que se daba, y que Chipre sería a partir de ese momento, 1473, parte de la Serenísima, y Caterina reina de Armenia, Chipre y Jerusalén. Más adelante abdicó en favor del dogo veneciano, y Chipre duró unos 100 años en esa situación, hasta la batalla de Lepanto. Pero Caterina Cornaro consiguió para su patria más tierra, de forma indirecta, y con los honores que le dieron se convirtió en una mecenas como señora de Asolo a la que, incluso, le dedicaron una ópera. No una zarzuela, como la de "La Dogaresa" (de la que hablaremos en su momento), sino una ópera entera. Y un cuadro del pintor romántico Hans Makart.

En esa época, finales del siglo XV, alcanzaba el culmen el imperio, e indisolublemente la economía, de Venecia. En esa época también se completaban gran parte del palacio tal como lo conocemos hoy y se le añadían obras de Giorgione, Tiziano, Tintoretto y Veronese.

Ese culmen implicaba que también se había alcanzado el cénit sobre el dominio del Mar, que ya no era solo el Adriático, sino también el Mediterráneo; y era un dominio militar, pero también económico. Aunque Venecia inventó (discutiblemente) el capitalismo, no era un capitalismo liberal de laissez-faire, sino un capitalismo de estado, en el que este proveía, invertía, favorecía y animaba determinadas actividades y servicios, e incluso actuaba como un actor económico más, con bienes y servicios que se alquilaban o subastaban al mejor postor.

Y esto empezó relativamente temprano, en el siglo XIV. Al ver que las rutas comerciales a Flandes (Bélgica) e Inglaterra se habían convertido en peligrosa y sobre todo, fuera del control del estado, ya en 1317 Venecia organizó la llamada "Galera de Flandes", una flota mercante organizada por el estado, que se alquilaba a comerciantes, y tardaba un año en ir y volver desde Amberes e Inglaterra, con paradas intermedias en un montón de puertos, y venta y recogida por el camino. Se usaban galeras, con 180 galeotes, por lo general procedentes de Croacia, los famosos schiavoni. Y mientras allí vendían sedas y productos orientales, se traían paños y lana de Inglaterra.

La duración de estas rutas multiplicaba por diez lo necesario para transportarlo por tierra, menos de un mes. Las galeras, a vela y en algunos casos tracción humana, no eran precisamente rápidas; más o menos tienen la misma velocidad que una persona andando, lo que no es de extrañar, porque es el viento el que las lleva y, en su ausencia, una persona remando, al fin y al cabo. Imagínate el paseo por toda la costa mediterránea, desde Venecia a Londres, andando. Pues eso es lo que se tarda. Todas las galeras tenían velas, y siempre que era posible, se usaban estas para navegar; las embarcaciones eran suficientemente ligeras para poder moverse empujadas por el viento, aunque los remos se usaban para maniobras a corta distancia y momentos en los que simplemente no soplaba el viento.

Estos convoyes de galeras que iban hacia Europa Occidental salían cuando había oportunidad de ganar dinero, a diferencia de las rutas fijas que iban a oriente, que tenían fechas y recorridos fijos; los capitanes se nombraban entre el patriciado, y tenían instrucciones precisas, como si de una misión se tratara, sobre lo que podían vender y comprar y dónde podían hacerlo. Había todo un sudoku de monopolios sobre lo que se podía vender y comprar y dónde; por ejemplo, si compraban lana en Inglaterra, sólo se podía vender al sur de cierto puerto porque los ingleses, o la liga hanseática, querían seguir manteniendo el monopolio al norte del mismo.

Este fue uno de los muchos sistemas que se vino abajo cuando los marinos portugueses, con mapas venecianos, doblaron el cabo de Buena Esperanza y empezaron a traer las especies directamente por el mar. El mar da, el mar también quita. Con este divorcio del mar comenzó, efectivamente, el fin de Venecia.

No vamos a ver gran cosa de ese declive en el palacio, y menos en la sala que ocupa la esquina que da a la piazzetta que es la sala principal, y también la de mayor volumen.

Una sala en la segunda planta, justo encima, se puede ver desde un pequeño balcón si uno sigue los itinerarios secretos, e incluye la armadura del techo de la sala del Maggior Consiglio, con apariencia, normal por otra parte dados sus constructores, los arsenalotti, de barco boca abajo. La superficie es la misma, pero no tiene mucho sentido hablar del volumen.

Se trata de la sala a la que ya nos hemos referido varias veces: la del Maggior Consiglio o del Consejo Mayor. Una sala que servía, efectivamente, para las reuniones de este organismo, que agrupaba a todas las familias nobles de Venecia (a partir de la serrata). En las imágenes de estas reuniones aparece todo el mundo muy ordenadito en filas, estado en el que no durarían mucho rato, me imagino; o quizás estarían en fila para ir al servicio, porque con tantos varones de edad juntos las colas deberían ser espantosas.

En otros parecen estar en unos bancos corridos a lo largo de la sala, de forma que todos los asistentes tienen la cabeza torcida, mirando hacia la pared contraria, más cercana al canal del Palazzo. Supongo que dependería del número de personas, porque en el momento de más auge tuvo 2746 personas; no todas llegaban a tiempo a las deliberaciones, pero aún así la tercera parte de esa cantidad ya tenía que estar un poco apretada. El Maggior Consiglio actuaba principalmente como colegio electoral, y la principal razón por la que se reunía era a al muerte de un dogo para comenzar la elección del siguiente con el primero de los cuatro consejos sucesivos que eventualmente lo nombrarían. En la última reunión fue en la que se decidió ceder el poder de la república a un "gobierno provisional". Que al final se lo entregaría a los franceses, y estos a los austriacos. Fin.

Hoy en día está en la posición adecuada y tiene los bancos suficientes para hacer una paradinha en la visita al palacio. Y mirar tranquilamente el Paraíso, de Tintoretto, que tardó cuatro años en pintarlo, con ayuda de su hijo. También los retratos de todos los dogos, inclusive el espacio vacío de los condenados. Ahí podemos ver todo tipo de corno ducal, pelucas, y el aspecto de sabios o simplemente ancianos cansados que tenían.

Los dogos se nombraban bien pasada la flor de la vida precisamente para que no se eternizaran en el cargo. Y no lo hacían, una buena parte de ellos no duró ni un año en el cargo.

La Salla dello Scrutinio, por ejemplo, está íntegramente dedicada a las batallas navales (salvo una de ellas) que Venecia ganó a lo largo de la historia.

Habría que ir una por una a saber si la ganó o no, que esa es otra. Vamos a suponer que fue así y que no hubo ninguna que se ganó por penaltis, en tiempo de descuento, o por no comparecencia del contrario. Por ejemplo, la pintura de Palma el Joven, "El ejército Cruzado ataca Constantinopla" (Cruzado está en mayúsculas en el original), de Palma el Joven. Es una pintura bastante apabullante, estilo manierista (una denominación más o menos despectiva, que indicaba que pintaban a la manera o modo de los grandes maestros pasados; es decir, manierista viene a significar imitador), pero que al final representa el saqueo de Constantinopla durante la cuarta cruzada, que acabó con los emperadores bizantinos e instauró un emperador "latino" de la cuerda de los venecianos. Aparte de un emperador, de ese saqueo los venecianos se trajeron los caballos que han acabado en la basílica de San Marco. Y presenta el aspecto más naval de ese saqueo: cuando los venecianos acercaron sus galeras (véanse los remos) a la playa y lograron desembarcar, escalando los muros y pasando a cuchillo a todo quisque, que en aquella época no se andaban con tonterías y lo que nosotros llamamos genocidio para ellos era "un martes cualquiera". En la parte alta de la pintura se ve como una multitud armada con lanzas y enarbolando banderas amarillas y otra que parece transparente entran por las puertas abiertas de la ciudad, mientras a su alrededor gente, no se sabe si de los uno o de los otros, cae de las murallas, en las que se enganchan escalas por las que suben, determinados, soldados armados de espadas y protegiéndose con escudos. En la esquina superior izquierda y en una de las almenas, un cruzado con casco trata de colocar la bandera de la Serenísima, quizás un poco prematuramente porque justo a su izquierda, alguien parece a punto de partirle en dos con una espada. El mensaje queda bien claro: hay nada menos que seis pendones de Venecia, quizás más porque hay banderas rojas donde el león no está nada claro, barcos, murallas, campeones, campeones, oé, oé.

Esta pintura es parte de una serie que narra la historia de Venecia en la sala del Maggior Consiglio, y que empieza justamente a la izquierda de la puerta por la que entramos. En cuadros sucesivos, vemos a los cruzados jurar en Venecia que van a defender la fe, delante del dogo, a continuación, vaya usté a saber por qué, a los cruzados conquistando Zara (Zadar, en Croacia), donde no había sarracenos, pero que tuvo que ser atacada porque Venecia lo exigió para ceder los barcos a la cruzada; a continuación, un joven pide al dogo que ataquen Constantinopla donde hay un malo malísimo, Alexios Comnemos, que no la hemos atacado por ambición de poder del dogo y porque se lo hemos exigido a los cruzados a cambio una vez más de dejarles barcos, sino que cómo vamos a hacerle ese feo a este guapo muchacho griego. A continuación asedio, conquista, y luego, anda, que no le hemos dado el imperio de oriente al muchacho que lo pidió sino a un tal Balduino de Flandes (esto ya está al final de la sala, en la pared que pega a la piazzetta. Como guión no cabe duda que tiene algún hueco, pero como creación de una narrativa de victoria y defensa de la fe del dogo no cabe duda que es coherente. La historia llega al siglo XIV en la pared de la izquierda, con la guerra de Chioggia, las batallas contra Barbarroja, el emperador germánico, y así sucesivamente. Incluso la batalla del lago de Garda.

> Batalla en la que tuvieron que llevar los barcos por tierra, pero mereció la pena, porque ganaron.

Si no hubo batalla no pasa nada, se inventa. Hay un cuadro de Tintoretto que representa la batalla de Salvore. No has oído hablar de ella, ¿verdad? No es de extrañar. En esta batalla, que enfrentó a Venecia, a finales del siglo XII, contra nada menos que el emperador Barbarroja del Sacro Imperio Romano Germánico y otras dos repúblicas marítimas, Pisa y Génova, en una zona peligrosamente cercana a Venecia, el extremo superior de la península de Istria, llamado Punta Salvore (y actualmente en Croacia) terminó en otra victoria veneciana, según los cuadros, o simplemente con la paz de Venecia firmada... En el día de la Ascensión; para celebrar la cual se crearon los esponsales con el mar y toda la pesca. ¿Que cómo se pudo hacer tal cosa si no existió? No importa. Existe el cuadro, y eso es lo verdaderamente relevante en este caso.

El mensaje que transmiten viene a ser: somos lo mejores, lo petamos, y gracias a que los dioses, y el único Dios, San Marcos, y quien se tercie, todos nos han hecho tan guapos y tan fuertes y todo eso, y si se han ganado todas esas batallas ha sido gracias a Nos.

Los miembros del Maggior Consiglio los verían, sobre todo porque los bancos corridos miraban a la pared, así que no les quedaría otro remedio que echarles un vistazo, a estos y a las alegorías y a las pinturas de todos los dogos (y el paño negro para Marin Falier). Se reunían todos los domingos, cuando sonaba la campana de San Marco llamándolos, los que estuvieran presentes, y fiscalizaban a los otros (múltiples) órganos jurisdiccionales y leyes, siempre en presencia de los dogos y sus consejeros, así como el canciller, una persona extraída de la clase media.

Los cancilleres son las personas más desconocidas de la historia de Venecia; mira que he consultado sitios, pero hasta que no he hecho el "itinerario secreto" del palacio de los dogos no me he encontrado con esa institución. Como el dogo, se elegía de por vida; a diferencia del dogo, recibía un sueldo bastante alto, y podía vivir fuera de palacio.

Las pinturas siempre repiten temas similares. Por ejemplo, "La batalla de Lepanto", en la sala dello Scrutinio, de Andrea Vicentino, hecha en 1580. Que sustituía precisamente a otra batalla de Lepanto, nada menos que de Tintoretto, que se quemó en un incendio ocurrido en 1577; esta versión sí que se tuvo que hacer con prisas.

Casi todos los españoles hemos oído hablar de la batalla de Lepanto; o al menos de Cervantes, "el manco de Lepanto". Una batalla que ganamos nosotros, o Cervantes, o alguien, y que se luchó contra los moros, o los malos, o alguien, que da igual, porque ganamos. La historia real, por supuesto, es un poco más complicada. Pero los venecianos, con esta pintura que resume la historiografía oficial, se trataban de asegurar que hubiera una versión, también simple, que proyectara una visión exaltada del estado a los siglos venideros.

Tratemos, sin embargo, de entender qué es lo que ocurrió. A grandes rasgos, la batalla de Lepanto fue una batalla naval que enfrentó a las potencias europeas occidentales, reunidas en la llamada Liga Santa, y que recibió ese nombre porque fue el Papa quien reunió a varios estados italianos, órdenes militares, y el imperio español, a ver qué trincaba, contra los otomanos, y tuvo lugar en 1571, sólo 9 años antes del cuadro.

> Ese día se celebra la Virgen del Rosario, que inicialmente se denominó Virgen de la Victoria, precisamente por la victoria de ese día. Por eso se la representa en muchos cuadros como protectora de los buenos, o sea, nosotros (y los venecianos, venga, va).

Se dieron buena bulla en crear el relato y colgarlo en el palacio de los Dogos, en la salla dello Scrutinio, donde se votaba, para que los que lo hacían fueran bien conscientes de lo grandes que eran y la responsabilidad que tenían en elegir a dogos (o lo que tocara) que pudieran llevar a Venecia a tan ensalzados destinos.

Una historia alternativa diría que lo hicieron para animar al dogo. Realmente, ninguno de los relatos de la batalla, un libro de Osprey dedicado a la misma, la Wikipedia, o una exposición que se ha celebrado en Granada con ocasión del 350 aniversario, hablan de quién gobernaba en Venecia en ese momento. Mientras que la exposición susodicha, llamada "Lepanto: Granada en la más alta ocasión", expone imágenes del papa, que evidentemente era quien dirigía los destinos de los estados pontificios, Pío V, y de Felipe II, emperador de España, nada dice del dogo.

No hay más que buscar una cronología de los dogos y ver en cuál cayó el año de la batalla de Lepanto para enterarte de que fue Alvise I Mocenigo; uno de los pocos dogos que tienen numeral, porque los Mocenigo tenían la costumbre de llamar a sus primogénitos Alvise, y tuvieron la suerte de dar varios dogos a la República. A pesar de alharacas, de la gran victoria y de la Virgen del Rosario, lo cierto es que Chipre, la avanzadilla geoestratégica da la república, estaba perdida para siempre. A pesar de la derrota apabullante de los otomanos, lograda con una superioridad no sólo táctica, sino tecnológica, el sultán de los otomanos afirmó "Es como si me hubieran quemado la barba. Me nacerá otra"; después de estas declaraciones capilares, obligó a

Venecia a firmar una paz humillante, que incluía una indemnización por las pérdidas que sufrieron los otomanos. Trescientos mil ducados, que eran más o menos el triple de lo que recibía Venecia anualmente del Papa para reforzar sus defensas frente, precisamente, a los otomanos.

Alvise Mocenigo cayó en una depresión; dejó de hablarle a los adultos y se paseaba por Venecia hablando sólo con los niños. Finalmente, se suicidó en el año 1577, cinco años después de la batalla. Es posible que fuera la primera persona que se dio cuenta, de forma fatal, del ocaso irremediable al que se dirigía la República. Todo esto según un editor anónimo de la Wikipedia, que no cita absolutamente ninguna fuente. Pero como "si non è vero, è ben trovato", me lo apropio y lo uso, aunque sinceramente no me lo creo.

> Si es cierto (que no lo parece), lo del suicidio debe ser descubrimiento reciente, porque en la historia de los dogos de Nanni simplemente dice que murió; de hecho, está enterrado en la iglesia de San Zanipolo, así que si efectivamente murió de esa forma, debió taparse en aquella época, porque los suicidas no pueden enterrarse en tierra consagrada. Así que he aprovechado para poner el clásico "Reference needed" en el artículo de la Wikipedia. Cuando leas esto es posible que alguien haya visto eso y haya desaparecido. O yo mismo lo habré quitado.

Este dogo mereció una pintura en la sala del Collegio, "Alvise Mocenigo presentado al Redentor", ilustrada con metáforas de sus logros: "vencer" a la peste (que ya sabemos que no fue él, sino su mujer), "vencer" a los otomanos, mandar construir la iglesia del Redentor, que fue proyectada por Palladio. De esas tres cosas, quizás sería la tercera de la que estaría más orgulloso. Me lo imagino hablando con los niños "El Palladio este, que perdió el concurso del puente de Rialto; oye, un crack. Verás tú, te lo digo, llegará lejos" "Abuelo, no sé lo que es Palladio" "Yo tampoco, pero verás, este lo peta".

También se puede interpretar la pintura a la vista del suicidio como una justificación de su vida y, de camino, de toda su familia. Merece la pena pararse un poco en ella, cuando lleguemos a la Sala del Collegio. Por otro lado, si hay una pintura suya en las Gallerie, realizada por Tintoretto, donde, fuera de la pompa habitual en otros relatos, lleva una indumentaria, incluso un corno ducale, marrón fraile, con un sello en el índice de la mano izquierda y un anillo en la mano derecha. Mira hacia su izquierda, con grandes bolsas en los ojos, aspecto cansado, y más melancólico que orgulloso. El fondo es oscuro, y no revela casi ningún detalle. Una representación del dogo que transmite todo el cansancio de una persona que, quizás, acababa de perder no sólo Chipre, sino a muchos seres queridos. Una pintura inmensa, en todo caso. El mismo color aparece en la representación del dogo en la sala del Maggior Consiglio, también de Tintoretto, aunque en este caso sí tiene joyas en el corno, y aparece alguna también en la capa que lo cubre. La faz, sin embargo, parece todavía más triste, y hasta con un punto de brillo en los ojos que sugiere una lágrima. Si tuvieran apodo los dogos como los reyes de Castilla, este sería Alvise I El Triste.

Muy cerca de esa sala, si te fijas un poco, verás que no has llegado al final del edificio; hay un hueco que no se puede visitar habitualmente, en el ala derecha que pega al rio della Canonica. Contiene, entre otras cosas, los apartamentos privados del dogo, en la esquina más pegada a la basílica y a rio del Palazzo. Esos apartamentos reciben diferentes nombres por su decoración, o por algún cuadro, pero aquí era donde vivían los dogos, separados de su familia. Estos llevaban sus propios muebles, que su familia recibía cuando moría, así que los muebles que hay hoy en día no son originales.

> Este es un dato tremendamente inane, pero que se siente uno obligado a poner de todas formas. En todo caso, no se visitan ni siquiera en los itinerari segreti, así que si tienes la suerte de visitarlos igual el dato te interesa.

No parecen grandes aposentos para quienes, forzosamente, provenían de familias ricas: aparte de pertenecer al patriziato, se suponía que parte de los fastos asociados al cargo tenían que pagarlos de su bolsillo. Pero no parecía importarles demasiado: hay apellidos que aparecen una y otra vez. Y el que más, Morosini.

En la "Historia de los dogos" aparece por primera vez en la página 142 (del eBook), en la entrada de Pietro Orseolo I, mencionando a Giovanni Morosini como su yerno. El primer dogo Morosini llega en 1148, Domenico Morosini; más adelante Marino, Michele, Francesco. La familia que más dogos daría sería la Contarini, que llegaría nada menos que a ocho. Pero los Morosini aparecen mucho más en las crónicas de los dogos: aparte de dogos, dieron varias dogaresas, nada menos que seis (contra solo tres Contarini). Otras familias como Partecipazio (el que construyó el palacio), los Mocenigo, también aparecen una y otra vez. De forma discontinua, había verdaderos linajes creados para gobernar.

Otro Morosini, Francesco, se hizo famoso por sus conquistas en Grecia, y por traerse a los leones que hay delante del arsenal. Este fue el último dogo Morosini, y quizás el último que llevó a cabo alguna conquista notable. Cien años más tarde, desaparecería la república.

Un Contarini, Domenico, fue el que en el año mil y pico decidió añadir una capilla al palacio. Esa capilla ducal es la que hoy en día llamamos basílica de San Marcos, mil años más tarde. De ella hablamos en el capítulo dedicado a la piazza.

Por donde sí pasarás en la visita, inevitablemente, es por el puente llamado de los Suspiros, un puente cubierto, de piedra, dividido por la mitad, con un corredor para entrar y otro, con suerte, para salir. Forma parte del itinerario aconsejado en la visita, así que pasarás por él sí o sí. Durante prácticamente toda su historia, el puente de los suspiros fue simplemente un pasaje del palacio a las prisiones, el llamado Palazzo delle Prigione. Un puente cubierto hacía más fácil, posiblemente, el evitar las fugas de los condenados entre la administración de justicia y su destino final. El edificio es del Antonio da Ponte del puente de Rialto, y tiene más interés fuera que dentro, donde sólo hay desoladoras celdas, que una vez vistas ya no tienen más interés.

Tienen algo de más interés los piombi y pozzi, que forman parte de los itinerari segreti: los pozzi o pozos eran las prisiones, a ras de agua prácticamente, lo que implicaba que, en ocasiones, estaban simplemente inundadas; los piombi, sin embargo, al estar debajo de los techos de plomo, en el último piso, eran prisiones mucho más llevaderas, y estaban destinadas a gente más importante como Casanova.

> Una de las escenas de Casanova Pop, precisamente, sucede en estos piombi.

Puede que llegaran a esos piombi a través de denuncias, que no podían ser anónimas a menos que tuvieran especial gravedad, es decir, afectaran a la seguridad del estado. Tanto dentro del palacio como fuera una serie de buzones de piedra permitían denunciar a los funcionarios corruptos o a los que evadieran impuestos; con la advertencia de que las denuncias falsas serían perseguidas. Los buzones eran figuras con una apertura en la boca, y podían ser cabezas de Medusa o bocas de león, o simplemente cabezas de apariencia espantosa. Por lo del león se llamaban bocche de leone, o bocas de león; por toda la ciudad había otras, y los mensajes llegaban a los magistrados, que los revisaban y actuaban.

> En España se usan leones con la boca abierta como buzones; aquí también en Granada. No he encontrado ninguna relación con las bocas de león de Venecia, que de hecho se parecen muy poco a bocas de ningún felino. No encontré ninguna. Supongo que tampoco la tendrá nada que ver la boca de león por donde se proyecta en Cinema Paradiso.

La que hay en el palacio de los dogos está en la sala della Bussola (o de la brújula) y realmente no tiene pinta de cabeza de nada, aunque parece que fue pintada encima o algo. Por lo menos está situada en las estancias administrativas, donde estaba originalmente.

Y es que el poder residía en el palacio de los dogos, pero no un poder omnímodo personalizado en el dogo, sino un poder distribuido entre diferentes instituciones, cada una de las cuales tenía competencias específicas. Porque habrá que dedicar unos párrafos a la esencia del poder en Venecia y cómo la organización del mismo contribuyó a la duración y relativa estabilidad del régimen durante mil cien años. Como comparación, la república romana duró solamente unos 400 años (y el imperio unos cuantos más, y más todavía si consideramos también el bizantino, aunque realmente no funcionó con el mismo régimen durante mucho más tiempo). El resto de las repúblicas marítimas no duraron en realidad demasiado; Génova fue ocupada por milaneses, franceses y prácticamente un estado vasallo de los españoles a partir de los 500 años de existencia; la república de Pisa duró unos 400 años; la de Amalfi, apenas 400 años.

Por eso, esa estabilidad y forma de gobierno la debemos colocar en el contexto histórico, para entendernos. El imperio romano consistía, en general, en un régimen con separación de poderes, legislativo, que estaba en el Senado, ejecutivo, en el jefe del estado, y judicial, en los diferentes magistrados que interpretaban la ley común, el Derecho Romano que tantas alegrías ha dado a los estudiantes de primero de Derecho. A este tipo de régimen se le llamaba mixto porque el poder no residía en un solo estado, sino que el rey, los señores y los "comunes" o el pueblo llano recibían cada uno su parte de poder, y lo ejercían controlándose los unos a los otros.

Pero caído el imperio romano, en la mayor parte de Europa se impuso un régimen feudal, donde la ley era lo que el que mandaba, es decir, el que tenía más soldados y más brutos, decidía en cada momento; en la época de la Ilustración, todo el poder residía en el rey, que tenía poder absoluto. ¿Era así en toda Europa?

No. Los irreductibles venecianos heredaron esa división de poderes, con una república que tenía un jefe de estado nombrado por los nobles, una curia que ejercía el poder judicial, y una serie de instituciones legislativas que se encargaban de controlar al jefe del estado, y lo hacían a base de bien, con restricciones nunca vistas en ninguna de las cortes europeas. El propio Maquiavelo alabó a la república de Venecia como tal régimen mixto.

A este reparto del poder me permito añadir yo una cuarta pata: el capitalismo. Sin un tercer poder con poderío económico y clases medias más o menos estables y pocas diferencias sociales, y una (relativa) movilidad, al menos en los primeros siglos, entre este y el segundo poder, la nobleza, rebeliones o simples conquistas habrían acabado con el estado de forma relativamente rápida. Al final, fue lo que acabó con el último dogo y con la república: una nobleza empobrecida y viviendo de sus privilegios, una clase media en desintegración por el agotamiento de las fuentes de riqueza de la república, y, en resumen, un estado rico y poderoso que sólo necesitó el bombardeo de una fragata de Napoleón para caer estrepitosamente.

Todas estas familias que aparecen una y otra vez en los anales de la república, nombramientos de cónsules, pinturas y esculturas, en los nombres de palacios y también en calles y plazas, procedían de las familias vecchie o viejas; eran una docena de trece familias (bueno, sí, qué queréis, así aparece en la Wikipedia) que junto con la docena que se consideraban que las seguían constituían las familias longhi o antiguas. Entre las primeras están los susodichos Morosini y Contarini, pero también los Sanudo o Badoer; entre las segundas, los Bembo, Zorzi y Tiepolo. Pero había una clasificación alternativa con solo 16 familias, las 12 "apostólicas", es decir, las que habían participado en la (mítica) elección del primer dogo, y donde otra vez aparecían los Contarini, Morosini, pero también los Tiepolo y los Querini, más las cuatro "evangélicas", Giustinian, Corner, Bragadin y Bembo. Nada tenían que ver salvo en número, y supongo que también, por el cierto dominio que ejercía la república sobre la Iglesia, para dar un poco de origen "bíblico" a los linajes gobernantes.

Esas familias, más las case nuove, Loredan, Foscarini, Marin, formaban el patriziato, el único grupo social con plenos derechos en Venecia. A partir de la serrata, o cierre del Maggior Consiglio a finales del siglo XIII, sólo se admitieron familias, o una persona y sus descendientes, en casos muy específicos: por méritos de guerra, por conquista extranjera de alguna posesión; finalmente, el declive de Venecia marcó el comienzo de la venta del acceso al patriciado. Así entraron muchas familias en los siglos XVII Y XVIII. Solo los Manin consiguieron acceder a la magistratura más alta. Quien lo precedió, Renier, pertenecía a las case nuovissime, que habían llegado al libro de oro en el siglo XIV, nada menos. En fin, el ascensor social no estaba totalmente trucado, pero quien estaba ahí desde el principio tenía, aparentemente, más posibilidades de llegar a lo más alto que otras familias, aunque llevaran siglos en el candelero.

Pero todo esa (relativa) meritocracia empezó a decaer en los últimos años de la república. Cerca de su desaparición, el estado tenía tan pocos ingresos que incluso la gran marina veneciana estaba reducida a una docena y pico de embarcaciones.

Cuando eligieron al último dogo, Ludovico Manin, su oponente, Gradenigo, espetó en véneto algo así "Han elegido a un rufián. La república está muerta". Un poco antes de morir su antecesor, el dogo Renier, dijo "El estado está en bancarrota. Habrá que elegir a un ricachón como el Ludovico Manin este". Es decir, que había división de opiniones sobre si era un maleante o un pijo, aunque una cosa no excluye a la otra, e incluso puede haber una alta correlación entre ambas. Pero había unanimidad, si excluimos a su oponente, en que era la persona adecuada en el momento adecuado; una a quien culpar de una caída que, a estas alturas, era inevitable.

Y efectivamente. Manin, cuya familia había ascendido al patriciato a base de pagar una pasta en el siglo XVII, según algunos unos cien mil ducados, según otros ciento cincuenta mil, fue elegido por el Mayor Consejo a la primera, con 28 votos, en 1789. Prácticamente 8 años más tarde, en mayo de 1798, la república terminó tras un ultimátum de Napoleón, y poco después se convirtió en colonia del imperio austrohúngaro, el más austrohúngaro de los imperios.

> Se debió al tratado de Campoformio, en una carambola que yo no entiendo demasiado bien, pero que al parecer se debió a la división de territorios italianos entre Francia y el imperio austrohúngaro para preservar la paz entre ellos.

Manin moriría unos años más tarde, pasando a la historia como sior spaviento, "Señor preocupación", porque siempre estaba mal de salud, y de hecho tenía más de 70 años cuando fue destituido. Una figura patética, que en los cuadros aparece, aparte de con el corno ducal, con unos rodetes del estilo de la dama de Elche; en realidad se trata de un capelo o casquete como el que suelen llevar los papas, pero que a estas alturas de la república se hacían de forma tan exagerada que parecen realmente orejeras.

¿Qué pasó con el palacio a partir de ese momento? Pues nada, en realidad; se convirtió en sede administrativa, los austriacos y los franceses se llevaron todo lo que pudieron, y finalmente, cuando empezó a existir el estado italiano, pasó a su posesión. Ahora es un museo, como ya sabréis.

De ese museo saldréis por una puerta en la que quizás no os fijéis, pero es una de las portadas más bonitas de Venecia

> Ya sé que me pongo muy pesado, pero yo tampoco me fijé en ella ninguna de las veces que estuve. La primera, porque llevaba 3 horas en el palacio ducal; la segunda, porque estaba parcialmente cubierta por los andamios de las obras de impermeabilización de los cimientos de San Marco.

La Porta della Carta es una de las pocas obras de gótico florido de Venecia; una verdadera obra de orfebrería en piedra de Istria y mármol de Carrara. Encontraréis, como de muchos otros sitios, varias descripciones del origen del nombre. Por ejemplo, que había más allá una mesa con un escribano que escribía cartas para los analfabetos. No parece, sin embargo, razón suficiente para esta puerta que comunica la piazzetta con el patio interior del palacio de los Dogos.

La simbología de la portada dice otra cosa. Las estatuas representan a la fortaleza (quizás a la resistencia o al aguante, porque fortezza no significa exactamente fortaleza en español) la caridad, la templanza y la justicia. Tres virtudes cardinales (la fortaleza, justicia y la templanza) y una virtud teologal, la caridad. Falta la prudencia entre las virtudes cardinales, y la fe y la esperanza entre las teologales. Se ve que se buscaba entre los dogos el atrevimiento y la astucia más que la prudencia, y la fe y la esperanza para los curas. Porque el león de San Marcos representado aquí es el símbolo del estado, y Francesco Foscari, el dogo que la mandó erigir y se arrodilla ante él, el símbolo de la sujeción del dogo a las leyes de la república.

Y tanto que tuvo que sujetarse. Fue el dogo que más años estuvo como tal, 34 años. Sea porque los venecianos ya estaban hasta el gorro y querían un cambio de aires, o porque realmente uno de los hijos del dogo, Jacopo, no hacía más que dar problemas, fue el único dogo de la historia obligado a dimitir. Ningún dogo estuvo tanto tiempo, y hasta prácticamente el final de la república sólo se eligió como dogo a personas tan mayores que sólo podrían aguantar un puñado de años en este cargo vitalicio. Se tenía así una especie de limitación estatutaria, pero de la forma más natural posible. En todo caso, duró unos días después su destitución. Así que podrían haber tenido un poco de paciencia con él, criaturica.

No tuvieron demasiada paciencia los franceses, que destrozaron la estatua; la que se ve actualmente arrodillada delante del león (y debajo del busto que representa al mismo San Marcos) es una restauración del siglo XIX.

Si estamos viendo esta estatua, estamos ya fuera del palacio. Nos volvemos hacia la piazzetta de San Marco, para continuar el paseo. Estaremos justo en la esquina sur de la basílica, enfrente del campanile.

Piazza única, dos piazzetas

La Piazza San Marco y las piazzette del Leoni y de San Marcos

"La piazza San Marco no parece ser parte de una ciudad, sino el salón de baile de algún palacio", Q, de Luther Blisset

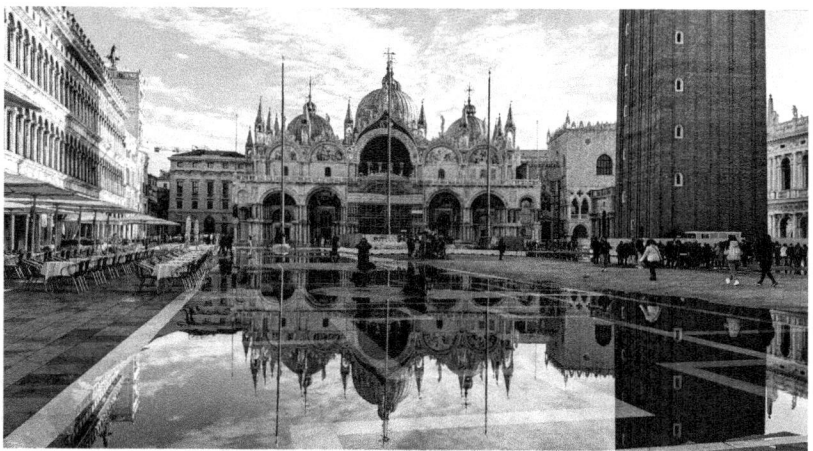

Figura 6: La basílica reflejada

Las plazas son lugares de paso, donde uno se para lo justo para hacer cola o quizás, si ha decidido tirar la casa por la ventana, tomarse un café. Pero tienen mucho que ver, escuchar y entender. Así que vamos a fare un listone, dar un paseo, por ellas en este capítulo.

Empecemos entre las dos columnas donde la plaza de San Marco se encuentra con el canal, en la llamada piazzetta de San Marco. Ya sabemos que Venecia sólo tiene una piazza; sin embargo tiene dos piazzettas, a ambos lados de la piazza. La otra, piazzetta dei Leoncini o Leoni (de los leoncitos o simplemente leones), por la escultura de porfirio que representa al consabido león. La estatua, a estas alturas, está más gastada que los toros de Guisando, porque el porfirio es una piedra dura que lo aguanta todo salvo la erosión constante de millones de niños que, siglo tras siglo, se han subido a cabalgar a sus lomos, al menos desde el siglo XVIII que fue cuando se pusieron ahí.

Pero volvamos a la primera piazzetta o placeta, y vamos a colocarnos en el punto desde el que parten obligatoriamente los travelling en todas las pelis en las que sale Venecia; como en "The Italian Job", verbigratia, donde vemos a Donald Sutherland pasar entre esas dos columnas dirigiéndose, como no, a tomarse un café en la plaza, suponemos que en el sitio más caro, el Florian, porque para eso paga producción. Paso que, por cierto, se consideraba de muy mal augurio en Venecia. Nadie quería verse entre esas dos columnas voluntariamente. Mal augurio que se trasladaría, quizás sin quererlo, a la propia película.

> Pero no hizo efecto en la película, porque la peli tiene un 72% en Rotten Tomatoes. Es bastante entretenida, aunque las escenas en Venecia sólo ocupan las primeras secuencias de la misma.

Y con eso me refiero al guión de la película, claro. Y esto no cuenta como spoiler porque si las pelis no tuvieran giros de guión no serían pelis, y no estoy diciendo de qué giro se trata de forma precisa. Como pista, no se trata de que le fueran a cobrar 20 euros por un café en los cafés de los que hemos hablado más arriba. Podrían ser los muchos giros que hacen en la persecución en lancha por los canales, y que terminan saliendo muy cerca de la estación del tren, con el puente a la vista.

Volvamos de la película a las columnas. En ese punto, sólo si giramos un poco, podemos ver a un lado el Gran Canal, las islas de la Laguna y hasta el Lido. Del otro, la plaza. Estamos, por tanto, en un lugar, privilegiado. Pero el último lugar donde, durante gran parte de la historia de la República, un ciudadano querría estar.

> Te aconsejo, una vez más, que no estés entre las columnas
> sino un poco hacia dentro, o hacia fuera.

Los malos augurios mencionados anteriormente son la razón por la que ningún veneciano querría encontrarse allí; porque durante mucho tiempo, este espacio se usó como picota: la condanna alla berlina consistía en ponerles un capirote a los condenados y un cartel colgado con su delito descrito en pocas palabras. De esa guisa, que pasarían un tiempo establecido entre estas dos columnas, para escarnio público. Antes de ir a galeras, o a la la cárcel ducal. Para muchos, sin embargo, era la peor parte de la pena: sus conciudadanos siempre lo recordarían ahí, y su nombre sería siempre deshonrado. Esto se aplicaba sobre todo a la gente del pueblo; en general, los nobles se libraban de este tipo de afrenta, aunque sus condenas sí que eran publicadas en la columna del Gobbo di Rialto (del que hablamos en el capítulo dedicado a este barrio). Los delitos por los que podían condenarte eran, aparte de los habituales, algunos bastante específicos: por ejemplo, las mujeres que ejercían la prostitución no podían ir enmascaradas durante el carnaval; a un tal Daniel lo condenaron por fabricar llaves falsas. A saber qué se consideraba llaves verdaderas en aquella época. En todo caso, estas condena a la picota no se inventaron aquí, pero sí fue en este lugar, y más adelante cerca, en la Riva degli Schiavoni, donde tuvieron lugar.

Sigamos situados en el mismo lugar, fra Marco e Todaro, entre Marcos y Teodoro, una frase hecha equivalente a nuestra "Entre Guatemala y Guatepeor", aludiendo a lo que hemos comentado anteriormente, y miremos hacia arriba para ver a qué se refiere: si estamos de espaldas al muelle, a la derecha, en la parte más cercana al palacio de los Dogos, está el león que representa a Venecia, el león de San Marcos, uno de los cuatro evangelistas y su representación, hoy diríamos avatar o icono, más habitual.

> Uno de los mitos fundacionales de Venecia dice que paró allí viniendo de Aquilea, fue salvado de una tempestad por un milagro, y pidió que lo enterraran allí. Como resulta que murió en el quinto pino, en Alejandría nada menos, dos mercaderes venecianos tuvieron que rescatarlo en el siglo IX, trayéndoselo allí de contrabando, cubierto de panceta salada para que no miraran los aduaneros egipcios, o eso

dice la historia. En realidad el tener a su propio evangelista enterrado allí, aunque no se sabe dónde anda hoy, le permitía cierta independencia con la iglesia de Roma (que tenía a su San Pedro) y de la oriental de Bizancio, o al menos legitimidad. Este episodio se relata en la portada de San Marco en el tímpano de uno de los arcos. Una escena con profusión de turbantes blancos, con uno de ellos, cercano a lo que parece una barca llena de algo que parece sardinas pero que debe ser el susodicho bacon, tapándose la nariz. Buono y Rustico, con los característicos cornos venecianos, uno rojo y el otro gris, miran con cara de pillos como diciendo "¿Nosotros? ¿Nosotros llevándonos reliquias de San Marco? ¿Pero no ve que somos unos honrados transportistas de productos del cerdo? La historia no cuenta que les fue más complicado encontrar una cierta cantidad de bacon en un país mayoritariamente musulmán que las propias reliquias, pero no me cabe duda de que fue una gran aventura.

Aceptamos león, pero en realidad puede que fuera una quimera, que tiene cabeza de león pero el resto se deja a la elección del escultor; y en este caso a saber quién fue el escultor. Puede que fuera sasánida, o sea de la zona del actual Irán, o una quimera etrusca, o puede que un dragón chino. La palabra definitiva ahora mismo, sin embargo, es que se trataba del dios Sandon, de origen hitita, y se produjo en Tarso, en Asia menor (de donde era San Pablo), en el siglo III antes de Cristo. El dios Sandon, Sandas o Sandan se representaba con un león con cuernos (que a este parece que le han arrancado), y era el dios de la guerra y de los fenómenos atmosféricos. Cosas que le venían muy bien a Venecia. En la Wikipedia inglesa dice, de una forma un tanto ingenua, que

> Un gran monumento a Sandon existía en Tarso hasta al menos el tercer siglo DC. Me pregunto quién se lo llevaría, para que los venecianos a su vez se lo arrebataran siglos más tarde. Quien roba a un ladrón y todo eso.

Sea como fuere, estaba claro que, en su afán ahorrativo, los venecianos no estaban dispuestos a tirar una escultura vagamente leonina siempre que se pudiera aprovechar como símbolo y representación de San Marcos. Como tal símbolo, por cierto, fue arrebatado por Napoleón y puesto en lo alto de una fuente, la Fuente de los Inválidos, hasta que volvió a Venecia cuando se derrotó a Napoleón. En esa devolución quedó destrozado por torpeza o a caso hecho, y hubo que restaurarlo. Así que lo que vemos ahora mismo es esencialmente del siglo pasado, pero ha pasado por tantos países y tantos expolios que es difícil decir qué significa, salvo el hecho de que a los imperios les gusta llevarse objetos de sus lugares conquistados no sólo porque quedan bonitos, sino para mostrar claro quién manda.

Resultado, como las propias columnas, del expolio de algún palacio bizantino o castillo sarraceno.

> Debajo de las esculturas hay unos capiteles gótico-bizantinos como los que encontraremos por toda Venecia, y prácticamente imperceptibles, unas cruces venecianas, cruces con los extremos lobulados y con cuatro lóbulos también que salen del centro de la misma.

El león y las alas son un símbolo inmemorial de Venecia, perpetuado hasta en el escudo del equipo de fútbol, que de vez en cuando está en primera división. Hasta julio de 2022 el escudo era un león alado; en la versión de 2022 las alas son las dos partes de la V, y el león está estilizado formando el brazo derecho de la misma. Síntesis y minimalismo, en aras de vender más camisetas. Un espíritu mercantil que, una vez más, encaja también con la tradición finisecular de la ciudad. Como encaja el león que usa Pitura Freska en sus producciones: un león con unas alitas en la parte de atrás, un ojo guiñado, un peta entre las fauces, y la boina tricolor de Etiopía; otras veces tiene las mismas alas, las banderas jamaicana y etíope, y la frase "Pax tibi Fra deo", que vaya usté a saber lo que significa. Este último se usa en la canción "Venessia comune giamaican", porque Jamaica y Venecia tienen en común la insularidad, el león de Judá de la religión rastafari que es el mismo de San Marco, y el reggae.

> De veras, echadle un vistazo a Pitura Freska a la vez que leéis las letras buscándolas en Google. Los vídeos son divertidos, originales, y las letras muy frescas... Y venecianas, supongo.

Pero en la otra columna hay un cocodrilo.

Al león alado lo vamos a ver por todos lados. Al cocodrilo, no. El santo que va con él es San Teodoro, y el cocodrilo... Pues al parecer es un dragón que el santo, que vivió en el siglo IV, se cepilló. Evangelista vence a matadragones, así que San Teodoro dejó de ser patrón y no tiene el pobre ni una iglesia en Venecia. San Marcos, o su avatar, está hasta en la bandera de Venecia, una bandera que parece un anuncio de los que aparecen pegados en las farolas, que tienen tiritas con el teléfono, pero en horizontal. ¿Por qué? Como era una bandera hecha para ondear en la popa de los barcos, el estar dividida por la mitad y tener estos flecos hacía que durara más y no se deteriorara tan rápidamente con el viento. Estos venecianos eran listos, ahorrando en banderas consiguieron conservar su imperio. Eran seis flecos, además, como los seis sestiere de la ciudad. Más simbolismo no cabe en un trozo de tela.

Aunque la forma general es esa, el contenido varía. No hay una sola bandera de Venecia. Todas tienen un fondo rojo y al león-avatar de San Marcos, símbolo de la república. Pero el resto depende del momento y del uso específico de la enseña. El detalle principal es qué tiene el león en sus zarpas. Una de las muchas leyendas que leerás en guías y blogs es que en tiempos de paz, y en la mayoría de las banderas que verás, tiene un libro con las palabras "Pax tibi, Marce, evangelista meus"; "la paz sea contigo, Marco, mi evangelista". Que también son una leyenda: la que cuenta que se apareció un ángel a San Marco, precisamente aquí, en Rialto, cuando el evangelista huía de Aquileia (que, fíjate qué cosas, era enemigo tanto religioso como político de Venecia, por su alianza con el Sacro Imperio Romano Germánico), y le digo "La paz sea contigo, Marco, mi evangelista, aquí descansará tu cuerpo". De ahí la frase y que aparezca en todos sitios. Es como un sello de calidad: Venecia está bendita por un ángel a través de San Marco, y eso se ha quedado escrito en piedra. Y también en la bandera, que lo anuncia a los cuatro vientos.

Claro, en el momento de la batalla lo de "la paz sea contigo", si es que aciertas a leerlo y entenderlo, puede resultar un poco irónico, así que los cronicones dicen que la bandera de combate sustituía un libro por una espada. Por si un león solo, alado además, pudiera parecer poco fiero, las intenciones con el arma estaban suficientemente claras. Lo que está claro es que, En general, había libro, espada, abierto, cerrado, blandiendo o en el suelo, en diversas banderas que se han usado y representado a lo largo del tiempo; al parecer no está tan claro, ni documentado, que hubiera una regla que obligara a usar una u otra.

El león de San Marco era tan simbólico de la república que aparecía en múltiples páteras (medallones de piedra) y placas por toda la ciudad. Por eso Napoleón, para eliminar todos los vestigios del antiguo régimen, ordenó cargárselos a base de picarlos. Muchas placas hoy en día presentan un león desvaído, sea porque la administración francesa no pagaba lo suficiente a los operarios venecianos, o sea porque de por sí hacían las cosas con desgana. O quizás simplemente no quisieron acabar del todo con ellos.

En este preciso punto fue donde se inició el juego más o menos legal en Venecia. Y precisamente fue por las columnas, el que se jugara entre ellas, igual que se ajusticiaba o castigaba, viene de la misma historia de por qué están ahí. Las columnas, como otros muchos elementos arquitectónicos y decorativos en Venecia, vinieron de fuera; estas, de Siria. Y eran tres al principio. Una se hundió en la laguna, y las dos que sí llegaron se quedaron ahí, tiradas en el suelo, porque a nadie se le ocurría como ponerlas de pie. Pero llegó un tal Barattario o Barattiero (que en aquella época el tema de la ortografía no lo tenían muy allá), que fue también arquitecto de una versión anterior del puente de Rialto, y las subió. Como premio o pago, le permitieron organizar juegos de azar en un banco que se situó entre las dos columnas. Una vez más, la pasión por el low-cost de la república mantuvo la hacienda pública sana muchos años.

Pero avancemos hacia la plaza de San Marco. A la derecha, el centro del poder de la república, el palacio de los dogos. A la izquierda, la biblioteca Marciana, no de Marte, sino de San Marcos, aunque molaría un güevo que fuera marciana de Marte.

He estado mirando entre los cientos de fotos que saqué en Venecia y apenas tengo una de este edificio. Cuanto de cierto hay que la belleza ubicua, como sucede en Venecia, provoca primero asombro, luego curiosidad, y finalmente indiferencia. A priori, no tiene muchos puntos a su favor esta biblioteca; no hay ningún cuñado que te diga

"Oye, en Venecia no te pierdas los espaguetis de Carlo ni la biblioteca Marciana". Y eso que es tan veneciana como el palacio de enfrente. Está hecha con mármol de Istria, y de hecho es la única institución de la república Serenissima que ha continuado, más o menos de la misma forma, como tal, en la nueva república italiana. Además, su arquitecto es uno de los venecianos por excelencia: Jacopo Sansovino.

Es quizás el estilo lo que la separa un poco del top cinco, o incluso del top diez. El estilo renacentista se aleja de ese gótico "veneciano" que está en todos los palacios, especialmente en el canal. Pero, como tal edificio renacentista, es bastante notable; el mismo Palladio, arquitecto renacentista por excelencia, alabó su interpretación de las reglas clásicas, sacadas a veces literalmente de edificios romanos y griegos que estudió. Llegó a decir que era el "mejor edificio erigido desde la Antigüedad". Y de eso entendía Palladio.

> Sansovino fue proto o protoarquitecto, una especie de supervisor y maestro de obras de la procuraduría de San Marco. Muchas instituciones, desde el magistrato alle acque a los provveditori al sal, pasando por el Arsenal, tenían un proto; en algunos casos eran arquitectos. En este caso, claramente: quien sucedió a Sansovino fue el propio Palladio en este puesto.

Quizás si la hubieran construido antes, habría llamado más (o menos) la atención. La idea de de una "pubblica libreria" nació mucho antes del Renacimiento, en la mente brillante de Petrarca. Aunque había visitado Venecia en misión diplomática, llegó en 1362 huyendo de la peste en Milán, donde estaba al servicio de la familia dominante, los Visconti.

> Petrarca nació en Arezzo, pero vivió en muchas ciudades de la Toscana, como Pisa, y en Francia, donde fue huyendo de las peleas entre güelfos y gibelinos, o estuvo al servicio de uno u otro señor

Petrarca halló libertad e inspiración en la ciudad lagunar, donde estuvo durante cinco años, y se sintió tan agustito que decidió donar su extensa biblioteca a la misma. Según las fuentes, o fue una decisión libre, agradecido por la buena recepción, o bien la solicitaron a cambio del alquiler del palacio Molin delle due Torri, en la Riva degli Schiavoni.

Pero no pudo ser, porque Petrarca, que era, al parecer, bastante temperamental, retiró la donación tras irse bastante cabreado de Venecia por no haberle defendido lo suficiente ante los ataques de un grupo de filósofos. Filósofos que estaban en contra de su neo-platonismo. Y aquí vais permitirme que haga una pequeña ruta escénica por esta filosofía, porque al final explica el por qué de la biblioteca, del mismo concepto.

Los neoplatónicos propugnaban el estudio de la filosofía clásica, llegada desde los griegos, a través de los bizantinos, que se reunieron en el concilio de Florencia a principios del siglo XV con la iglesia católica, tratando de salvarse del desastre que se les venía encima a base de volver a reunirse con la Iglesia de Roma. No consiguieron ni lo uno ni lo otro, pero los filósofos y teólogos que atendieron al concilio difundieron las ideas en la península italiana, partiendo de Florencia y a través de pensadores como Pico della Mirandola... Y de Petrarca, claro, que adoptó sus ideas y las traspasó a la literatura, la idea del Bien del que emana todo. Pero... Para entender todo esto hacía falta que todo el mundo estudiara la filosofía clásica, las traducciones de filósofos griegos y romanos. Los artistas del Renacimiento extendieron esa necesidad de estudio al arte clásico: escultura, frescos, la arquitectura... todo lo que había en una serie de textos, que Petrarca tenía en su biblioteca, y que, finalmente, quería poner a disposición de todo el mundo, para su edificación y cultura.

La biblioteca realmente tardaría otros cien años en fundarse, esta vez con la donación de un cardenal, Bessarione, y la decisión del dogo Andrea Gritti. Tardaron 70 años en convertirse en un proyecto arquitectónico del ya mencionado Sansovino. Estábamos en territorio Renacimiento, así que ese fue el lenguaje que se adoptó.

Como tal biblioteca, no creo que sea posible usarla, salvo que seas un erudito de la materia, de alguna materia.

> En realidad este libro es mi plan secreto para colarme en ella.

Hay manuscritos e incunables de antes del siglo XV, y seguro que hay muchos libros de Manuzio; los libros están alojados en la antigua Zecca, y actualmente se visita la biblioteca como un museo; la decoración interna habla, como en todos los casos, de la grandeza de la república, que en la época de la construcción, la mitad central del siglo XVI, estaba recobrándose de una serie de guerras (y avanzando hacia otras, que nunca estaba una guerra demasiado lejos en la historia de la república).

Realmente es para una segunda o tercera visita a Venecia. Pero merece la pena. Al menos lo suficiente como para que Alex de la Iglesia lo saque en una de las escenas culminantes de su Veneciafrenia, donde sale mucha Venecia y muy Venecia.

Detrás de la biblioteca, y mirando al molo marciano, está la Zecca. Otro edificio aparentemente anodino, o al menos exento de arcos de medio punto y sobre todo muy uniforme. Si de la biblioteca tengo una foto, de esta Zecca, que quiere decir almoneda o fábrica de la moneda, no tengo ninguna. Cero. ¿Por qué? Supongo que, cegado por la luz de la fama del palacio de los Dogos y San Marco, todos estos edificios parece que están a contraluz y por tanto no se distingue nada de ellos. Ni sus elegantes tres pisos, ni la claridad de su mármol de Istria, ni las formas manieristas de las arcadas que proyectó, también, Sansovino.

Pero más interesante aún es el papel de la Zecca en la república. En el comercio global, la moneda tiene un papel importantísimo, como hoy lo tiene el euro en su lucha con el dólar y, más adelante, el yuan. Una moneda estable, con una cantidad de metal precioso conocida y también fiable, favorecían las transacciones internacionales. Esta ceca o almoneda estaba bajo control del consejo de los Díez y tenía, a su vez, una serie de instituciones que la controlaban. El edificio, además, albergaba a los camarlenghi de comùn, el contable general del reino. Todo esto nos habla de una serie de instituciones avanzadas y, lo que es más importante, diferentes del poder ejecutivo.

No eran totalmente independientes, sin embargo. Lo que hoy llamamos técnicamente "política fiscal expansiva" o, más familiarmente, "dinero helicóptero" o "la maquinica de imprimir dinero", empezaron por primera vez en una República que comenzaba a estar en declive a principios del siglo XVI, después de otra plaga que dejó al pueblo hambriento y a los comerciantes en la ruina. El gobierno comenzó a dar alimentos y otros productos a la población directamente... Y a imprimir dinero para pagar a quien suministraba esos productos. Eso llevó a la quiebra de un banco, el de Rialto, y a un corralito. Instituciones monetarias avanzadas también tienen problemas monetarios avanzados. Y las consecuencias de las supuestas soluciones a esos problemas pueden enseñar algo a todo el mundo.

> A la gente a criticar al gobierno con criterio, y al gobierno nada, porque caerá en el mismo error una y otra vez.

Ahora el edificio está vinculado con la biblioteca y forma parte de ella; eso significa que no se puede visitar. Tampoco tiene mayor interés el interior, salvo que te interesen millones de libros y legajos antiguos. O al menos sus lomos. Si no te interesan, por favor échale un vistazo cuando te bajes en la parada del vaporetto o del traghetto. Y hazle una foto, que no te pase como a mi.

Justo enfrente, del otro lado de las columnas, el Bacino de San Marco. En mi pueblo un bacín, que es casi el nombre en véneto, basin, es una escupidera. No sé la salubridad que tendrán estas aguas hoy en día, pero lo cierto es que esta "piscina" es una no-zona definida claramente por la piazzetta de San Marco en un lado, continuada por la Riva degli Schiavoni, y delimitada no tan claramente por la Punta della Dogana y San Giorgio.

Como tal no-espacio, no se puede decir que realmente haya nada ahí, salvo quizá la tercera columna de la piazzetta (que a ver qué santo iban a poner ahí, o qué animal). Muchas líneas de vaporetto, de cruceros y de lanchas y yates con los permisos adecuados. Por aquí se paseaba el Bucintoro el día de la Ascensión o Sensa, y Napoleón, de bastante mala leche, cuando llegó en el invierno de 1807 a visitar a Eugenio de Beauharnais.

Lo que ocurre con el bacino es que, a pesar de ser solo un no-lugar de paso, está justo en medio de Venecia, teniendo una línea de visión nítida hacia San Marco, Dorsoduro, San Giorgio, Castello, y hasta el Lido. Un mirador incomparable, con la escena en toda Venecia. Pero además, puede convertirse en escenario, por ejemplo para el penúltimo concierto de la gira europea de Pink Floyd, en 1989. Un concierto que seguramente sería alucinante, pero que causó bastante polémica y más contaminación que goce estético. Los responsables de la ciudad decían que los mosaicos de la basílica iban a ser incapaces de soportar las vibraciones provocadas por los más de 60 decibelios de los altavoces, por ejemplo. Y el gentío: Aparte del pifostio habitual en Venecia, se sumó toda la gente que venia al concierto y una huelga de transportes. Así que consiguió ser memorable del todo, pero si me pierdo, que no me busquen allí. Pero sólo en ese momento. Bueno, igual en carnaval tampoco.

Pitura Freska, el grupo de reggae en veneciano, también monta una boya de cierto tamaño en medio del bacino y hace a la cámara dar vueltas alrededor mientras canta "Papa nero". Si quieres una visión original de Venecia, y además un poco de reggae en venessian, pásate por YouTube a ver los vídeos de Pitura Freska o de alguno de sus componentes en solitario, Furio o Sir Oliver Skardy.

El bacino no es demasiado profundo, menos de 20 metros; en el lodo del fondo habrá restos de naufragios, góndolas hundidas los anillos que se tiran al agua en la ceremonia del matrimonio con el mar y seguramente la tercera columna que se trajo para la piazzetta. Y muchos caminos invisibles, marcados en Google Maps, de rutas que llevan a sitios que eran parte de la Venecia de siglos atrás: Corfú y Patras, en Grecia, Pola en Croacia. También puedes, en noches de luna llena, ver el claro de luna reflejándose en el mismo y no entender para nada por qué lo odiaban los futuristas. Tampoco serán feos los amaneceres, pero San Marco está orientado hacia el sur.

Otra cosa que puede aparecer y llenar este no-espacio es la niebla, que se denomina caìgo en veneciano.

> De "cà la ligo", "aquí la amarro"; hay expresiones como "filar caìgo", que es tener una idea fija, y "perderse par l'caìgo", "perderse en la niebla", una excusa o explicación para llegar tarde a una cita.

Como lugar en medio de una laguna, la niebla es un fenómeno relativamente frecuente, salvo en verano; cuando visitamos Venecia en abril, hubo niebla el último día, lo que crea unas ocasiones fotográficas bastante espectaculares, pero también hace complicado que se navegue por canales relativamente abiertos, como el de la Giudecca.

Solo hay tres canales en Venecia: el de la Giudecca, el Gran Canal y el de Cannaregio.

Así que el vaporetto que va de la parada de San Zaccaria a la ferrovia, que tendría que ir por ese canal, va por el Gran Canal, lo que, una vez más, y cuando se disipa un poco el caìgo, las plataformas del vaporetto son un mirador bastante mejor que los ventanucos del Alilaguna que viene del aeropuerto. En todo caso, para recorrer el canal y sacar fotos, pasar por debajo del puente de Rialto, pasar por enfrente del Ca d'Oro, lo mejor es el vaporetto.

Volviendo al bacino, la niebla mañanera puede ser una excelente ocasión para tomar dicho vaporetto y colocarse en las plataformas de entrada, la zona de pie que hay justo en medio; así puedes sacar fotos a uno y otro lado, a la piazza y a la Punta della Dogana, e incluso un borrón donde suele estar San Giorgio Maggiore.

Pero cuando se levanta la niebla, en algunos días de otoño o invierno frescos y secos, se produce un fenómeno llamado stravedamento o extravío y se puede contemplar un espectáculo único: las montañas, a veces nevadas, de los dolomitas como fondo para la piazza de San Marco; unos picos elevándose entre las nubes, que parece que están a la altura de Rialto, tanto parecen pegados a las cúpulas de San Marco. También se puede ver desde otros puntos de la laguna; stravedamento es lo que le pusieron los pescadores, impresionados por el paisaje.

Volviendo nuestra vista hacia la tierra firme, estamos en el sestiere de San Marco. Y el urbanismo de Venecia tiene muchas cosas peculiares, pero una de ellas es que los números de las casas no empiezan y terminan en cada calle. Por alguna razón, los números van por sestiere, así que no es difícil ver una casa en un callejón con números de cuatro cifras. Como evolucionan esos números es un misterios que posiblemente no han desentrañado ni los propios venecianos, pero lo cierto es que el número uno se asigna a algo con relativa importancia: el de este barrio es el palacio. Qué mejor sitio.

> El último número, seis mil y pico, está al lado de Rialto. No, no busques la placa con el número uno en ninguna puerta. Pero seguro que si la tuviera sería awesómica. Y tendría al león de San Marco.

Merece la pena pararse un momento y mirar a la distancia, alrededor, a derecha e izquierda. El entorno está diseñado, más o menos en sentido contrario a las agujas del reloj; primero vendría el palacio del Dogo, y el último sería la biblioteca Marciana. La construcción y la situación de cada uno de ellos se pensó para que se viera más o menos de golpe, pero también para que ofreciera perspectivas claras desde ciertos puntos. Desde el molo se ve la torre del reloj, y a la vez, con las fachadas también mostrando el poder político; el Campanile, además, está diseñado para servir de orientación en toda Venecia. Desde la piazzetta todo el mundo podía ver al dogo y al consejo dei Dieci que se asomaran al balcón. En resumen, es un gran escenario teatral para que el público interaccione visualmente y a través de sus gritos con el poder, y por supuesto al revés. El programa iconográfico de las fachadas también conversa el uno con el otro: el palacio del Dogo habla de la victoria, de la buena administración y de la justicia; los mosaicos de San Marco, del derecho divino a hacerlo; la biblioteca Marciana, de la creatividad y del genio veneciano; todos ellos, de la habilidad para convertir unas marismas en la capital del mundo a través de las armas y de la ingeniería; el reloj, en el extremo, también nos habla de esa ingeniería que se desarrollaba un poco más allá, en el Arsenale. Incluso el mismo Napoleón se trató de insertar en esa narrativa con su ala napoleónica, dejando claro que estaba allí y quién era quien mandaba, teniendo el palacio de los dogos e incluso San Marco, que él convirtió en catedral, enfrente. En resumen, un lugar donde, antes o durante o después del selfie obligatorio, debes recorrer con la mirada una o varias veces, cual Terminator.

De la misma forma, merece la pena entrar desde la Mercerie, la calle más ancha que llega desde la estación del tren, y ver la plaza enmarcada por el quicio de la arcada que hay debajo de la torre del reloj, con San Marco a la izquierda, más allá la esquina del palacio ducal, donde podrás entrever la escultura esquinera de Adán y Eva, y las columnas de Marco y Todaro. Más allá, la inmensidad de la laguna, y el mar. Una concepción teatral del espacio, que entronca con la tradición humanista y teatral de la ciudad. En Venecia, hasta las perspectivas están pensadas y diseñadas para provocar un efecto en quien las experimenta. Que ese efecto sea hoy en día hacerse un selfie es tan válido como la admiración, curiosidad y respeto que comandaría en su época.

Según avanzamos, estaremos pasando por encima de un arroyo enterrado. Cuando hay acqua alta el agua no sigue el mismo camino que habremos seguido nosotros, desde los muelles hasta la plaza, sino que veréis que sale directamente de agujeros en medio de las losas que cubren la plaza. A nosotros nos ocurrió el año pasado (a principios de agosto del 2021), y el efecto, sobre todo combinado con las luces nocturnas y el anochecer, es espectacular. Sólo cuando empieza a subir demasiado y tienen que poner pasarelas de madera sobre la plaza es cuando el tema empieza a no ser tan agradable, aunque veréis a los camareros tomárselo con filosofía y unas botas de agua.

Vamos a dar la última vuelta de 90º, si estábamos mirando hacia la laguna, giremos en sentido de las agujas del reloj y miremos justo enfrente del palacio de los Dogos, a través de la piazzetta. Dejamos a la izquierda la biblioteca Marciana. Y pasamos debajo de un montón de pájaros.

Los pájaros ya no son lo que eran. De mi primera visita a Venecia en los 80 recuerdo una sobreabundancia de palomas. Estaban en todos sitios. En algún momento quizás en los 90 o más adelante la sociedad se dio cuenta de que no eran otra cosa que ratas voladoras y que sus deposiciones acababan derritiendo la piedra y oxidando el metal. Así que, hoy en día, los pájaros que pasarán sobre ti serán seguramente gaviotas. Alguna paloma debe haber, no lo dudo. Jan Morris dedica todo un capítulo a los animales de Venecia, y el final del mismo a las palomas. Será, entre otras cosas, porque está prohibido bajo multa dar de comer a las palomas. Esto si te pilla un policía municipal de los que se ven muy pocos por la piazza. No sólo eso, sino que está prohibido comer y beber en la piazza, con lo que los restos que las alimentaran deben ser más bien escasos. Y aquí me acabo de acordar de un capuccino para llevar que me anduve bebiendo mientras cruzaba la plaza, inconsciente de mi.

> En la calle paralela a la piazza hay diferentes cafés donde venden, por un precio razonable, café para llevar con la ventaja adicional de que puedes usar el servicio, algo imposible en la piazza.

Pedro Antonio de Alarcón describe también como descienden las palomas para ser alimentadas a las dos de la tarde del domingo, en verdaderas bandadas. Si me esfuerzo y me pongo a mirar las fotos, se ve alguna paloma rodeada de bandadas de turistas. Sin embargo, andarían de turismo quizás en tierras dálmatas, donde parecen tener su origen, o en cualquier tejado esperando a que pasen los turistas, porque haberlas, haylas.

Un artículo del año 2022 dice que se empiezan a ver en cuadros en el siglo XVIII, aunque un origen mítico habla de palomas mensajeras enviadas por el dogo Dandolo desde Constantinopla. Anteriormente serían, seguramente, más fuente de proteínas que otra cosa. Pedro Antonio de Alarcón cuenta que las soltaban el domingo de Ramos con pesos en las patas, para que no escaparan. Jan Morris cuenta algo parecido, sin pesos, y añade que si efectivamente escapaban, adquirían inmunidad, así que todas acaban pareciéndose a esas que lograron escapar.

Pero todo en Venecia es mito, hasta las palomas. Así que puede que te las encuentres, o que no. A quien verás seguro será a las gaviotas, que no tienen leyenda ni mito, sólo graznidos un tanto desagradables.

Lo que no es un mito es el acqua alta, y sus efectos en la piazza, que es precisamente una de las zonas más bajas de Venecia. Cuando leas esto, la basílica estará seguramente rodeada por placas de vidrio, o quizás de metacrilato. No es para que el turista mire y no toque, está relacionado con el cambio climático y con la protección del patrimonio.

> Y esto es lo primero que me he atrevido a escribir sobre la basílica. ¿Qué se puede escribir sobre ella que no se haya escrito ya? Pues que le han puesto estas placas, porque acaba de ponerlas, y no están en ningún libro (todavía).

Aunque la basílica parece estar suficientemente lejos del agua, se inunda exactamente igual que la piazza de San Marco (que tampoco está exactamente al lado). Esto se debe a la forma en la que entra el agua en la piazza, que no es poco a poco desde el mollo, sino a través de unos orificios en medio de las grandes losas de piedra de Istria que cubren la plaza. Esto es porque gran parte de Venecia no sólo está al lado de la laguna, sino literalmente encima. El terreno es poroso, y el fluye por debajo de las casas; cuando sube la marea, tienen que dejar salir por esos orificios o la plaza entera reventaría.

Y desde la plaza puede entrar en la basílica, atacar la base de los muros y acabar deglutiendo la piedra, o incluso filtrándose por debajo de las puertas y atacando el pavimento, un pavimento que vi fregar, laboriosamente, a una señora en la Semana Santa de 2022. En esos días, durante las obras, se veía, a lo largo de todo el perímetro, un pequeño canal. Posiblemente sea este canal sobre el cual se han erigido unas barreras de cemento y las placas translúcidas de separación que las coronan. Cuando mires la basílica desde la piazza, ya no podrás ver la base de los muros, por tanto. Una pena. Pero esto también garantiza que estarán ahí, al menos hasta que el agua suba por encima de estas barreras actuales. Y es que el matrimonio con el agua de la ciudad parece que ha llegado a una etapa en que los cónyuges se encuentran más a gusto a cierta distancia.

¿Qué mas se puede escribir sobre la basílica? La he visitado tres veces en mi vida, y es totalmente inabarcable. Todas las superficies están decoradas, no hay un centímetro cuadrado donde no haya santos, animales mitológicos, plantas, fondos dorados al estilo... Hay un rinoceronte (que, sinceramente, fui incapaz de encontrar), un dodecaedro (en la entrada, se puede ver a la izquierda de la cola para recoger los auriculares), una losa con un corno ducal y un erizo al lado del altar (marcando el lugar donde está enterrado el corazón, y solo el corazón, del dogo Erizzo), un fusil... Se trata de la "Virgen de la escopeta", Madonna con lo sciopo en véneto, en realidad un fusil de un marino veneciano que, durante la malhadada República de San Marco, resultó ileso cuando cayó una bomba austríaca en el puesto que defendía. Como el dicho castellano "le sienta como a un Cristo dos pistolas", la imagen pacífica de una virgen del siglo XIII tampoco encaja muy bien con un fusil, y eso ha provocado, en su momento, protestas en las redes sociales. Se soluciona volviendo al nombre: es una escopeta, no un fusil, y es protectora de los cazadores, según el párroco. "No es un arma de guerra", afirma algún eclesiástico. Y todos contentos.

> De hecho, tradicionalmente al CETME, arma reglamentaria del ejército español, se le llamaba "chopo". Decían que porque se usaba esa madera para la culata, pero de hecho resulta que en algunos lugares llaman a los fusiles antiguos, especialmente a los ingleses, y se hace desde el siglo XIX. Es evidente que llamar "chopo" a un fusil viene de muy atrás,

así que desde aquí voy a dar una etimología mitológica a esa palabra: cuando los fanti de mar venecianos mostraban sus espingardas a los infantes de marina españoles y estos les preguntaban que qué era, estos respondían "sciopo" en veneciano, "chopo". Y de ahí viene llamar chopo al arma larga reglamentaria. Ea.

Realmente, hay tantas capas de historia en la basílica que es difícil abarcarla. El programa iconográfico cuenta la historia, también mítica, de la llegada de San Marco a Venecia, y está hecha para ser leída desde el Molo hasta la piazzetta. La Porta della Carta la une al palacio ducal, y muestra al dogo Foscari de rodillas ante el león alado, dejando claro que es el dogo el que debe servir a la república, no al revés.

Esto fue mucho más cierto hacia el final de la república, donde las necesidades económicas hacían que los puestos del funcionariado se vendieran a las familias de mercaderes ávidas de poder. A esas alturas, de poco podía servir la república a estos aspirantes al poder.

La portada es gótico florido, y se llama así porque era donde se fijaban los nuevos decretos para que los viera la gente del pueblo.

Trata de conseguir tu entrada a primera hora de la mañana, antes de encontrarte con algún crucero o algo. Y mírala con mucha tranquilidad y haz muchas fotos, para luego, según las vayas etiquetando, vayas recordando este u otro momento o esta u otra esquina.

Así que no voy a escribir nada más. Tanto la página web de la basílica como la página de la Wikipedia son excelentes. O vayan, píllense una audioguía, y disfruten de esta exquisita fusión entre la sofisticación bizantina, la sensualidad mediterránea y la jactancia puramente veneciana.

Voy a decir un par de cosillas más que a simple vista no son evidentes, empezando por lo que dijo Pedro Antonio de Alarcón:

Figuraos una armónica combinación de la más austera capilla de la catedral de Toledo y de la más riente y graciosa estancia de la Alhambra.

Sí, pone "riente". Lo he comprobado varias veces. Esto nos da una idea de lo que estáis viendo: el máximo exponente del gótico veneciano, una mezcla, como dice Pedro Antonio, de la austeridad de la Edad Media europea y de la suntuosidad del imperio bizantino y del Levante árabe, de las catedrales góticas que se crearon en el norte y oeste europeo a partir del siglo XIII.

Pero en Venecia, casi nada es lo que parece. El palacio de los dogos realmente no es un palacio. Un teatro es en realidad un palacio. Y una catedral no es tal, sino una capilla privada pero no de un rey, sino de una institución que representa al pueblo de Venecia.

> Barra sólo la nobleza de ese pueblo está representada en realidad por el dogo, pero ese es otro tema.

Cuando se mira a cualquier catedral europea, desde la de Burgos hasta la de Compostela, pasando por la de Chartres o la de Milán, se ven muchas cosas a la vez, pero sobre todo la ambición de un obispo o grupo de canónigos que, con la riqueza de su diócesis, pagaron a los obreros que trabajaron en ella. En algunos casos también la de los nobles que la financiaron, como la catedral de Florencia cuya cúpula financiaron los Medici. En todo caso, siempre es un asunto que habla de la ambición personal.

La basílica de San Marco no estaba creada por un obispo, porque de hecho no fue catedral hasta que no desapareció la república; ni era resultado de la ambición de una dinastía, porque no existían tal dinastía. Es un símbolo de la devoción y de la ambición de todo un pueblo, el pueblo veneciano que, a través de la procuraduría (o fiscalía) de San Marco, que eran funcionarios públicos que administraban las propiedades de la basílica y decidían las inversiones. Por eso no hay enterramientos de obispos, ni de nobles; ni siquiera de un dogo (que están en San Zanipolo). Sólo el corazón del dogo Erizzo, que está a la izquierda del altar, y que puedes ver si compras el ticket adicional para visitar la Palla d'Oro. Inició su construcción el dogo Domenico Contarini, de los Contarini de toda la vida.

Pero no sólo eso. También, a pesar de no ser catedral, era un destino de peregrinaje para muchos viajeros, y eso desde principios de la Edad Media. ¿Cómo puede ser, si ni es Roma ni Lourdes ni Fátima ni es sitio milagrero?

Pues porque, durante mucho tiempo, fue el hub de transportes para ir a Tierra Santa. Invadirla, visitarla, lo que terciara. Durante mucho tiempo, fue más fácil viajar por mar que por tierra, y Venecia se ocupó de proteger sus rutas comerciales con la marina; salir del Adriático, pasar por el sur de Grecia, Creta, Chipre y hasta Tierra Santa eran zonas protegidas por la marina veneciana y donde ni corsarios ni otomanos ni gente de mal vivir se atrevieron durante mucho tiempo. El servicio completo incluía también servicios bancarios. Pero no era suficiente; una peregrinación no es sólo la llegada a un destino, es un camino espiritual donde se ofrecen, en las diferentes paradas, servicios milagreros, indulgencias y demás. Y Venecia tenía nada menos que a uno de los evangelistas, san Marcos, traído en una barca de Alejandría cubierto de tocino, para que los legítimos propietarios no la registraran. Y muchas otras iglesias, cada una con su reliquia y su mérito artístico-espiritual. Antes del gran tour, existía el tour de la indulgencias que abarcaba las principales iglesias venecianas.

Con la conquista de Chipre, se acabaron con los cruceros para peregrinos todo incluido y derecho a remo y masacre de sarraceno. Pero la posición de Venecia la seguía haciendo el puerto más seguro para ir hacia el sur y centro de Italia e incluso hacia Roma; se podía navegar por el río Brenta desde el interior y a continuación tomar otra galera hasta Bari. Tal como estaba Italia, te podías encontrar con condotieros, güelfos, gibelinos y a saber qué más si no viajabas seguro por mar con viajes Venecia. Además, las familias Contarini y Morosini fueron dos de las que organizaban esos viajes comerciales; y todo ello le dejaba un buen dinero a las arcas venecianas, algo cada vez más preciado desde que empezó a decaer el comercio con oriente.

> Desde muy atrás, la geoingeniería de la república había dejado sólo al río Brenta, de los cuatro ríos que había originalmente, como alimentador de la laguna, para evitar inundaciones, sedimentación y demás. Pero también estaba canalizado y se navegaba por él pasando por una serie de exclusas. Antes de puentes, era la forma de llegar a la laguna.

Hoy en día nadie incluiría en una ruta de peregrinación a Venecia (y eso que esas rutas acaban yendo a sitios bien raros) pero, en su época, la de la segunda Roma, un destino de peregrinación, era la imagen que se trataba de transmitir. Ve a Venecia por la fe, llévate la idea del lujo, la buena organización y la fortaleza de la república Serenísima. Un negocio redondo para los venecianos, un sitio donde los negocios redondos eran la razón de ser. Y trataban de asegurarlo adquiriendo (léase: saqueando) reliquias donde quiera que fueran. Donde mismo iba el león del Arsenal o los caballos de San Marcos, podía ir también madera de la cruz de Cristo o parte del cuerpo de San Juan Bautista. O un taburete de la virgen que todavía se encuentra en San Marcos, donde comenzaban o terminaban las peregrinaciones.

> Sobre Venecia hay tanto escrito que cada vez que leo algo tengo que buscarle una fuente para comprobar su veracidad. Parece que hay alguna reliquia de la Virgen en san Marco. Según algunos, una "imagen", según otros, un, bueno, un taburete; cuando representaban a al virgen en los cuadros antiguos, durante la Anunciación, siempre la representaban sentada en un taburete, por ejemplo en un célebre cuadro de Fra Angelico. Así que fabricar una reliquia con él tampoco es tan mala idea, y tendría bastante salida. Aunque a saber qué fue primero, si la reliquia (que quizás fuera del siglo XI o anterior, si es que se saqueó en la cuarta Cruzada), o el cuadro (que en el siglo XI muchos cuadros no había).

Alrededor de la basílica, la vida pasaba. La gente vendría, compraba, hablaba... Y, al parecer, tenía relaciones sexuales también. En 1678, un tal Nicolò Balbi se lo montó con una novicia en una esquina de la iglesia, lo que acabó en exilio para él y en encarcelamiento de por vida para ella; una condena bastante asimétrica. El tuit donde lo leí (y del que, como he dicho antes, es imposible encontrar otra fuente) no cita exactamente donde estaba la esquina. Mirando Google Maps se me ocurre la esquina de la izquierda, la que da a la piazzetta dei Leoncini, o bien un recodo que hay a la vuelta de la fachada, a la derecha. Pero podía ser una esquina en el interior, donde quizás había más intimidad y menos luz, y justificaría quizá la condena tan dura. En todo caso, el hecho viene a contar que el espacio que una iglesia genera tenía todo tipo de usos populares, más allá del culto y del protocolo.

Una de las cosas que no puedes perderte en Venecia es la famosísima, y posiblemente inexistente, iglesia de San Teodoro, justamente detrás de San Marcos. La "Venecia secreta de Corto Maltés" dice que es uno de los secretos de Venecia, y bien puede serlo, porque ninguna otra guía lo menciona.

Aunque ahora me he comprado "Venezia è un pesce", que igual sí.

La sitúa en un "portón" al lado del puente de la Canonica. Efectivamente, según cruzas el puente en dirección San Marco hay una puerta, no sé si portón, una puerta rectangular normal y corriente. Da la entrada, aparentemente, a un recinto de un solo piso, sin bóveda, y con tres ventanas más o menos ojivales que dan al canal. Encima justo parece haber una zona habitada, y cuando pasé ayer había luces de Navidad. Que si hubiera sido una iglesia, digo yo, habrían estado en la portada, no en un balcón que da, aparentemente, al techo.

Pero la cuestión es que ahí también la sitúa Google Maps, que le da una calificación media de 4'5 sobre 5. O sea, bien. Lo que ocurre es que todas las fotos que aparecen son o de la basílica o del rio de Palazzo. En las reseñas de una estrella lo que dice es que en realidad no se puede visitar, porque forma parte del palacio episcopal. O que es muy interesante, pero no se puede ver el interior, así que queda la duda de por qué es interesante. Si rascas un poco más, habla de una antigua iglesia que se erigió allí antes del siglo X, pero de la que no queda absolutamente nada. O bien te habla de una chiesetta, una iglesita a la que se accede desde un patio. Incluso hay una foto en una web de la zona aproximada donde está, pero no parece una iglesia para nada; simplemente la espalda del palacio episcopal, es decir, la zona que he descrito anteriormente.

Mirando un plano del palacio, aparece una Chiesetta y "Anti-chiesetta" adjunta a la Sala del Senado, y con dos entradas que lo comunican con esta sala. Sin embargo, esas puertas no están practicables, y no se pueden ni ver desde la Sala del Senato. A la vez, tiene otra puerta que la comunica con una escalera. En los "itinerarios secretos" estoy casi seguro que pasamos por esa zona, donde había una simple sala con imágenes de los gerentes, y estaba adjunta al archivo. Así que una vez más, no tengo muy claro qué es lo que hay ahí ni si realmente se puede visitar.

Así que si consigues visitarla y/o comprobar su existencia por favor, pon una foto y una reseña en Google. O mejor un artículo en la Wikipedia.

Pero demos la vuelta y volvamos a la piazza. Lo que sí hay justo delante de la basílica de San Marco son tres mástiles con pequeñas figuras doradas en lo alto. Seguramente no los habrás visto, a menos que te hayas dado cuenta de que estorban un poco a la hora de fotografiar la torre del reloj o los caballos de San Marcos. Y tampoco, porque son sólo unos mástiles.

Si te fijas un poco más, comprobarás que cada uno de ellos tiene una figura en lo alto. He comprobado personalmente que se trata del león de San Marcos, y lo sé porque tengo las fotos. Se supone que representan a Candia, actual Heraklion, en Creta; Morea, es decir, el Peloponeso, o sea, el sur de la Grecia actual, que fue veneciano durante mucho tiempo y lo volvió a ser con el dogo Morosini, a las postrimerías del imperio; y finalmente, Chipre.

> Estuve en Creta, en concreto (je) en Chania (que no Candia) muchos años ha, antes de que me diera por Venecia. Era una ciudad de veraneo tranquila, que me retrotraía a un Torremolinos de diez años atrás. Uno de los sitios de salida por las tardes era el puerto, y en el mismo un bar en una fortaleza al que sólo se podía acceder en barco; diferentes baluartes se convertían en pequeños reservados para tomar copas. Posiblemente estuve tomando una cerveza Alpha (o no, no recuerdo si nos largamos porque era carísimo) en una fortaleza veneciana sin saberlo. Recuerdo poco de Heraklion: alguna que otra muralla cerca del hotel donde nos quedamos una noche, el palacio del Rey Minos, a cuya salida te clavaban 7 euros por un zumo de naranja, y la estación de autobuses, un tanto cochambrosa.

Como ya sabemos, o no, Chipre fue conquistado por los otomanos justo antes de la batalla de Lepanto; de hecho fue su causa directa; por tanto, toca que esto debe ser de antes del siglo XVI. Otra representación más del poderío imperial de Venecia y por eso también contemplado de forma sospechosa por Napoleón a quien, una vez más, engañaron diciéndole que representaban la Libertad, la Igualdad y la Virtud, salvándolos de la piqueta. Lo cierto es que las metáforas de los bajorrelieves pueden aludir a cualquier cosa. Al final, son mástiles para izar banderas, un poco más decorados en la base para que haya algo que mirar mientras se suben.

> Alguien debería dedicarse a recopilar una antología de todas las ocasiones en las que Napoleón o sus esbirros han sido engañados en toda Europa por los hábiles e ingeniosos ciudadanos locales; desde los apellidos procaces en Holanda hasta los caballos que le hurtaron al embargo en la serranía de Ronda. En la misma Venecia cuentan historias similares de la Palla D'Oro, el retablo dorado de San Marco, al menos. No pudieron evitar, sin embargo, que se llevara los caballos de la basílica, que acabaron en una fuente en París temporalmente, o el León de la columna de la entrada a la piazzetta.

Sea como fuere, ahí están los mástiles, y de vez en cuando se usan para poner, efectivamente, banderas: la europea, la italiana, y la de la región del Véneto, justo igual que la veneciana, pero con el fondo azul en vez de púrpura. Merece la pena echarle un vistazo, tanto a lo alto (a ver si averiguáis qué es lo que hay) como a los bajorrelieves de la base. O sentarse en la base mientras te tomas un café para llevar adquirido en la Calle Larga San Marco, justo detrás de la piazza, por dos € y con derecho a usar el servicio. Así puedes decir que te has tomado un café en tal entorno incomparable.

A la izquierda, inevitablemente, verás el Campanile, la torre de las campanas de la iglesia de San Marco. Muchos campanarios en Italia están separados de la iglesia; por ejemplo, la célebre torre de Pisa y el de la catedral de Florencia. Se trata simplemente de evitar, en construcciones que no habían hecho cálculos usando software de ingeniería, las vibraciones que la torre pudiera transmitir al edificio debido al viento y a las campanadas. Este campanario se ve prácticamente desde toda Venecia, además, y es parte integral de la silueta, apareciendo más alto que el resto de las torres.

El Campanile, en su estado actual, tiene sólo unos ciento y pico años.

Se cayó estrepitosamente a principios del siglo XIX, y fue reconstruido "tal y como estaba y era", com'era, dov'era. Se le conoce afectuosamente como El Parón de casa.

> Incluyendo el acento. Es véneto, y viene a significar "el patrón o el hombre de la casa". El porqué a un campanario se le considera patrón, se me escapa. ¿Quizás porque marcaba las horas en las que había que trabajar? ¿O porque se veía desde todos los canales y la laguna y te orientaba, como un patrón de navegación?

De la construcción original se conserva el tocheton, una pieza que se desgajó entera cuando el desmoronamiento del 14 de julio de 1902. Se encuentra en un jardín de una casa de Dorsoduro, y pesa varias toneladas. Los venecianos le tienen cariño tanto al original como a la copia, y este pedazo se puede visitar en aniversarios y fiestas de guardar. El hecho de que tenga nombre propio ya dice algo. La edad también es la causa de que sea uno de los pocos campanarios y torres de Venecia que no están inclinados hacia uno y otro lado. Los cimientos formados de troncos no perdonan, y aunque la mayoría aguantan, no hay dos que estén paralelos.

Por supuesto, siendo campanario, tiene campanas; cinco de ellas, que avisan a misa, y a otros eventos. Pero en nuestra última estancia, en un hotel muy cerca de San Marco, nos despertaron campanadas a medianoche.

> Sí, qué pasa, ya tenemos una edad y habíamos andado mucho durante el día.

Era el cinco de diciembre (o entre el cinco y el seis, según se mire), y pensamos que conmemoraba el exilio de los judíos de Venecia, que sucedió ese día en 1943. Pero se repitió al día siguiente, así que preguntamos por Twitter a ver si alguien lo sabía. No nos dijeron exactamente por qué, pero sí que sonaba todas las noches (el resto de las noches ya ni nos despertó). Así que hubo que buscar un poco: una campana, la Marangona, suena todos los días a mediodía y a medianoche. ¿Por qué? Antiguamente, tocaba para que los obreros del arsenal, los carpinteros o marangoni, acudieran al trabajo, igual que las otras campanas tocaba cada una por una razón diferente (para llamar al Maggior Consiglio, al Senado...). Cuando se cayó el Campanile original, esta campana sobrevivió; es la única campana hoy en día que tiene más años que la torre. Pues bien, al ser la superviviente, que suene todos los días viene a decir "Todo está bien, ya podemos dormir tranquilos, sigo estando en lo alto de la torre, no hay problema". Que despierte a algunos turistas es un efecto secundario totalmente irrelevante.

En los bajos, también prácticamente desapercibida, está la loggetta, o pequeña loggia que también está hecha por Sansovino. Su uso estaba relacionado con los "procuradores" o "fiscales" de San Marco: el fiscal "de la semana" se alojaba aquí, y se encargaba de la guardia y la seguridad del palacio y la basílica, que era al final la capilla del palacio. Los 9 procuradores se iban rotando en esta labor, y abandonaban sus suntuosos alojamientos en las Procuratie nuove para alojarse aquí, entre los rudos paramilitares del Arsenal, armados con picas. Sólo tenían que encargarse durante las reuniones del Maggior Consiglio, cuando había que custodiar la seguridad de más personas de fuste.

Al otro lado veremos la torre del reloj, o torre de los Do Mori, o del Orloggio, con un soportal debajo por el que se accede a la Merceria del Orloggio. No es una torre defensiva, entre otras cosas porque en esa zona de la ciudad ya no habría mucho que defender, sino un torre creada explícitamente como torre del reloj, y para cerra la plaza. Igual que las pinturas del palacio de los dogos, se trataba de transmitir la capacidad ingenieril y de innovación de la república a través de un reloj que da también las fases de la luna y tiene unos autómatas que salen a bailar a ciertas horas del día.

> Yo me he perdido los bailes las últimas veces, así que no puedo confirmar que existan. He leído que sólo salen el día de los Reyes Magos (que son los que desfilan) y el de la Ascensión, así que eso lo explicaría.

Pero una de las cosas curiosas que tiene es el cuadrante del reloj; el cuadrante tiene 24 horas (no 12, como los relojes habituales hoy en día) y además en la parte superior están las 18, no las 12 o las 24. Efectivamente, las 18 horas marcaban el final del día y por eso estaban en la parte más alta. Y la parte más baja, las 6, marcaban el principio del día; desde las 6 a las 24 horas sonaba la campana tantas veces como las horas que fueran. Eso de contar tantas horas, y más a altas horas de la noche, acabó confundiendo a todo el mundo, así que se eliminó relativamente pronto.

Si nos colocamos de espaldas a San Marcos, justo enfrente, igual nos damos cuenta de que el ala que cierra la plaza por ahí es algo más moderna que el resto. La hizo Napoleón. Para darle en las narices al dogo (depuesto), a los venecianos, y a quien encarte. Le vino muy bien luego a Sissi. Una emperatriz de la potencia colonial a la que los italianos, por alguna razón que es posible que no tenga nada que ver con las películas que protagonizaba Romy Schneider, aman y admiran.

> Y le dedican monumentos: en Trieste, cerca de la estación, hay una estatua que la representa.

Merece la pena pasarse horas en San Marco, día y noche, al amanecer y al atardecer. Pero dentro de ella hay mucha historia y muchas historias. Pasado el Campanile, a la izquierda, hay un café que no es el más caro de la plaza, el Caffè Aurora. Oye, 8 euritos de nada por una cerveza, mira, echas un ratico y puedes usar el servicio (entra y sube la escalera a la derecha) todas las veces que quieres. Un lugar desde donde contemplarla sin tener que arrepentirse, como sí lo harías si lo hicieras justo al lado, en el Caffè Florian. Cualquiera de los lugares (pero especialmente el primero, y más especialmente, cualquier cafecito en cualquier ramo o sestiere lejos de San Marco) es un lugar donde agradecer a Venecia el café. En general.

No, Venecia no inventó el café, pero como si lo hubiera hecho. Se empezó a dar a conocer por las relazioni del bailo o embajador Morosini, en la Sublime Puerta, lo que viene siendo Estambul, ya en manos de los otomanos en el siglo XVI.

> Las relazioni o informes presentados por embajadores al Senado eran la consecuencia de la profesionalización del servicio diplomático que se llevó a cabo en Venecia. Estas relazioni circulaban por Europa y se consumían como informes geoestratégicos y comerciales con fruición.

Explicó la popularidad de este "elixir" y como lo tomaban a todas horas del día. De ahí a traer una muestra a Venecia había un paso, y de que se popularizara en la ciudad y se comenzara a exportar, otro paso, esta vez muy pequeño. Surgieron botteghe de caffè por toda la ciudad, y aunque los sacerdotes decían que era una "bebida de Satanás que conducía a la sodomía", o precisamente por eso, se extendió rápidamente por toda Europa, sobre todo cuando el Papa Clemente VIII decidió probarla y bautizarla, igual echándole agua bendita, o quizás haciendo un corretto con vino de misa. A saber.

Tomarse un café en cualquier lugar de Venecia es un placer, y habitualmente un placer barato. Un espresso se sirve en un pispás y te da acceso a todas las facilidades sanitarias del lugar.

> Ya sé que me pongo muy pesado con el tema, pero es que ya tiene uno una edad.

Los venecianos, aparte de desarrollar la cultura del café como lugar de encuentro y de conspiración, empezaron a exportarlo a toda Europa y, seguramente, a América. Curiosamente, hoy se habla de café italiano y no veneciano; en una isla del Báltico como Saremaa te puedes tomar un espresso y viene con un tapetito de papel que pone "Italy". También en Tallin te puedes tomar un café Illy. Ninguno de los dos cafés viene de la Venecia de hoy; Illy es de Trieste (que también es una ciudad maravillosa, aunque no es Venecia) y el café Miscela d'Oro es siciliano. Venecia perdió el carro de creación de marcas comerciales exportadoras. Qué se le va a hacer, no se puede tener todo.

A la derecha de la basílica, si uno se sitúa de espaldas a la misma, se encuentra la Procuratie Vecchie. Estas comienzan justo a continuación de la torre del Reloj, y ocupan todo ese costado de la plaza, llegando hasta el ala napoleónica, de la que ya hemos leído algo. Desde fuera son dos pisos más los soportales, donde hay diferentes tiendas y donde si te descuidas pasando demasiado tiempo delante de un escaparate te enganchan y te intentan colocar un chisme de cristal de Murano.

Estas Procuratie, o procuradurías, la construyeron los procuradores de San Marcos (no personalmente, se entiende, sino por orden de), una de las muchas instituciones de la república, que llevaba lo de la separación de poderes a extremos absolutamente absurdos. A ver si soy capaz de explicar cuál era exactamente su cometido, porque también la política bizantina la llevaban a extremos bastante absurdos.

Inicialmente, había un solo procurador (quizás sería más preciso traducirlo como "fiscal"), elegido por el dogo, que se dedicaba esencialmente a la administración de las propiedades de la basílica de San Marco, que era una capilla privada de los dogos, y como tal tenía una gran cantidad de propiedades por todo el mundo, cuyas rentas iban a parar a su mantenimiento y funcionamiento general. Sin embargo, poco a poco el puesto pasó a ser electo por el Maggior Consiglio y fue aumentando en componentes y responsabilidades hasta convertirse en una institución con tres tercios, el "de supra" o "superiores", que se seguían encargando de lo mismo es decir, esencialmente la basílica y sus propiedades, "de citra" o "los de aquí", que se encargaban de administrar los fondos de los barrios centrales, es decir, San Marco, Castello y Cannaregio (que más que centrales son los que quedan de este lado del gran canal), y "de ultra", "los de allá", del resto de los barrios: San Polo, Santa Croce y Dorsoduro.

Cada una de estos nueve procuradores tenían que vivir en la procuraduría, tanta dedicación necesitaban los puestos; este edificio (y eventualmente las "nuevas", justo enfrente) eran los apartamentos en los que vivían, asumo que con sus familias, porque eran puestos que se asumían de por vida. Visto desde fuera, no parece una casa de vecinos; o quizás sí, transmite una idea de igualdad entre todos, y también de cercanía a su puesto y a su administración, y de una identificación clara de donde podían encontrarse a personas tan importantes, para las protestas o alabanzas (o sobornos, supongo) que hubiera lugar.

Pero eventualmente llegó a haber hasta 40 procuradores, se empezó a vender el puesto, y acabó teniendo todo tipo de funciones: se pertenecía al Senado automáticamente, se aseguraba un puesto administrativo de por vida y, sobre todo, siendo un trabajo que requería la presencia en la misma Venecia, se evitaba que te nombraran para puestos en ultramar. Aparte de estas ocupaciones aparentemente mundanas, eran puestos de prestigio que se consideraban la antesala de acceder al dogado. Así que las familias bien hacían todo lo posible por acceder a uno de estos puestos.

Y estos procuradores necesitaban una serie de oficinas, claro, y esas eran las Procuratie. Estas pasaron por diferentes versiones que se quemaron o destruyeron hasta llegar a estas, terminadas en 1538 con la ayuda de Jacopo Sansovino. Los dos pisos tienen una serie de arcadas de medio punto que dan un aspecto bastante uniforme y, por supuesto, renacentista. No desentona demasiado con la basílica, y se parece mucho al resto de los edificios que forman los otros dos brazos de la U situada enfrente de San Marco, a pesar de haber sido creadas en diferentes épocas.

Aparte de usar el edificio para diferentes funciones, principalmente residencia de los procuradores, también se alquilaban a comerciantes y al público en general locales y apartamentos, porque todas esas obras caritativas que tenían que administrar costaban un dinero. Con el declive de la república se fueron alquilando cada vez a más tipos de negocios las plantas bajas y, eventualmente, los mismos apartamentos. Se crearon bares, algunos de los cuales existen todavía hoy, como el Caffè Quadri o el Florian, del que hablaremos más adelante.

En los apartamentos, sin embargo, se fueron creando casas de juego, casini o ridotti, algunas de ellas ilegales, pero que evitaban la denuncia simplemente sobornando a quienes se encargaban de vigilar esas cosas.

Curiosamente, esta es una de las instituciones de la república de Venecia que continúa hoy en día. Sigue habiendo siete procuradores de San Marcos, que se encargan de la gestión del patrimonio de la basílica. Ellos son los que han decidido, por ejemplo, ejecutar unas obras que rodeen de vidrio la basílica para protegerla del acqua alta.

No está claro, sin embargo, que la proteja del acqua granda. Cuando la marea sube por encima de 80 centímetros, la cosa se empieza a complicar; lo primero que se inunda es la propia plaza, que es de los puntos más bajos de Venecia; a partir de ahí, se empieza a inundar todo lo demás. Y si el nivel del agua sube hasta casi dos metros, como en el 4 de noviembre de 1966, prácticamente se inunda toda la ciudad y se le llama acqua granda. Esos eventos, que suceden cuando se combinan las oscilaciones naturales del Adriático con el siroco y algún evento de bajas presiones, afortunadamente suceden sólo una vez cada cien años; las acque alte, sin embargo, suceden varias veces cada año, sobre todo en primavera y otoño.

> Cuando nosotros estuvimos en agosto de 2021, la marea llegó a los 98 cm, el 7 de agosto, que tampoco parece que sea tanto, pero cubría casi toda la piazza y en la zona de

Rialto todo el suelo de Pescheria. No parecía que al gente se lo tomara a la tremenda, sin embargo. Quizás lo raro es que fuera en agosto, en vez de la primavera y el otoño habituales.

El día que estoy escribiendo esto, 4 de noviembre de 2022, también ha habido acqua alta; 114 cm; a partir del metro ya empieza a ser bastante problemático. El mismo día que el acqua granda de 1966, cuando la marea alcanzó 80 centímetros más. Confluyeron varios fenómenos a la vez: lluvias abundantes que alimentaron el río Brenta, que desagua en la laguna. El siroco, que levantaba olas, y además bajaba la presión, lo que hace que el agua suba de forma natural. Y, por si fuera poco, había marea viva, lo que añadió 9 centímetros más. El resultado, más allá de la anécdota del chapoteo y las curiosas fotos, fue un desastre que causó varios miles de millones de liras en pérdidas; dejó a un montón de personas sin hogar, y provocó daños en el patrimonio; en el palacio ducal el agua llegó hasta el metro y medio de altura. Se inundaron los transformadores eléctricos, y hubo un apagón de seis días; también dejaron de funcionar los teléfonos por la misma razón. Con ello se vio la necesidad de un sistema para cerrar la laguna, que eventualmente dio lugar al MOSE que se usa hoy en día.

Que no logró evitar la siguiente acqua granda, el 12 de noviembre de 2019, porque todavía no estaba operativo. 187 centímetros, y todo de nuevo inundado. El 85% de la ciudad estaba debajo del agua. MOSE todavía no funcionaba, y los resultados volvieron a ser desastrosos. Y cuando apenas se recuperaban de este desastre, Italia se confinó por el COVID. Venecia vive del turismo, y aunque aborrece de todos los inconvenientes que trae, los siguientes seis meses e incluso el año fueron una época muy complicada para muchas familias.

De hecho, MOSE ha empezado a entrar en servicio en noviembre de 2022. Aunque ya se ha levantado una vez, este mes, sólo funciona ahora mismo si la marea sube más de 130 centímetros. MOSE es un sistema bastante ingenioso, que usa compuertas llenas de agua que se elevan solas cuando la presión por la subida de la marea se alza lo suficiente. Y además la construcción, operación y mantenimiento se hacen en zonas del Arsenal que estaban prácticamente abandonadas, así que no sólo contribuyen a la salvación del patrimonio, sino que también lo ponen en valor. En noviembre de 2022, prácticamente en el tercer aniversario de la anterior acqua granda, subió a 173 centímetros, la tercera más alta de la historia. Pero el MOSE salvó de las aguas a Venecia, como se buscaba.

Por otro lado, conviene estar informado de estas mareas altas si va uno a ir por allí; las mareas de unos cuantos centímetros más alla de noventa pueden ser divertidas, pero se pueden convertir en un verdadero engorro. El "Centro Previsioni y Segnalazioni Maree" predice a tres-cuatro días las mareas que va a haber, sumando la marea astronómica a la marea por cualquier otra cause, y dando unas previsiones bastante precisas, tanto en amplitud como en la hora. Hay dos máximos de marea diarios, que dependerá de la época del año; además, en un canal de Telegram dan alertas tanto en clips de sonido en un delicioso italiano como en gráficos. Las acque alte suelen durar varios días: infórmate y llévate botas de agua que, aunque sólo haya un palmo de agua, puede limitarte bastante los movimientos.

> Yo me compré unas botas del Decathlon, por ejemplo, y me las voy a llevar mañana.

Si no tienes botas de agua, no te preocupes. En prácticamente cada quiosco o tienda de souvenirs venden unas fundan que se pueden poner por encima del calzado y del pantalón, y que se ajustan con una goma a la pierna. Además, tienen el el talón (corazón) Venezia, así que tienes algo práctico y un bonito recuerdo por sólo 5€ (o igual más si estás más cerca de Rialto o San Marco). De hecho, son casi preferibles a las botas de agua, que no dejan de ser un calzado incómodo, y que por la parte de arriba dejan entrar el agua si uno se descuida. Posiblemente debido a su fabricación en un país del oriente poco cercano, no duren más de una salida, así que no son sustitutos reales para unas sólidas botas de agua. Pero te permiten salir del apuro, y te mantienen los pies y pantorrillas secas durante un buen rato.

> Por otro lado, también venden en Venecia (y en más lugares) unas botas Christian Dior por menos de dos mil euros que quedan divinas de la muerte, y que estoy casi seguro que no dejan pasar ni la lava de un volcán de poca importancia, por el precio que tienen.

Seguro que estas mareas altas inundan los bajos de las Procuratie Nuove. Estas, Hoy en día son oficinas de la empresa de seguros Generali (que, por cierto, se creó en Trieste), aunque hay ciertas áreas abiertas al público, con exposiciones y demás. Y en la planta baja, cafés y tiendas, incluyendo la que fue la tienda de máquinas de escribir más bonita del mundo. Y algunos negocios, como el café Quadri, pertenecen a un músico ruso amigo de Putin; cómo llegaron a él es también una historia que sólo puede pasar en Venecia. Conde milanés llamado Renzo Ceschina conoce a una arpista japonesa, Yoko, veinte años más joven que él. Se conocen, se aman, se casan, muere el buen hombre, deja todo a su mujer, que se convierte en patrona de las artes. A su muerte, en 2015, lega sus vienes a diferentes músicos, con lo que deja el palazzo Barbarigo y el café a Valery Gergiev, un director de orquesta procedente de Osetia, cuya región del sur, parte de Georgia, fue también invadido por Rusia. Debido a su prominente amistad con Putin, en estos últimos meses ha sido expulsado de muchos puestos y se han suprimido conciertos. Las propiedades, sin embargo, siguen siendo suyas.

Los vínculos del café Quadri con el imperialismo vienen de antiguo. Pedro Antonio de Alarcón, en el libro mencionado anteriormente, cuenta que mientras en el Florian se reunían los patriotas, en este se reunían los oficiales de las fuerzas de ocupación austríacas; el palacio de gobierno, precisamente, se estableció enfrente en las Procuratie Nuove y en el ala napoleónica.

El mismo Pedro Antonio cuenta que, al dar un concierto los militares austriacos en esta misma plaza, los venecianos se paraban, escuchaban, siempre mirando en dirección contraria, y finalmente expresaban, sotto voce su admiración por la pasión y precisión en la ejecución de la pieza. Para los venecianos, el arte es el arte. Y supongo que siguen yendo al café Quadri, si es que van a algún café en esta zona.

En su época tendrían que venir aquí a comprar sus herramientas de oficina: las máquinas de escribir. Igual hay que aclarar el concepto de una máquina para escribir, porque es un objeto que ha desaparecido de la vida cotidiana, aunque todavía se puede ver alguna en oficinas de la administración, cogiendo polvo. Esencialmente era eso: un sistema creado para poder escribir rápidamente, de forma comprensible, con tipos de imprenta, y también diseñada para poder crear varias copias a la vez, usando "calco". Que es posible que haya que aclararlo también: eran unos papeles cubiertos por una tinta grasienta en uno de los lados, el lado que se ponía pegando al segundo papel. Al golpear el tipo impreso en la tecla en el primer papel, el relieve del mismo sobresalía por el otro lado, y eso a su vez creaba una protuberancia con el nombre de la letra en el calco, que de esa forma se imprimía en la página, o folio, que estaba abajo. El calco se ponía entre las dos páginas en blanco, a modo de bocadillo. A veces hasta 3 páginas con dos calcos en medio (aunque había que teclear bien fuerte, y no salía bien de todas formas).

Hubo tiempos en que la "mecanografía", escribir a máquina, era imprescindible para entrar en la administración. A escribir se aprendía en academias de mecanografía (y taquigrafía). En España, todas esas academias estaban dotadas con máquinas Olivetti. En la que yo asistí, en Úbeda, que se llamaba Academia Barthe, había varias filas de máquinas Olivetti (Lexikon o Studio, no sabría decirlo después de tantos años) y gracias a ellas puedo teclear rápidamente y con todos los dedos, como lo estoy haciendo ahora mismo en el teclado del iPad, que sigue exactamente la misma disposición de las teclas que las de las máquinas con las que aprendí en los años 70.

Olivetti era (y supongo que es todavía) una marca italiana, que producía productos con un excelente diseño y calidad, y que servía para la comunicación: era la Apple de los 50. Y una marca así necesitaba una tienda de acorde con su imagen y que proyectara ese halo de diseño y de modernidad. Y Carlo Scarpa era, posiblemente, el arquitecto para llevarlo a cabo. Un arquitecto veneciano, que ya en aquella época había adquirido cierta fama, que usaba el cristal de Murano en sus diseños y que era, además, discípulo de los futuristas y de los modernistas. Y rediseñó la tienda que ya tenían, en los soportales de las Procuratie Vecchie, en varios niveles. Scarpa creó una escalera que parece sustentada por el aire, y donde se exponían las máquinas de escribir como objetos de diseño.

Una tienda que, además, se puede visitar todavía hoy, aunque solo como museo. No te puedes comprar ninguna máquina, ni siquiera una portátil con su maletita que podrías llevar perfectamente en el avión, en la cabina, y posarla en la mesita retractable del asiento de delante y ponerte a meter folios y escribir, con toda la sonoridad de sus teclas y retorno de carro. Pero la arquitectura permanece. Igual te puedes comprar un imancito con una máquina de escribir, quién sabe.

> Las máquinas de escribir son actualmente objeto de coleccionista, y algunas en WallaPop de esta misma marca pueden costar cientos de euros.

Scarpa tiene muchas otras obras a lo largo y lo ancho de Venecia. Por ejemplo, en el Campo Santa María Formosa construyó el puente de madera que lleva hasta la puerta de la fundación Querini Stampalia, donde también diseñó el jardín y otra serie de interiores, con unos vanos esculpidos que son tremendamente originales. La razón por la que existe el puente también es curiosa: se pre-fabricó completo, y se colocó en una noche. Por las pegas y los problemas que había tenido Scarpa, la ciudad le prohibió en principio la construcción. Incluso así, solicitaron un permiso temporal para dejar el puente... que ha durado hasta hoy.

Por todas estas cosas y por lo bien que ha sabido aprovechar la artesanía vernácula y al burocracia local, hay que reconocerlo como uno de los grandes arquitectos de Venecia y, además, venecianos.

Casi enfrente están las Procuratie Nuove. Y digo casi enfrente, porque la plaza no es rectangular, sino trapezoidal; ni las procuratie están una enfrente de otra, ni el ala napoleónica enfrente de San Marco. De hecho, hay un punto marcado en los escalones del ala nueva que es donde el eje de la basílica los cruza, y está bastante más cerca de las Procuratie Vecchie que de las Nuove.

Estas procuratie se construyeron aproximadamente un siglo más tarde que las otras, supongo que al tener más necesidades habitacionales los procuradores, sobre todo porque su número no dejó de aumentar a lo largo de los años, hasta llegar a los cuarenta. Si las Vecchie tenían a Sansovino para terminar el proyecto, estas tuvieron a otro de la tríada de arquitectos famosos de Venecia: Longhèna, el arquitecto de la iglesia de la Salute, en Dorsoduro.

Dentro está el museo Correr; fuera, siguieron el mismo patrón que las otras: se alquilaban locales para completar los ingresos de las procuradurías, y en 1720 Floriano Francesconi alquiló el local donde todavía está el café Florian.

> Espero que no fuera de renta controlada, porque a ver de dónde sacan un ducado los propietarios hoy en día. De hecho, realmente espero que si tiene propietarios el local que no sean los del bar, les cobren a base de bien y compartan la cantidad de dinero que le sacan al turista.

Para empezar, no se te ocurra ir ahí. O ve a darte un garbeo por dentro como quien entra al servicio desde la terraza y visita el local, que tiene una decoración "Liberty" bastante interesante, y dos de las habitaciones existen desde el principio (la entrada o Ingresso y la sala china o Cinese). El resto se han ido añadiendo con los años.

> También es interesante que en Italia llamen "Liberty" a este tipo de decoración modernista, y no "Nuovo Arte" o algo por el estilo.

Es posible que el propio Café Florian sea una metáfora de la propia Venecia, al menos si te paras solo en la superficie. Pedro Antonio de Alarcón dice:

> El café Florian es propio de la Plaza de San Marcos, como la Plaza de San Marcos merece ser, cual es, la sala principal de Venecia.

(En cursiva en el original).

Como Venecia, tiene mucha historia. Pero, como una pizzería cualquiera para la persona que va a Venecia por un día, en realidad visitarlo poco puede aportar a la vivencia del viajero medio. Cobrando una experiencia mediocre a un precio de lujo. Sin embargo, a veces el gozar la expectativa de un evento es superior a la experiencia en si, y el hecho es que el café en sus más de tres mil reseñas tiene una media de 4, que no está nada mal. Yo puedo pensar en mucho mejor uso que los 13'5€ que te va a costar el café (19'5€ si es que está tocando la música); de hecho, una calle más allá de la plaza te puedes tomar un espresso excelente por dos o un capuccino por tres. Es decir, en él la historia no se vive, se cobra. Por cierto, la mordida de los 6€ por la música viene a ser eso, una mordida, porque los cafés fueron simplemente un sitio donde se tomaba café y se hablaba, se conspiraba, se inspiraba y se respiraba el humo del resto de los concurrentes. Una vez más, nada veneciano sino más relacionado con las expectativas del americano medio de lo que puede ser un parque temático centrado en Italia.

Lo cierto es que este café no solamente tiene, sino que hizo historia, y creó una red social entre políticos e intelectuales, en las postrimerías de la existencia de la república, que la hizo única. Incluso durante la ocupación austríaca era donde se reunían los patriotas, y no cerraba en toda la noche. Previo a la existencia del Florian y otros cafés, las tabernas eran sitios de mala nota donde la gente iba a beber, y los casinos sitios con un propósito: el juego. El café era un lugar donde se podía ir a ver y a dejarse ver, a entretener un café mientras llegaba esta u otra persona, a arrimar sillas a las mesas donde se estuviera cociendo algo. Donde estaba todo el mundo, por el miedo a que sucediera algo, a que alguien contara un chascarrillo o una anécdota, o se organizara algo interesante y uno se lo perdiera. Y eso hizo que aparecieran por allí Carlo Goldoni, Casanova, Gabrielle d'Anunzio y, seguro, los futuristas.

Tommasseo y Manin se reunieron aquí para conspirar contra los ocupantes austriacos. Y durante la revolución y el subsiguiente ataque, se usó como hospital de sangre para los heridos.

No es necesario que el peso de toda esta historia te anime a entrar, aunque fuera a ver los retratos que hay de estas figuras (y Gabrielle d'Anunzio sí que era un figura). Pero puedes intentar colarte; según las reseñas de Google, la indolencia de los camareros puede que deje espacio lugar a este tipo de travesuras. Así que suerte con eso.

De hecho, un domingo de invierno de 2022, tras los cristales empañados, revelaba salas vacías, con camareros vagando sin mucho que hacer por ellas, y sólo unos cuantos turistas mirando sus móviles mientras dejaban que se calentara una bebida que seguramente tendría precio excesivo. Enfrente, el Quadri tenía alguna persona más. La barra del Lavena estaba vacía. Por los rami y campi, sin embargo, la gente llenaba las mesas y consumía ávidamente pizzas y cicchetti. Es posible que siempre sea así en invierno, pero también es posible que lleve una inercia tal que no quiera cambiar y acabe adquirido por algún inversor.

Toda la piazza está cruzada por liste, bandas de piedra blanca de Istria que forman cenefas... Pero también algunos recuadros; justo delante del café Quadri hay uno en el que pone "Per l'arte de calegheri". Cuando uno anda por Venecia, hay que ir mirando en todas direcciones: arriba, abajo, derecha e izquierda. Lo cierto es que en este caso es probable que fuera mirando más para no meterme en un charco que por cualquier otra razón, pero lo cierto es que lo vi y lo fotografié. Un poco más allá, una inscripción igual, pero habla de los zavatteri. En ambos casos se trata de uno de los lados de un rectángulo cerrado; los dos se hallan a cierta distancia.

Hemos quedado en que arte era un gremio (como en Florencia), pero resulta que tanto los zavatteri como los calegheri son zapateros. Fabricaban diferentes tipos de zapatos: los calegheri la caliga, que es una sandalia ¿militar? No me preguntéis, eso dice en todos los sitios donde lo he visto. Yo me imagino una sandalia como la de los romanos de la procesión de la Humildad de Úbeda, y efectivamente parecen algo así en su artículo de la Wikipedia. Parece que eran populares entre los nobles venecianos, aunque los calegheri también fabricaban calzado para los gondoleros, quizás porque estaban, en general, al servicio de los nobles. ¿Y los zavatteri? Pues zapateros de toda la vida, que fabricaban piezas en cuero, sobre todo cuero reciclado o viejo. Por un quítame allá esos cordones, los dos gremios se llevaban como los nicolotti y los castellani, así que se decretó que en fiestas como la Sensa montaran sus tenderetes lo más separados posible, y para que no hubiera duda, grabaron el nombre del arte en la piedra.

Finalmente, se cierra el trapezoide con el Ala Napoleónica, llamada así porque, efectivamente, fue Napoleón quien la creó con el objetivo de disponer de aposentos para su estancia en la ciudad; aposentos que nunca ocupó, pero que sirvieron como "palacio real" (y así aparece incluso en la Wikipedia) para los gobernadores nombrados por los franceses del reino napoleónico de Italia, y más adelante para los ocupantes austriacos. Para construirla tiraron la iglesia de San Geminiano, de Sansovino, recordada por una placa en los soportales. Mantuvieron un aspecto similar a las Procuratie, a los dos lados, y se terminó durante la ocupación austriaca. Ni napoleón ni el virrey de Italia que puso llegaron a ocuparlo, pues, pero si la famosa Sissi, recién casada, con 16 añitos, en el año 1856.

Adecentaron los aposentos reales, y allí estuvo más de un mes; el estilo de estas estancias es lo más parecido a otros palacios como el Belvedere, estilo Imperio como les gustaba a los austriacos.

Sissi volvió más adelante, cuando perdió a su hija Sofía, y en esta ocasión se quedó durante siete meses. La emperatriz se refugió en Venecia con dos de sus hijos, Rodolfo y Gisella. Volvería en 1895, cuando Rodolfo se suicidó. Se ve que volvía a Venecia buscando consuelo, y Venecia se lo dio. Llegó a tiempo para ver la Biennale de arte; evidentemente, no tenía el más mínimo derecho a ocupar de nuevo las estancias "reales".

Hoy en día podemos visitarlos dentro del museo Correr; se llama así porque recoge las colecciones de Teodoro Correr, que incluyen esculturas de Canova y cuadros de Bellini. Pero también colecciones numismáticas, banderas, una wunderkammer, gabinete de curiosidades... Personalmente me parece mucho trabajo para un museo clásico de provincias, pero puede ser adecuado para una segunda o tercera visita a la ciudad. O si tienes mucha afición a Scarpa, que también intervino en su decoración.

Pasando por el sotoportego San Geminiano, que hace homenaje a la iglesia que desapareció, salimos ahora del centro de una ciudad que no tiene centro, o que si tiene, tendría dos, Rialto, el centro comercial, y esto, el centro político. Pero ahora no es más que el centro turístico. Ni siquiera es el centro histórico, porque como hemos visto hay obras de casi mil años, desde los cimientos del palacio de los dogos hasta la tienda de Olivetti. Cuatrocientos o quinientos años más si incluimos también los leones y otras estatuas rapiñadas y colocadas aquí y allí, como los tetrarcas de porfirio que hay en una esquina de la basílica, una escultura del siglo IV.

> Esta estatua esquinera, que puedes reconocer fácilmente porque no vienen a cuento ni hacen juego y por su color rojizo (del pórfido), procedente, al parecer, de Constantinopla (seguramente, un "recuerdito" de la cuarta cruzada) y esculpido por algún artista egipcio, representa a Diocleciano, Maximiano, Galerio y Constancio I. La tetrarquía, con Diocleciano y Maximiano de emperador y coemperador de occidente y oriente, respectivamente, y el resto de

augustos, cogobernó el imperio romano así dividido y no duró mucho; un sistema similar en el cuál los "augustos" nombraban a los "Césares" subsistió durante cierto tiempo en Venecia, hasta que un Augusto decidió nombrar César a su hijo, y se prohibió en lo sucesivo que los dogos nombraran a hijos o a nadie. ¡Poder para el pueblo! O para los patricios venecianos. Así que, efectivamente, no está muy claro por qué está aquí, más allá de porque quedaba bonito; tampoco se sabe cuál es cuál ni si realmente se trata de tetrarcas o de cualquier otro romano aleatorio que se puso a tiro de expolio. Cabe pensar que, como los venecianos no daban puntada sin hilo, y está colocado en la primera esquina de la basílica según se llega del Molo, tratan quizás de entroncar los orígenes de la ciudad con el imperio romano, dando idea de su continuidad. Los frescos en la basílica siguen hablando del transporte de los restos de San Marcos hacia la ciudad, así que puede ser como una especie de secuencia temporal.

En mi primer viaje me llamó la atención por las posturas de los personajes, que parece que o se estaban felicitando después de meter un gol o en la fase de exaltación de la amistad de una borrachera; pero le saqué una foto. En mi segundo viaje estaba rodeada de vallas de construcción; es muy posible que ahora esté detrás de las placas de cristal que han rodeado la basílica. Habrá que comprobarlo en el próximo viaje. Por cierto, que también tienen una leyenda: la de que eran cuatro moros (supongo que por el gorro que llevan) que querían robar el tesoro de la basílica y el Señor los petrificó y dejó ahí, en la esquina, para escarmiento y ejemplo futuro; así se le llama a la escultura, i quattro mori. A una de las figuras le falta un pie, que se encontró en unas excavaciones en Estambul en 1965. Es el pie que se ve pegado, con un color diferente.

Lo que no me llamó la atención en ninguno de mis viajes son varias columnas cuadradas, situadas a los lados de una de las puertas laterales de la basílica, y ricamente decoradas; tienen en la base una cruz, pero todo esto lo he visto después, cuando he leído "Venecia, una república marítima", donde cuenta el origen de estas columnas.

Una vez leído, lo he buscado en mis fotos, y efectivamente, las puedes ver justo a la salida del palacio Ducal, a la derecha, ahora detrás de las barreras de metacrilato, y en la época que yo las vi (diciembre de 2023) también detrás de unas vallas de protección.

Estas columnas son los restos de un convento genovés en Acre, que los venecianos trajeron como botín de guerra a finales del siglo XIII, cuando las batallas entre Génova y Venecia eran continuas. Esta, en concreto, estalló por una pelea entre comerciantes genoveses y venecianos en esa ciudad, actualmente Akko, en Israel, que terminó con tumultos de genoveses contra comerciantes venecianos y eventualmente con el dogo mandando la flota a Acre para echar de allí a todos los genoveses. Para mostrar al mundo su victoria, estas columnas se unieron a los demás expolios presentes en la plaza. Mirándolo desde hoy, es muy fácil no verlo, pero también se puede ir haciendo un recorrido por la historia de Venecia en las diferentes columnas y estatuas que hay en esta plaza.

El fin de esta plaza estaba claro, pues. Desde muy al inicio no había más edificios que los oficiales, y los ocupados por diferentes funcionarios. En este sentido, es un poco especial porque es habitual que, junto a edificios oficiales, haya todo tipo de viviendas. Sin embargo, hay viviendas alrededor, y no precisamente palacios; en Venecia no ha habido un centro (o una periferia) que fuera la morada de la gente bien; no había división de clases por barrios porque no había barrios nuevos donde habitar; toda la isla estaba ocupada desde prácticamente el siglo XV, y la superficie ganada a la laguna se iba ocupando rápidamente con industria, sobre todo. En el siglo XX hubo movimientos migratorios, los pobres de la ciudad yendo hacia Mestre a buscar trabajo, entre guerras, y los nuevos eslavos migrando desde los territorios italianos que pasaron a Yugoslavia tras la guerra mundial.

Pero precisamente estos vivían mezclados en las mismas casas y en los mismos campi; los más pobres en las plantas bajas, en condiciones insalubres, dando a callejones o casi a ras de agua; la gente con más posibilidades en las plantas más altas, más aireadas, con acceso a las altanas y a la luz del sol. Por eso tampoco hay, como en casi todas las ciudades europeas, un centro "histórico", rodeado de una periferia cuyos cultivos u otros edificios antiguos fueron arrasados para dar lugar a adosados o a bloques de una ciudad jardín.

Eso hace que Venecia sea única en la apreciación artística y el poverty porn; el encanto decadente de una puerta de pintura desconchada y ventanas tapadas con tablones ocultan la miseria, hace cincuenta años, de una infravivienda donde hace cien años se hacinaban varias familias, quizás venidas de Istria, ahora gobernada por Tito.

Durante gran parte del siglo XX esas condiciones míseras de habitabilidad provocaban que se viviera en la calle; los campi eran una zona de socialización donde se cuidaba colectivamente a los niños de la vecindad y se sentaba a tomar el fresco, mientras los maridos pasaban el tiempo en las bacari o tabernas. Todavía hay un poco de eso en muchos campielli, pero ya no hay tanta gente en las tabernas; también sigue habiendo infraviviendas, y el Brunetti de Donna Leon, que conoce bien Venecia, colocaba a una testigo en un semisótano de la Giudecca, donde, bien es verdad, tampoco van los turistas.

Por eso, es interesante intentar leer las huellas de la historia cuando vamos por una calle o un canal; una historia que tiene tanto lujo y glamour como miseria y mugre. Salgamos de la plaza, pues, y vamos a ver más de lo primero que de lo último.

Antes de salir, puede que te encuentres algún evento en la piazza que no deja de ser la plaza del pueblo, porque con sus cincuenta mil habitantes mal contados, Venecia es hoy día un pueblo.

Un pueblo que tiene universidad, la universidad Ca' Foscari, cuyos graduados, llegado el mes de octubre, celebran su ceremonia de graduación al aire libre mirando hacia el ala napoleónica; pasada la ceremonia, como también es tradicional, tiran los birretes al aire, cayendo por donde tengan que caer. Algunas parejas tendrán la suerte de casarse en San Marco, donde hay misa a las 6 todos los días, y dejarán las losas llenas de arroz para regocijo de las palomas. Y, en fin, la vida es eso que pasa cuando ningún turista se está haciendo un selfie en los alrededores. O con la meta de la maratón de Venecia, que además ofrece a todo el que corre y a sus familias acceso gratuito a todos los museos.

Saldrás de la piazza, pero volverás de nuevo, quizás todos y cada uno de los días en que estés en Venecia. A cada hora, con cada rayo y tipo de luz, la piazza te revelará algo que te hará, de nuevo, volver.

Desde la Calle Larga a la Punta de la Dogana

Desde el shopping de lujo al número uno del sestiere Dorsoduro

"Cada vez que describo una ciudad digo algo de Venecia", Marco Polo como personaje de "Las ciudades invisibles", de Italo Calvino.

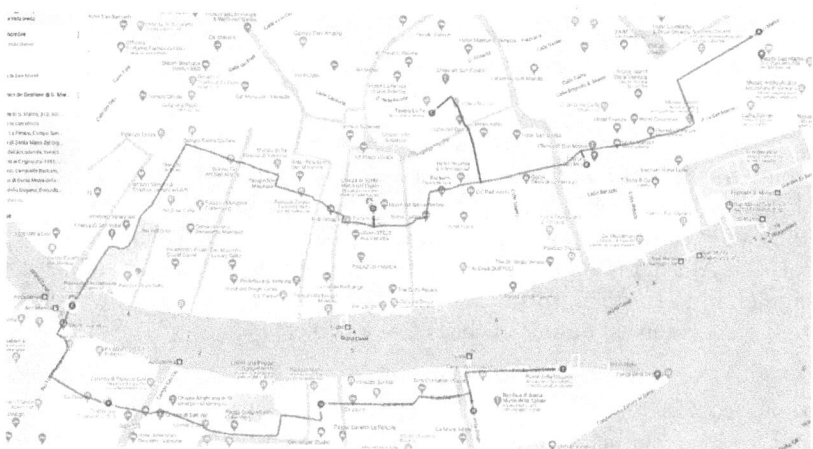

Figura 7: Mapa del paseo

Vamos a dar un paseo que sale de San Marco y pasa por puentes, el

Gran Canal, y uno de los lugares con las vistas más bonitas de Venecia. Todo ello es casi inevitable, sin importar mucho por donde andes en Venecia.

Y dos sestieri. Por el camino, trataremos de entender los mecanismos del poder, las aportaciones de Venecia al arte, qué le tiene que agradecer la libertad de expresión a Venecia y quizás un poco de su economía.

Partimos de los soportales, y nos colocamos de espaldas a la basílica (sí, tarde o temprano hay que hacerlo; venga, va, un último vistazo y nos vamos).

Pasados estos soportales, quiero que miréis al suelo. Cuando uno va de turismo, siempre hay que ir en plan Terminator: derecha, izquierda, arriba, abajo. Vale, Terminator no miraba arriba y abajo, pero tú sí conviene que lo hagas. Puedes encontrarte alguna pieza de arte callejero en una cornisa, una pátera bizantina al lado de una ventana, o, como es el caso, un mosaico con un anuncio de American Express y Alitalia en el suelo.

> Las piezas de arte callejero en Venecia son realmente raras, porque, como es natural, están muy prohibidas. Si tienes suerte, puedes encontrarte un slap de Blub en algún cajetín eléctrico.

Que seguramente no es lo que te hayas planteado cuando vayas a Venecia. "Sí, voy a Venecia a ver lo de siempre, ya sabes, anuncios de American Express y eso". Pero estos anuncios tienen su gracia. Para empezar, llevan ahí desde los años 60, al menos juzgando por el logo de Alitalia. Pero, lo más importante, es que son muy venecianos, siguiendo la tradición bizantina del mosaico, pero también una forma muy veneciana de anunciar cosas: los nizioleti.

Nizioleti es lo que los venecianos llaman a las placas de las calles, que tampoco son placas: están pintadas directamente sobre la pared. Y una vez que había que anunciar algo, se pone con el mismo estilo: por allí se va a Rialto, por allí a San Marco. Para no desentonar, otros anuncios tuvieron que ponerse en el suelo. Mirando al suelo encontrarás muchos más anuncios como este: de hoteles, restaurantes, incluso posiblemente de algún, wait for it, night club. Ya no existen los night clubs, pero eran los antecesores de las discotecas. Antros de perdición, en general, pero ya hemos dejado claro que durante mucho tiempo la gente iba a Venecia a perderse precisamente de esa forma, y no tratando de perderse encontrando los sitios donde perderse. Por eso estaban anunciados. Todo estaba pensado.

Mientras que hasta el momento nos habíamos movido por islas, cementerios, piazzas y piazzetas, estamos llegando por primera vez a una calle. En "El lenguaje de las ciudades", Deyan Sudjic, en el capítulo dedicado a las calles, dice que sus nombres son una declaración de intenciones políticas. Y en este caso, las intenciones parecen ser mostrar la permanencia de la ciudad, y la relevancia de su historia. Italia tiene una visión, posiblemente sana, de la historia, como una serie de capas que definen la personalidad de una zona, o de su gente, pero no una causa de enfrentamiento entre los ciudadanos. Por eso le dan calles tanto a emperatrices austrohúngaras, como a personas que pusieron bombas a los mismos, y los monumentos pueden recibir nombres de potencias coloniales de su época, de santos o de revolucionarios.

Por su propia naturaleza, Venecia cambia poco. No tuvo, como la mayoría de las ciudades en el mundo, que adaptarse a carruajes, tranvías y más adelante el automóvil. El caballo ya se prohibió en la edad Media (y eso dio lugar a un tipo específico de calle, que veremos más adelante), y a partir de ahí nada cambió. Las calles reflejan el nombre de un palacio, de una iglesia, de un gremio, o de algún hecho curioso que sucedieran en ellas y contaran los cronicones de la ciudad. Por eso el libro "Curiosità Veneziane", editado a principios del siglo XIX, sigue siendo una fuente esencial para entender la ciudad; un catálogo exhaustivo de las calles, y de la denominación que reciben.

Por ejemplo, ahora estamos en el inicio de una calle, la Calle Larga por antonomasia, que en realidad se llama la Calle Larga de la Ascension. Calle Larga viene a ser calle Ancha, más o menos; las largas se llaman "lunghe". Las calles en Venecia se llaman, sorpresa, calle. Que viene, como en español, del latín "calle", pero es que en toda Italia a las calles se les llama strada. via o cosas similares.

> En realidad, lo de tener nombres locales para las calles se estila mucho en Italia; he visto stradone, contra (en Palmanova) y alguna más. Pero, en general, via, strada y

poco más es lo habitual.

Y de ella "Curiosità Veneziane" cuenta dos cosas. Primero, por qué se llama así: una antigua iglesia que se tiró para hacerla; esto es bastante común, primero porque había bastantes iglesias, y segundo porque de esa forma se preservan los nombres antiguos de los lugares. Esta era una iglesia eregida por los templarios inicialmente, luego reconstruida en el siglo XVI por y eventualmente destruida en el siglo XIX para construir, en parte, el ala napoleónica; esta iglesia estaba pegada a la de San Geminiano, que también fue destruida. No parece que la iglesia fuera especialmente notable; su principal legado parece ser el nombre de la calle; se la recuerda en palabras de un noble por ser el sitio donde estos iban a implorar algún carguillo, al estar cerca de las Procuratie y del palacio de los Dogos. Según salimos de la plaza, esta iglesia estaría justo donde ahora está a calle, a la izquierda, en la parte más cercana al gran Canal.

Pero segundo, explica la importancia de la Ascensión en el mito fundacional de Venecia. Ese día se produjo lo que le llamaron "esponsales con el mar", que fue en esencia el dogo, a principios del segundo milenio, tirando un anillo bendecido por el obispo al mar desde el bucintoro, una barca dorada ceremonial, que se cargó Napoleón a conciencia. Se trataba de celebrar la conquista de Istria, donde están las canteras de las que proceden todas las piedras que se usan en todos lados, así que las secuelas de ese hecho la vamos a ver continuamente en toda Venecia.

Bueno, pues todo eso ocurrió el día de la Ascensión, o Sensa. Así que, tras dejar de celebrarse a la caída de la república, hoy en día se celebra de nuevo, con menos boato, con menos bucintoros (antes había uno, ahora ninguno), pero con más guasa, cachondeo y turistas. Tiene sentido, por tanto, que una calle, y además importante porque es ancha, reciba ese nombre.

Esta esquina es curiosa, porque tiene bastantes ejemplos de las denominaciones que se encuentran en Venecia

> Y acabamos de salir de una de las que no hay: piazza, que sólo está la de San Marco.

Desde este punto, donde verás las tiendas de Gucci y otras marcas de lujo, sale una salizzada, es decir, esencialmente una calle pavimentada.

El por qué le llamaban así a unas calles, que hoy en día están todas pavimentadas, viene de que las denominaciones, y los nombres de las calles, se pusieron en Venecia en tiempos inmemoriales. En un libro, "Curiosità veneziane", de la primera mitad del siglo XIX, podrás ver casi todas las calles que existen en Venecia hoy en día con idéntico nombre, con una página y pico dedicada a cada una de ellas.

> Más adelante, en la misma calle, hay un sotoportego, o soportal. También tienen nombre para eso.

Pero antes de llegar a la salizada o salizzada San Moisè, tenemos que cruzar la calle Larga de la Ascensión, una calle tan moderna como el ala napoleónica, y que no tiene salida. Así que procedamos al área de shopping: Por la parte de la Calle Larga de la que estamos hablando hay múltiples tiendas de todo tipo, galerías de arte, y también bares y restaurantes. En uno de ellos vi un cartel que venía a decir, parafraseando, "No pidan aquí pizza ni pasta ni nada de comida de turistas. Aquí sólo hay auténtica comida veneciana". Porque, recuerden, Venecia fue un estado que, cuando desapareció, había subsistido durante muchos más años que cualquier otro estado de la península (si exceptuamos, quizá, el Vaticano, que al fin y al cabo es un estado); por eso, culturalmente tiene unas diferencias claras, empezando por el idioma, y eso influye en la gastronomía.

Eso no quita que en pizzerías tales como Lala Pizza, en el interior del mercado de Tallin, aparezca entre las típicas imágenes de Italia una ilustración de un gondolero con una cúpula indistinta detrás, por un canal que parece excesivamente estrecho. El turista actual, con poco criterio, iguala Italia con esas comidas (que es cierto que se extienden de una punta a otra de la bota itálica) pero que poco tienen que ver con la comida tradicional veneciana, basada en el pescado, la carne que traían de terraferma, y esos cicchetti o pequeñas tapas, pedidas individualmente, que merece verdaderamente la pena probar.

Los propietarios del restaurante pueden parecer un poco bordes, pero el carácter de estos posaderos venecianos aparece reflejado en las novelas de Donna Leon, donde uno de los sitios donde va a comer el comisario no admite elegir la comida, sino que pone exactamente lo que le da la gana. También te pueden contestar con un poco de displicencia si preguntas qué tipos de cerveza tienen; como a mi en Ai Cugnai, un sitio excelente, por otro lado, te pueden decir que son un restaurante y que por tanto sirven vino con la comida; implicando que tienen cerveza por si alguien se pone un poco caprichoso, pero debe ser algo así como el que aquí en España se pide Coca Cola con el chuletón.

> Por otro lado, y esto lo comparten con toda Italia, el capuccino es para el desayuno e basta.

De los que yo he probado, el fegato que es hígado encebollado no está malo. Pero la polenta al nero de sepia, yo qué sé, será para quien le guste la polenta y la tinta de sepia, pero yo no voy a volver a probarla. El protocolo para disfrutar la comida local en todo caso es para mi siempre el mismo: pido lo que no entiendo o lo que no he probado nunca.

> Si no tiene ni alcachofas ni alguna variedad de coliflor, por mi bien.

En cualquier caso, puedes comer y cenar fuera todos los días en Venecia sin probar ninguna comida italiana para turistas. Hay excelentes tabernas y restaurantes; sólo es cuestión de buscarlos. O pedir variedades más locales, como pasta al frutti di mare o pizza con marisco.

> Lala Pizza en Tallin tiene unas pizzas excelentes, por cierto.
> Muy artesanales, y hechas con cariño. Muy aconsejables.

Por esa calle, acabamos por llegar a San Moisè, una de las iglesias más interesantes de Venecia, que terminó en 2022 un largo proceso de restauración.

Entre otras cosas, en ella está enterrado John Law, un economista o estafador escocés, según se mire, que murió en Venecia en la miseria. A él se debe la llamada "burbuja del Mississippi", un esquema piramidal que consistía en la venta de acciones de la "Compañía del Mississippi", un monopolio del comercio de los territorios franceses en Norteamérica.

> Territorios que pasaron de los franceses a los españoles, pero esa es otra historia.

Pero no había dinero para comprarlas, así que el mismo Law era gerente del banco central de Francia, que empezó a emitir papel moneda, generando hiperinflación y un desastre general para el país. No duró mucho en ningún puesto, y tuvo que emigrar de Francia, como es natural.

Una vez destituido, se ve que estaba enganchado al tema del juego, porque acabó en Venecia para poder recuperar parte del dinero, o perderlo, lo que sucediera antes, en los casini que ya funcionaban allí; el ridotto de San Moisè, el primero que se creó, precisamente, estaba muy cerca de esta iglesia. Allí murió y tuvo lo suficiente para que lo enterraran en la iglesia de San Gimignano, que se derribó para construir el ala napoleónica de la piazza San Marco. Todas las tumbas que allí había fueron trasladas a San Moisè, así que por eso podemos ver aquí su tumba, o más bien una placa, en una de los cuadrados blancos del suelo, donde, en latín, se habla de "Joannis Law".

> Con un poco de suerte, claro. Yo traté de encontrarla y fui incapaz en mi última visita; pero también andaba buscando una placa o losa y no una simple baldosa en el suelo.

Como muchas otras iglesias, se construyó por iniciativa privada; y el usar un "gran nombre" como el del profeta Moisés no corresponde a una búsqueda de legitimidad del poder, sino simplemente a que la persona que mandó su construcción se llamaba de esa forma, Moisè Valier. Pero la fachada es del siglo XVII, y el barroco se nota; el contraste con el funcional hotel Bauer, que hace esquina con él, es considerable.

Si avanzamos por la Calle Larga y torcemos al final a la izquierda, nos encontraremos con una preciosa tienda de decoración con todo tipo de telas, cojines, ropa, bolsos y complementos. La tienda Fortuny.

En Granada, Fortuny evoca inmediatamente a las "papas Fortuny", un establecimiento llamado así porque se encuentra en la plaza Fortuny; y la plaza se llama así por Mariano Fortuny, el padre del fundador de la empresa cuyos artículos se exponen en esta tienda. Mariano Fortuny padre era de Reus, pero Mariano Fortuny hijo era granadino de pura cepa; uno más de la estirpe de personas que unen a Granada con Venecia y que empezó con el embajador veneciano ante el reino nazarí, de nombre desconocido, y que siguió con el infausto marqués de Bedmar.

Este Fortuny que nos ocupa acabó siendo más veneciano que granadino, y de hecho murió aquí, aunque lo enterraron en Roma: inspirado por las imágenes clásicas y los estilos orientales que tanto gustaron a su padre, creó una serie de vestidos, estampados y telas que, tras su muerte, han seguido teniendo un nombre propio en la escena veneciana. Fortuny pintó para las óperas italianas, participó con cuadros en la Bienal, y si tienes buen gusto, sitio en la maleta y una tarjeta de crédito con un límite alto o inexistente, entra a la tienda y adquiere algún objeto, que seguro que te dice más de Venecia que un imán para la nevera. Pero te compras también el imán para la nevera, claro, más tarde.

Pero granadino lo es, y Granada lo ha olvidado como olvida a tantos que no entran dentro de un modelo de ciudad ensimismada en sus a veces rancias tradiciones, algunas de las cuales, como las de las flores a la Virgen de las Angustias, no sólo tienen unas decenas de años, sino que además son imitación de otros lugares (Zaragoza, o Valencia). Donde un capataz de cofradía, una pianista y un director de periódico desconocidos fuera de su estrecho círculo tienen su propia calle, y donde granadinos que fueron un don para la Humanidad son olvidados, desconocidos, y si se da el caso, despreciados. Por si fuera poco, nosotros dedicaremos también espacio a Fortuny en el capítulo dedicado a España y los españoles en Venecia, cuando visitaremos su palacio.

Pero por lo pronto continuamos, dejando a la izquierda el ubicuo Giobagnara, con tiendas por toda Venecia y dos de ellas en San Marco; una tienda de artículos de diseño italiano. En la tienda de la piazzetta degli Leoni, las patas de las mesas tienen unas botas altas de agua calzadas; un toque de humor que posiblemente tiene una clara función utilitaria, porque esta zona es la que está a menor altura y, por tanto, tiene cierta tendencia a inundarse.

Llegaremos a un campo abierto al Gran Canal, y veremos a la izquierda Santa María del Giglio. Lo que nos interesa en esta iglesia está en la fachada: bajorrelieves con el plano de diferentes fortalezas venecianas, dominios de ultramar, algunos ya difícilmente reconocibles. Zara, como la tienda, es ahora Zadar, en Croacia, y Candia es Heraklion, la capital de la isla griega de Creta. Pero es interesante, y te da una idea de cómo planteaban los venecianos la defensa de una plaza fuerte; de hecho, las fortalezas venecianas son también patrimonio de la Humanidad, y muy interesantes.

> Si tienes un día libre en Venecia (pista: no lo vas a tener) puedes acercarte a Palmanova, que no está muy lejos. Es la que ha conservado la forma de fortaleza veneciana más claramente, con unos baluartes sin puntos ciegos que nunca, en realidad, vieron combate.

Si paseas por el mundo, por ejemplo, vienes a Narva, en el extremo oriental de Estonia, pegando (literalmente) a Rusia, te encontrarás un castillo que originalmente construyeron los daneses, pero que finalmente se reconstruyó para usar "bastiones del nuevo estilo italiano", que era el estilo que se empezó a imponer en las fortificaciones en el siglo XVI. Este estilo permitía defender unos muros del castillo desde otro, teniendo proyecciones con diferente forma, flecha o cilindros. En el diseño de este tipo de fortalezas defensivas intervinieron todo tipo de ingenieros y artistas: Michelangelo, por ejemplo, diseñó las de Florencia. Pero un tal Fra Gioconda diseñó las de Padua, por entonces parte de la república. En parte se debe a que la península andaba en guerra prácticamente continua, y muchas de sus ciudades estaban en llanuras y eran difíciles de defender. Pero esa innovación constructiva acabó extendiéndose por Europa y llegando, entre otros lugares, a la ciudad que nos ocupa, Narva, "la perla del Báltico".

Es un tema totalmente aparte que cuando Venecia comenzó a construir estas fortificaciones las guerras de asedio estaban llevando a su fin, posiblemente por la existencia de un enemigo común, los otomanos, o simplemente porque todas las potencias llevaron a sus excedentes de aventureros y pendencieros a las colonias americanas, africanas o asiáticas.

> Y con esto van ya tres ciudades estonias visitadas donde he hallado, y sin buscar demasiado, las huellas de Venecia.

También es una iglesia "privada", y también forma parte de Chorus Venezia, así que se puede visitar tranquilamente. El interior es una profusión de cuadros, frescos y arte, que cuando nosotros visitamos en diciembre no tuvimos que compartir más que con el señor que picaba los billetes. Además, se escuchaba la música navideña que un músico callejero tocaba en la esquina del ábside, ya en la salida hacia el puente.

El hecho de que la iglesia sea privada se ve también en las estatuas de la fachada: miembros de la familia que la construyó, con una pequeña mezcla de fake news: la estatua de Antonio Barbaro está vestida con uniforme militar. Siempre quiso ser capitán general, pero nunca lo consiguió; lo más que llegó fue a provveditore generale). Pero dejó escrito en el testamento en que legaba el dinero para construir esta fachada que tenían que hacerlo así, y ya estaba muerto, así que no había nadie para llevarle la contraria.

> Estas iglesias privadas con estatuas a la mayor gloria de alguna persona que las había financiado son muy características de Venecia. El mismo San Moisè mencionado anteriormente tiene unos bustos de los hermanos Fini, que la habían financiado; también San Zulian tiene a la efigie sentada de Tommaso Rangone. John Ruskin, escritor inglés de la época victoriana, las llamaba "manifestaciones de ateísmo insolente".

Pasando Santa Maria del Giglio, cruzamos un rincón con mucho encanto y el puente correspondiente, ponte Barbarigo; una esquina del puente donde a veces hay músicos callejeros, y también slaps de arte callejero. Y da a un canal, y hay góndolas paradas debajo del puente. Merece la pena pararse un rato, sobre todo si es por la mañana temprano, cuando las hordas de shoppers y expediciones hacia el puente de la Accademia todavía no han aparecido.

Desde ahí, nos podemos acercar al Campo de Sant'Angelo, que es uno de los más grandes de Venecia, aunque justo al lado, el de Santo Stefano no debe de andarle muy a la zaga.

En uno de los laterales, la calle de curioso nombre Va in Campo viene a decir que es la calle que lleva a esa plaza, porque recordemos, no hay más piazza que San Marco. Deyan Sudjic, en "El lenguaje de las ciudades", dice que "los nombres de las calles son una declaración de intenciones políticas, así como una herramienta para la orientación".

Qué mejor que indicar, en una calle determinada, a dónde va a parar. Para qué hace falta decir nada más. El callejero veneciano abunda en estas toponimias: calle Va al Ponte dei Escudi, o incluso simplemente "Calle Traghetto", porque desembocan en el lugar donde se toma, o se tomaba, el traghetto para cruzar el Canal.

Eso podría convertir al Campo de Sant'Angelo en el "campo", o plaza, por excelencia. También puede ser que sea lo contrario, que indique que va al otro campo, el de San Stefano. En esa plaza se celebraban espectáculos de caza de toros y otros eventos, así que al veneciano medio igual le venía bien que se lo indicaran. Qué sitio va a ser el "campo" por antonomasia, lo que viene siendo una plaza, más que la plaza de toros, ¿no? Las caccia dei tori sucedían en toda Venecia; principalmente en San Polo, pero también, en ocasiones especiales, en la piazza. Pero San Stefano fue, precisamente, donde terminó el toreo allí: en 1802 se vino abajo una grada delante del palacio Morosini, lo que fue una perfecta excusa para que se prohibieran por parte de las fuerzas de ocupación austríacas y que nunca más volvieran a suceder.

Si el toreo, de por sí, ya es cafre, la versión veneciana era todavía más. Los que cazaban al toro eran mastines junto con personas que, con lanzas, lo alanceaban hasta que perecía. Venecia fue el último lugar de Italia donde se llevaron a cabo: el concilio de Trento las prohibió a finales del siglo XV, y desde entonces o dejaron de hacerse en Siena, donde tenían bastante fama y sobre todo eran populares, y en Roma. Ahora uno puede circular por Venecia (y Siena) sin más peligro de embestida que el de una persona con un palo de selfie andando hacia atrás; lo que tiene mucho peligro también para él, porque puede acabar en un canal.

Por su forma alargada, este campo era también el listone por excelencia. Ya hemos hablado en otro capítulo de esto: el listone o listón era lo que llamábamos en nuestro pueblo el tontódromo, o donde se iba a tontear en las largas tardes de verano o de cualquier otra estación donde hubiera ganas de tontear, paseando arriba abajo, echando miraditas a tu crush o, si eso no colaba, a su amiga menos fea y, en fin, pasando las tardes comiendo pipas y desgastando el pavimento. Seguro que en Venecia lo hacían con más glamour, y en las largas épocas de carnaval, con máscaras y disfraces. Pero al final la intención y el protocolo venía siendo el mismo.

La palabra listòn viene de aquí: era una fila empedrada, en medio de una zona que, en su época, era, literalmente, campo; por eso la gente paseaba por ahí, porque por lo menos no se ponían espercudíos de barro. Ahora parece el sitio "oficial" para tomar Aperol Spritz; en las guías aparece como tal, y además hay una terraza que se llama así, Terrazza Aperol, con profusión de color naranja. Un lugar donde cuesta trabajo pararse simplemente en una mesa a tomar un café: cuando preguntamos en algún sitio si podíamos tomar un café tranquilamente, nos contestaron que estaba abierto sólo para comidas. Al estilo granadino. Así que fuimos a una esquina enfrente de la iglesia, donde tomamos un excelente machiattone.

A un lado de San Stefano está el campiello Morosini. Tiene el nombre de una familia de tan rancio abolengo en Venecia "venuta fra noi nei primissimi tempi", "venida entre nosotros desde los primerísimos tiempos", como dice "Curiosità veneziane", pero apenas merece un campo pequeño; seguramente no es intencionado; los nombres que reciben los lugares se deben a algún palazzo que hubiera por allí. Los Morosini también tienen una calle stretta, y una corte. Palacios no le faltaban.

La iglesia de San Angelo, que daba nombre al Campo de San Angelo, la erigió la familia Morosini cerca del año mil, así que ya lleva tiempo esa familia instalada por estos lares. De hecho, hay también una calle stretta Morosini, pero está en otro lugar diferente. Igual se ha equivocado Google Maps, oye (pero me extrañaría). En esta plaza hay un monumento a Nicolò Tommaseo, un ilustre escritor italiano... nacido en Croacia. Junto con Manin, fue parte del gobierno provisional de la malhadada república de Venecia. Uno consiguió una fondamenta en Murano, otro un monumento. Tampoco salieron tan mal parados, monumentalmente hablando, aunque Manin murió exiliado y teniendo que ganarse la vida dando clases a domicilio; Tommasseo murió ciego y en contra de la unidad de Italia bajo los Saboya. Y en Florencia, fuera de Venecia.

Pero fue un escritor bastante prolífico, lo que el monumento muestra con un montón de libros en equilibrio precario que acaban más o menos a la altura de la rabadilla de la estatua. Así que, por supuesto, los venecianos le han puesto el caga libri. El monumento que le erigieron en su ciudad natal, Sibenik, en Croacia, fue destruido después de la segunda guerra mundial, donde Yugoslavia estuvo enfrente del eje del que formaba parte Italia. Tommasseo, de estar vivo en ese momento, habría sido seguramente antifascista, y de hecho fue un líder revolucionario contra el imperio austríaco, que también fue parte del eje. Pero la furia iconoclasta centrada en el presente no admite sutilezas, supongo.

> Por otro lado, la fortaleza de San Nicolò en Sibenik forma parte del patrimonio de la Humanidad dentro del conjunto de fortalezas venecianas, un patrimonio distribuido que va desde Bérgamo en el oeste hasta Kotor en el este, en el actual Montenegro.

Desde este campo hay un paseo corto hasta el puente de la Accademia; no hay más que seguir el flujo de gente que va y viene. Antes de llegar al puente hay un pequeño campo con un rio en el lado derecho, y puentes sobre el mismo para llegar a las casas que tiene su encanto; al final de ese rio un entrante permite atracar a las barcazas, que desembarcan mercancías destinadas a toda esta zona del sestier.

Ya hablamos del puente de Rialto, y cómo fue creado para los siglos venideros, en los que los vaporetti tendrían una altura considerable. Sin embargo, la primera versión del puente de la Academia no tuvo la misma suerte. La versión actual es de los años 30, tiene un solo ojo igual que el de Rialto, y por debajo pasan todas las líneas de ACTV, Alilaguna y alguna otra más que tenga permiso, sin mayor problema. Por encima, pasa la vida. A diferencia del de Rialto, con las tiendas en el medio, este es un espacio diáfano apto para músicos... Y también para trileros. Cuando pasé por él la última vez, una pequeña muchedumbre (quizás no más de una bastantedumbre) se había concentrado alrededor de un charlatán que movía vasitos de plástico con tanta rapidez como para poder engañar al ojo y al incauto. Que el juego de azar, y los charlatanes, hayan persistido en Venecia a lo largo de los siglos no causa mayor asombro que el sombrero de los gondoleros o el precio del café en el Florian.

A falta de méritos propios, este puente tiene vistas singulares sobre unos de los trechos del Gran Canal con una gran colección de palacios de diferentes épocas. Mirando en la dirección de San Marco, a la derecha, en Dorsoduro, tenemos una secuencia de palacios de todas las épocas: desde el palacio que alberga el museo Peggy Guggenheim, situado en el palacio Venier dei Leoni, incompleto, pero sobre un proyecto que homenajeara el estilo de Longhèna y de Palladio; pasando por Ca'Dario, el palacio Barbaro, y el palazzo Salviati, con apariencia de basílica bizantina, y sin embargo el más moderno: creado a principios del siglo XX por un industrial que montó en él un horno, una vez que se terminó el monopolio de la fabricación de cristal. Es uno de los pocos palacios con el nombre en un mosaico en la fachada, aunque esto te resultará complicado verlo desde el puente; cuando pasees por el otro lado, verás claramente un nizioleto en el suelo que indicará también este nombre, animándote a comprar sus productos en la tienda fantasma.

Y, más al fondo, la mole de la Salute, la obra maestra de Longhèna.

También es un buen punto este para mirar esos postes que se erigen justo delante de los palacios; llegando hasta los primeros pisos, rodeados de bandas de colores, a veces parecidos a las barras de los antiguos barberos (imitados por los nuevos barberos hipster). Podría pensar uno que son postes para amarrar la barca; pero hay que tener en cuenta que normalmente las barcas tienen un lazo que se pasa por el poste y estos están demasiado altos para hacerlo. De hecho, hay otros postes, sin tantos colores, a los que si están amarradas lanchas y barcas. Además, estos postes tienen, a modo de fanal, un pomo en lo alto. Y es que no se trata de amarraderos, sino pali da casada. En tiempos inmemoriales se colocaban candiles o velas para dirigir a los visitantes. Las velas han sido sustituidas hoy en día por adornos e madera, llamados capellozzo, o a veces por nada. Por eso también, mientras que los palos de amarre suelen aparecer inclinados en cualquier dirección, estos están bastante rectos. Estos pali están hincados en la laguna, y como todo lo que afecta a esta, tiene cierta regulación, porque afecta al suelo y al ecosistema. Sólo se autoriza una cantidad determinada, y cuando hay que hacer algún cambio, hay que pedir autorización a la autoridad. Los colores, que yo sepa, no significan nada, pero hacen bonito; es posible que en su época representaran los colores heráldicos de la familia.

Ca' Corner, por ejemplo, que tiene oficinas municipales,

tiene paline pintados de azul con unos escudos en amarillo, que son efectivamente los colores de la familia. El problema es que los palacios han cambiado tanto de propietario que el significado de los colores haya sido confinado al olvido.

Y precisamente por eso, son invisibles y hasta que yo no he visto en Twitter que se referían a ellos no los he buscado en mis fotos.

Estos palos, o paline, significan literalmente palos de la familia (casada, abreviado ca', es familia o linaje); es decir, son los palos que hay delante de las ca' (para diferenciarlos de las bricole que sirven para marcar caminos por la laguna)

Y encima de todo, los camini, las chimeneas que son tan características de Venecia. Este tipo de chimenea, con un tubo y un cono truncado encima, y unas pequeñas almenas en la base de la copa, son muy características de Venecia. Saber hacerlas era una de las habilidades básicas que se les exigía a los mureri, los albañiles; a este estilo se le llamaba camin con la napa francesca, o chimenea con la campana francesa. Esta "campana invertida" se usaba para proteger a la ciudad y sus tejados de chispas; así la chimenea tenía tiro y el aire se las llevaba lejos o a algún sitio húmedo, lo que se encontrara antes. Estas chimeneas se ven perfectamente encima de Ca' Dario, del palacio Salviati y de casi todos los palacios por ese lado. No se verá desde el puente de la Accademia, pero si en casi todos los canales: la conducción de la chimenea irá, en parte, por el exterior, y en algunos casos tendrá forma de campana cuando se acerque a la base; campana por arriba campana por abajo.

Pero estas campanas, lejos de ser simplemente estéticas, son una solución interesante: el interior de la campana está hueco, y el humo sale por los bordes; la parte alta de la copa está tapada y las chispas, al chocar con las paredes, se enfriaban y llegaban extinguidas a la salida de la misma. Ya no eran ningún peligro y, de hecho, los incendios en la edad moderna no fueron tan comunes como en la Edad Media.

En todo caso, parece haber muchas más chimeneas que las estrictamente necesarias; ¿no? Por muy palacio que sea, media docena de chimeneas parecen muchas. Ca'Dario tiene 4 o cinco, dos de ellas con los fustes y las campanas juntas. ¿Por qué? Supongo que también ayudarían con la ventilación; en caso de que no estuviera encendido el hogar, airear esas casas sin espacio para patios permitiría evitar humedades y enmohecimientos.

Estas chimeneas están por todos lados, igual que las altanas; a partir de ahora, ve fijándote y las verás, con sus diferentes formas, tridente, o pirámide invertida, o simples chimeneas. Incluso a veces son agujas (guglie) u obeliscos; por ejemplo, en el mismo Gran Canal está el palazzo Papadopoli, un poco más cerca de Rialto, con dos obeliscos encima de la portada. Este tipo de chimeneas ad obelisco se empezaron a construir en el siglo XVI y tuvieron cierta popularidad, hasta el punto que palacios de grandes familias, como los Mocenigo, empezaron a usarlos. Eso hizo pensar y escribir a alguien (y así lo pensaba yo al principio), que se trataba de marcar la presencia capitanes generales en la familia; cualquier familia linajuda tenía alguno. Pero no: muchos palacios eran de comerciantes sin un solo militar en la familia, y al final se trataba de algo puramente funcional: la forma permite dispersar mejor las cenizas. El problema es que su forma en punta acabó atrayendo a los pararrayos; por eso en muchos casos las eliminaron y en otros recibieron una bola con una punta metálica para actuar como pararrayos y dispersar la fuerza de los mismos.

También es un buen sitio para contemplar la arquitectura de los palacios.

> Vamos a dejar de llamarlos palazzi, porque sólo el del dogo y el del patriarca lo son. Lo dejamos en castellano, porque llamarlas casa o case tampoco deja claro a lo que nos estamos refiriendo.

No hay mucha diferencia entre ellos; la ornamentación sí, y el aspecto externo; internamente, la estructura y los cimientos son muy parecidos: los cimientos son troncos de árbol hincados en el suelo de la laguna, y a partir de ahí hay cuatro pisos, y a veces ático. El piso bajo se divide en dos niveles, el piso a nivel de suelo y el mezzà o entresuelo; hay dos plantas "nobles", y luego una tercera planta (que a veces se usaba como almacén, sobre todo si eran productos que podían ser sensibles a la humedad) y un ático.

En sentido perpendicular a la fachada, cuatro paredes actuaban como muros de carga, y estaban espaciadas más o menos regularmente; el espacio entre las dos paredes centrales se llama portego, y por eso los pasajes se vienen llamando sotoportego, de sotto, que significa "por debajo", porque iban justamente por debajo de estas estancias centrales.

Esto se ve más o menos en los palacios que están más a mano: Ca' Dario, por ejemplo, tiene tres vanos al nivel más bajo: uno al nivel de la laguna, otros más altos. Las ventanas redondas pueden perfectamente abrirse al mezzà. Las otras plantas no son simétricas, tienen rosetones a la derecha, ventanas a la izquierda, por lo que cabe pensar que los muros están a ambos lados de la puerta principal, y de los porteros o pasillos en las otras plantas; la tercera planta tiene un rosetón en forma de círculo pequeño con otros cuatro círculos alrededor. No tiene ático, pero si una altana, apenas visible en la parte de atrás.

Este está recubierto de piedra de Istria, pero esta se usaba sólo en forma de placas sobre la fachada, no como material de construcción. El palacio de al lado, Ca' Bárbaro Wolkoff, muestra como están realmente construidos los palacios: de ladrillo. Una elección, aparte de económica, estructuralmente hábil: estos edificios tienen que adaptarse a los cambios que haya en los troncos que forman su base, y los ladrillos hacen que la forma del palacio pueda adaptarse a esos mínimos cambios. Por supuesto, llega un momento que los cambios son tan gordos que el palacio se derrumba, pero en general este tipo de construcción soporta mejor este entorno que uno hecho con hormigón armado o piedra. Por eso están ahí, y por eso podemos verlos. Por lo menos desde fuera.

Si miras un poco Ca' Dario, verás que está inclinado.

> O mucho; yo no me he dado cuenta hasta que no lo he visto en un artículo de Google Arts & Culture. De hecho, se ve mejor si miras desde San Vio o desde el canal que lo separa del palacio al lado.

Pero lo importante es que no ha colapsado sobre sí mismo, sino que se ha inclinado grácil mente hacia un lado; el ladrillo es también ligero, lo que ha hecho que el centro de gravedad no caiga fuera de la base y por tanto se acabe cayendo.

También "lo importante" puede ser que se ha inclinado porque, en vez de tener la base clásica de troncos, se ha construido nada menos que sobre un cementerio templario. Lo que explicaría la maldición, por supuesto.

A cualquiera de los dos lados del puente puedes mirar, y piensa si destaca alguno de los palacios. Puede que algún detalle, o alguno se ajusta más a tu gusto, porque te va el barroco (sí, picarón, reconócelo, que siempre has sido tú mucho de barroco) o el gótico (desde que estabas en el instituto y te pintabas de negro las uñas). Pero todos los palacios tienen el mismo tamaño, las mismas plantas, la misma fachada, y como hemos visto, la misma arquitectura. En Florencia veremos los palacios que pertenecieron a los Pitti o a los Medici, y en Ferrara el castillo de los Este. Pero aquí, dentro de la nobleza, es difícil decir cuál sobresalía sobre las demás; si bien familias como los Morosini o los Contarini dieron montones de funcionarios y dogos a la república, no se puede identificar un palacio de estas familias al primer vistazo. Muchos, incluso, como los Dandolo, tuvieron que vender sus palacios. El dogo, al fin y al cabo, era el primero entre los pares, e incluso, como tenían que poner parte de su fortuna personal para apoyar las empresas de la República, servía como un reparto de riqueza entre la nobleza. Igualdad que, por supuesto, no se extendía a los popolani, que, por otro lado, gracias a la pujanza de la república, y al nivel de educación y especialización laboral, y derechos laborales, eran bastante más iguales entre sí que el pueblo en cualquier otra ciudad estado italiano o, para el caso, del resto de Europa.

Si lo juzgamos con el prisma de hoy en día, o de hace cien años, es difícil ponerle el calificativo de "democrática". Y de hecho, a partir del siglo XVII se convirtió progresivamente en un régimen cada vez más autocrático; pero si comparamos la Venecia del siglo XV con la España (y la Granada nazarí que todavía existía), o la Inglaterra, o la Suecia, sí es cierto que Venecia era mucho más igualitaria y que, de hecho, eso la mantuvo a flote durante muchos años, con un pueblo que estaba dispuesto a remar en sus galeras o batirse el cobre contra otomanos y uscoques a mayor gloria de la República.

Cruzando el puente de la Accademia llegamos, no surprise, a la Accademia, o más en concreto a la Gallerie dell'Accademia di Venezia, es decir, las galerías de la Academia. Igual que en Florencia, lo que fue originalmente una academia para artistas, donde se reunían pinturas y esculturas que servían para ilustrar algún concepto o simplemente para, copiándolas, empezar a adentrarse en los vericuetos del arte, es ahora un museo, exactamente igual que el de Florencia.

> Pero este no lo he visitado cuando estoy escribiendo esta parte. Al paso que voy lo visitaré antes de acabar el libro, así que tendré que fiarme de la Wikipedia para escribir esta parte.

A diferencia de la institución y museo florentino, que realmente precedió al Renacimiento y fue usado por los artistas que surgieron en el mismo, esta Accademia es de mediados del siglo XVIII, cuando ya Venecia le veía las orejas al lobo y se dio cuenta que o amarraba algún tipo de fuente de ingresos alternativa al comercio, y por supuesto el turismo, o tenía poco futuro. El futuro alcanzó a Venecia antes de lo previsto, y por tanto una academia de Bellas Artes como fuente de ingresos tampoco acababa de tener una razón de ser: realmente sólo sirvió como tal unos cuantos años más, ejerciendo como museo prácticamente durante toda su existencia. Como tal museo empezó exponiendo las obras que se habían adquirido para, efectivamente, servir de ejemplo; continuó con las que se fueron adquiriendo por la desamortización (es decir, la supresión de las propiedades religiosas) llevada a cabo por el napoleónico Reino Italiano y otros embargos y recogidas de la ocupación austriaca, y, eventualmente, del estado italiano.

Por eso, el museo incluye una serie de pinturas que sólo podrían haber sucedido, en el momento que se realizaron, en Venecia. En la historia del arte se dice que durante el florecimiento del arte que se vino en llamar Renacimiento, Florencia dominaba la forma, mientras que Venecia dominaba el color. Y había una razón para ello. Los pigmentos que se usaban para crear las pinturas al óleo estaban entre los muchos productos con los que Venecia mercadeaba, y eran mucho más baratos que en otros lugares. El azul real, el rojo divino, y otros muchos colores que se usaban con frugalidad y, por tanto, con un significado simbólico muy estricto, en Venecia se usaban con generosidad e incluso un punto de derroche.

El azul real, por ejemplo, se extraía de la piedra semipreciosa llamada lapis lazuli o lapislázuli; por eso, sólo se usaba para la representación de la Virgen; lo comenzaron a importar los egipcios, que pensaban que contenía "el alma de los dioses", desde Afganistán. No hay museo con objetos egipcios donde no encuentres múltiples amuletos y estatuillas esculpidas en esta piedra. De allí pasó a Bizancio y a Venecia; tanto se usaba en la Virgen que llegó a llamarse "azul mariano". En Venecia es donde primero vemos el uso de este color en Europa occidental; de ahí se vende al resto de la península. Los azules reales o marianos que se usaron durante el Trecento (por Giotto, por ejemplo) o Quattrocento (por Botticelli), habían sido importados de esta manera. Diferentes tonos tenían diferente precio: el "ultramarino" usaba lapislázuli y por tanto era el más caro; otros azules usaban simplemente azurita, un mineral bastante más barato.

> Entre otros pintores famosos, Vermeer usa extensivamente este carísimo pigmento, seguramente comprado a mercaderes venecianos que lo traerían de Afganistán en una muda y lo llevarían en otra a Brujas o Amberes, donde se encontraban los extremos de estas expediciones comerciales..

El rojo se usó para Jesucristo aunque, al principio, usaba rosa; su significado está tan relacionado con la majestad como con el fuego del infierno. Si el significado es complejo, el precio tampoco le andaba a la zaga al azul, o al dorado, para el que se usaba directamente pan de oro. Para aquel, el pigmento que se usaba se conocía como "rojo chino", se importaba de India y era muy venenoso; a partir del siglo XIV se empezó a producir de forma sintética. ¿Qué pasaba en Venecia? El rojo era uno de los productos que se producía localmente: en una cantera muy cerca había arcilla roja que, seca, constituía la base de este pigmento, que se vino en llamar más adelante "rojo veneciano". La cantera existe todavía, y el rojo veneciano se ha usado desde el Renacimiento hasta los impresionistas: Matisse tiene un "Interior en rojo veneciano" pleno de este color. El rojo oscuro, casi óxido, sale del óxido férrico, que suele ser un componente habitual de las arcillas.

> Como tal, era bastante barato, hasta el punto que las "casacas rojas" del ejército británico lo adoptó para su uniformidad.

En estos colores es, entre otras cosas, en lo que tenemos que fijarnos en la Accademia.

Para el caso, en cualquier otro museo con obras desde el Renacimiento también. Solo que aquí son producto local.

Vasari, en su "Vida de artistas", sólo metió a uno veneciano, Tiziano, y en la segunda edición. Date un garbeo por la Accademia de Florencia, y luego por aquí, y ya me dices, o mejor, sólo por aquí, porque en la de Florencia, fuera del David de Michelangelo, tampoco hay mucho que ver entre tablas góticas y esculturas románicas.

Una hora de cola para entrar a la Accademia de Florencia para ver una escultura que soy incapaz de distinguir de la copia, y que además está fuera de contexto, lejos del lugar para el cual fue creada, delante del Palazzo della Signoria, con el rostro vuelto hacia el río, desde donde provenían los Goliats, los colosos a los que hacía frente la "pequeña" Florencia.

Estas Gallerie no están entre las mayores atracciones del lugar, y es más probable que te encuentres multitudes en museos de menos entidad pero más céntricos, como el Correr, que aquí. Yo lo visité un domingo de diciembre; era el primer domingo de mes y la entrada era gratuita. Aún así, no había ninguna cola y tampoco había que ir esperando que se dispersaran las multitudes para disfrutar de las grandes obras que aquí hay.

Aquí puedes ver, por ejemplo, la "Cena en la casa de Levi" de Veronese. A Veronese le encargaron una última cena, con Cristo y los apóstoles y Judas con cara de malo y todo eso. Y fue y pintó algo que parece una boda de provincias, con un montón de peña dando vueltas por ahí, y escenas chuscas que poco tenían que ver con la divinidad. Así que dijeron que de Santa Cena nada, que el encargo se cancelaba, y que se buscara la vida. Así que se quedó en una cena en casa de una persona de nombre judío.

En el resto de las salas, encontrarás muchos ejemplos de arte religioso, pero pocos de desnudos hasta que llegamos a Canova. Y eso que la era del desnudo en la pintura sin tema mitológico la inició el propio Giorgione aquí expuesto, así que habría venido bastante a cuento una sala dedicado a ello.

Más sobre Giorgione más adelante. Un poco de paciencia.

Al pintar a una mujer desnuda en un campo y salirse con la suya, se vino arriba y en la llamada "Venus de Dresde" o "Venus dormida", que ni siquiera le dio tiempo a acabar y fue por eso finiquitada por Tiziano, usa excusas y atributos mitológicos para, simplemente, pintar una mujer desnuda en el campo. El color, la forma, el motivo, hizo que este cuadro inspirara todo un género de pinturas que siguió con la Venus de Urbino, de Tiziano; una vez más, al terminar esta se ve que le pilló el gusto y fue capaz de hacer un desnudo, de postura y tema muy similar, para los duques de Este, en Ferrara. De ahí a la de Velázquez, Manet... toda una estirpe de Venus que comenzaron con este mismo Giorgione, y que salvo una "Venus y Adonis", será complicado que veas en estas galerías.

Pero el arte de Venecia es el arte del mundo y cuando veas cualquiera de ellas sabrás que en su origen hay góndolas... Y la Accademia. Uno de los pósters que hay en mi casa es de "Il bacio" ("El beso"), de Francisco Hayez. Lo compró mi mujer en el 93, en la tienda de la pinacoteca de Brera. Un cuadro que llama la atención, por la torsión de las figuras, tan clásica, y también por su intensidad y su color. Pues bien, a pesar de su apellido, Francesco Hayez nació en Venecia, en Murano en concreto, y desarrolló parte de su labor allí, habiendo estudiado con diferentes pintores venecianos y en la Academia de Bellas Artes, predecesora de esta galería. Así que, por supuesto, podemos ver el cuadro que entregó como evaluación para su cuarto año de residencia en Roma a la academia, "Rinaldo y Armida", un cuadro neoclásico, de tema mitológico, pero que engancha muy bien con la tradición de Venus venecianas y de los paisajes de Tiziano en el renacimiento. Está en la sala 11, y merece la pena pararse allí, aunque sea unos minutos. En la misma sala hay varios cuadros más del mismo: "La destrucción del templo de Jerusalén" se pintó cincuenta años más tarde, y es también espectacular.

> Dentro del romanticismo, la figura del dogo caído, Marin Faliero, también llamó la atención de Hayez. Este cuadro está en la pinacoteca de Brera y, según la web de las gallerie, formaría junto con el cuadro anterior el testamento espiritual de Hayez.

Ahora, que las esculturas de Canova son también maravillosas. Muy clásicas, y seguramente las conocerás del Louvre (o no), pero Canova es una persona muy veneciana, que planificó en parte la tumba de Tiziano que se puede ver en algún otro lugar en Venecia. Muy triangular, eso sí. Se ve que le gustaban los triángulos.

Y claro, tienes que ver a Canaletto. Qué mejor sitio donde verlo.

> Bueno, también Londres es buen sitio, y también hay muchos cuadros suyos con Londres como objeto. De hecho, hay muchos cuadros suyos repartido en museos de primera y de segunda por todo el mundo. En España, en el Thyssen, por ejemplo.

Y es el mejor sitio porque puedes sacar una foto del cuadro y directamente darte un paseo por Venecia y ver desde dónde se ha "tirado" y lo poco que ha cambiado; también como Canaletto sabe captar el ambiente y la luz y el color y la atmósfera y la gente. Por ejemplo, puedes salir de las Gallerie e ir, muy cerca, a Campo San Viò y encontrar una perspectiva muy parecida a la del cuadro; esté está aparentemente "tirado" desde una de las ventanas al lado del rio a la izquierda del campo; pero el objeto de la foto y casi el color del Gran Canal, serán parecidísimos. En general, todo. Las vedute, en general, se hacían buscando la precisión. Un sobrino de este Canaletto, al que también se llamaba en ocasiones Canaletto "El Joven", de nombre Bernardo Bellotto, dibujaba vedute tan precisas que, de las que hizo de Dresde, se crearon los planos que usaron para reconstruir la ciudad tras quedar arrasada por los bombardeos aliados en la segunda guerra mundial. Las de Varsovia, donde murió, también se aprovecharon para la reconstrucción. Bellotto fue un estudiante bastante aprovechado de su maestro, y también tío. No solo viajó por el resto de Europa; también pintó en Venecia. Su "Il rio dei Mendicanti e la Scuola di San Marco" está expuesta en la galería, junto con las pinturas de su tío.

Hay varios cuadros de Canaletto; normal, cuando el artista pintó cientos de cuadros a lo largo de la historia. Pero sólo hay una veduta, que fue por lo que se hizo famoso, en este museo; verás más en el Thyssen-Bornemisza de este estilo. Las vedutas, recordemos, eran paisajes urbanos, creados del natural a partir de los "ojos mágicos" que se empezaron a usar en aquella época. También un invento veneciano, pero tampoco uno que pueda ir al capítulo respectivo, porque tampoco es que vayamos todos los días usando vedute ni tenemos ni idea de lo que son.

Yo tenía un póster de Canaletto comprado en el Thyssen, precisamente, y no tenía ni idea de que era una veduta, ni que tenía el póster, de hecho; llevaba en mi pasillo expuesto desde que nos mudamos y no me llamó la atención hasta que no lo cambiamos de sitio.

Esta veduta es la "Prospettiva con portico", y está en las galerías sólo porque Canaletto lo donó cuando lo admitieron en la Accademia, en 1763. Tampoco es una veduta típica; estas suelen incluir perspectivas más amplias, y sobre todo sitios reales. Aunque el soportal rococó está inspirado en el Ca' d'Oro, realmente no existe. Es decir, es ciencia ficción, o pintura-ficción, o incluso arquitectura ficción. En historia del Arte hay un término para este género: capriccio, que aunque parece capricho no lo es, sino que viene de capretto y se refiere al movimiento, bueno, caprichoso, de una cabrito. O sea, como encabritarse, vamos.

El resto de las pinturas de Canaletto que podemos ver en las Gallerie son del mismo género. Aunque no lo inventó él, fue uno de los pintores más prolíficos del mismo, junto con Piranesi; no hay ninguna pintura en estas galerías de este último, pero sí de Marieschi, un "Capriccio con edificio gótico y obelisco", pinturas donde se agrupan ruinas, monumentos, edificios, y gente; en esta pintura aparece, en el fondo desvaído, un promontorio construido en una isla que podría ser Desembarco del Rey. Estos tipos de pinturas claramente inspiraron al clásico entre los friquis Escher, que también recibió inspiración del propio Piranesi, aunque de otro género de capricci, las "cárceles". Puede que a través del propio Escher, o directamente, influyeron también en el cómic y en la ciencia ficción, sobre todo la postapocalíptica. Realmente son interesantes porque reflejan aspiraciones de los autores y de la época, pero sobre todo porque se escapan del canon pictórico que dice que las pinturas tienen que mostrar la realidad.

> Venecia no fue capaz de ofrecerle alternativas laborales a Piranesi, que tras nacer y formarse en parte en la ciudad, marchó a la Ciudad Eterna, Roma, donde llevó a cabo toda su producción, principalmente grabados, pero también

esculturas. Eso explica que no se guarden en las Gallerie ningún original suyo, aunque durante la pandemia hubo una exposición de la fundación Giorgio Cini que proyectaba grabados de Piranesi sobre las paredes de una ciudad totalmente confinada.

Sin embargo, si hay una pintura que no puedes perderte, es "La Tempestad" de Giorgione. Por varias razones, aparte de por considerarse el primer paisaje de la pintura occidental. Giorgione no es como Canaletto o Van Gogh, con pinturas innumerables repartidas por todos los museos de todos los continentes. Fue un pintor que murió joven, con unos treinta años, a principios del siglo XVI. Y se le atribuyen de forma fehaciente sólo seis pinturas; mirando "La Tempestad" estarás mirando la sexta parte de su producción conocida.

De hecho, cuatro de esas seis pinturas están en las Gallerie, así que aprovecha. Hay varias decenas que se le atribuyen, pero sin ninguna certeza; también alguna que hizo en colaboración con Tiziano, como la "Venus dormida", que, sin embargo, no está en este museo.

Puedes estar horas mirando esta pintura, y no acabarás de entenderla; hay una mujer desnuda amamantando a un niño, un hombre con un traje que puede ser de bufón, de carnaval o de soldado. Y un paisaje que late y acecha, con rayos, nubes negras, que parece totalmente desvinculado de las figuras y que, sin embargo, se cierne sobre ellas y ciertamente las acabará afectando.

Giorgione fue uno de los primeros pintores manieristas, y posiblemente se formó en el círculo de Catarina Cornaro (una veneciana que llegó a reina de Chipre, y de la que hablamos en su lugar). Puede que aprendiera de Leonardo da Vinci cómo pintar paisajes, o puede que fuera al revés. En cualquier caso, estarás enfrente de una obra maestra. Y si a continuación te acercas a ver "La vieja", del mismo autor, o "El concierto", estarás viendo la mayoría de sus obras. El realismo de "La vieja" te fascinará. O te espantará, pero no te dejará indiferente.

Como las estrellas de otro arte, el rock, Giorgione muere joven, durante una epidemia de peste, posiblemente en el Lazaretto Nuovo, donde sería aislado junto con sus pertenencias al percibirse los síntomas de su enfermedad. Dejaría algunos cuadros sin terminar, cuadros que fueron retomados por Tiziano, que era entonces su aprendiz. Aprendiz que superaría al maestro en muchas cosas, lo que no quita que Giorgione sea pionero tanto en los paisajes, como en la pintura manierista, como en el inicio de la serie de desnudos femeninos tumbados o dormidos, que tantos ejemplo ha dado a la historia del arte y que tanto ha inspirado a generaciones de pintores.

"La Tempestad" es un cuadro pequeño, que no suscita multitudes; en general, se puede visitar las galerías con tranquilidad, incluso asomándonos al patio, que muestra la arquitectura armoniosa de Palladio, con los órdenes arquitectónicos en la sucesión correcta (jónico sobre dórico sobre corintio) y las proporciones de las alturas de los pisos también.

> Algunos arquitectos venecianos parecían hacer todo lo posible por contradecir a Palladio: tanto el palacio ducal como algunas iglesias barrocas, las de San Moisè por ejemplo, trataron de poner las proporciones que buenamente les apetecieron.

También hay cuadros de pintores venecianos menos conocidos, y que por lo mismo podrás contemplar con tranquilidad. Guardi, por ejemplo, es un pintor que, hasta que lo he visto hoy en el museo Gulbenkian, no me había llamado nada la atención, y eso que lo mencionan casi siempre en la misma frase que Canaletto. Evidentemente, detrás: Canaletto consigue con el color lo que Guardi no acaba de lograr. Sin embargo, Guardi estudió con un pintor que también era arquitecto. Y eso tiene que aparecer por algún lado.

Y, en concreto, apareció en el Gulbenkian. Pero dejemos Lisboa y volvamos a la Accademia, que tiene mejores piezas de Guardi y en más cantidad, quizás por no ser tan cotizado, que de Canaletto. Guardi se concentraba más, aparentemente, en la pompa y el boato del dogado que en cualquier tipo de escena popular.

Con estas pinturas del XVIII cada vez nos acercamos más a divisionismo, los machiaioli y a los impresionistas, que no son de aquí. Ni los otros. Así que no vamos a encontrar ninguna pintura de estos géneros, ni de finales del XIX. Pero igual tienes suerte y puedes ver "Nebbia in Piazza San Marco", de Coffi; un pintor del romanticismo que normalmente no está expuesto, pero que muestra en esa pintura todo el drama de la oscuridad, la niebla, las luces... Y la Piazza de San Marco, donde empezamos nosotros y, para el caso, toda Venecia.

> La niebla tiene nombre propio en Venecia. Con ella no se puede navegar por las zonas más abiertas, como el canal de la Giudecca, y los vaporetti lo hacen por el Gran Canal; fue lo que nos ocurrió en el segundo viaje, en el cual tuvimos la oportunidad inesperada de contemplar todos los palacios que allí había mejor que desde el semisótano del Alilaguna, aparte de lanchas fúnebres y repartidores mañaneros. Como no se puede navegar, los gondoleros o pescadores tenían, en su tiempo, que amarrarse en el puerto: "Qui me lego", de donde viene una denominación actual en veneciano,: caìgo, y la expresión perderse par el caìgo (o caìigo), usada como excusa para llegar tarde.

El edificio en si, como casi todos en Venecia, también tiene su interés: está en Santa Maria della Carità, un complejo de convento e iglesia, que en parte está diseñado por Palladio, la persona que prácticamente trajo el Renacimiento a la arquitectura a través de sus "Cuatro libros de arquitectura". El claustro es la única parte que queda diseñada por él, con un estilo bastante libre típico de su última etapa. El resto de la iglesia se comenzó en el siglo XII, pero la orden que lo habitaba, los lateranenses, fue disuelta en el siglo XVIII, así que se la quedó el estado, que eventualmente dedicó el edificio a la Accademia. Los ríos que la rodeaban en aquella época han sido enterrados, o sea, son rii terà. Así se ve en los nombres de las calles que la rodean.

Estas pinturas forman parte de lo que la ciudad ha legado a la Humanidad. El gran tour del pintor también incluía Roma y Venecia, y grandes pintores han pasado por ahí, llevando la imagen de Venecia a galerías de arte grandes y pequeñas de todos los continentes. Incluso en museos relativamente pequeños y centrados en artistas locales como Tartmus, el museo de arte de Tartu en Estonia, se muestra una pintura del artista local Abo Vabbe que representa Venecia. Los viajes de este y de otros artistas fueron iniciáticos, por el paisaje, la luz y el color de la ciudad. Abo Vabbe, de camino, llegó en plena efervescencia del futurismo, y se contagió de su virus, teniendo obras realmente futuristas. El que fuera a la Venecia pasadista para más tarde (o durante, o antes) contagiarse del virus futurista es otra de las contradicciones que genera esta ciudad.

No podemos dejar de visitar la sala de Canova, que es la perfección del clasicismo en la escultura. Es de las últimas salas que se visita, justo antes de una escalera de caracol que habla del esmero arquitectónico del lugar.

> Otra cosa que hace que merezca la pena visitarla, incluso por encima de las galerías Uffizi, mucho más solicitadas y repletas de gente.

El complejo también comprende la que era la Scuola Grande della Carità, que era precisamente una de las más antiguas, habiendo sido fundada en el siglo XII y de hecho la primera que recibió el nombre de "Grande". Las "Grande scuole" eran una especie de instituciones de educación superior, que llevaban desde bellas artes hasta las ciencias, pasando por la música y la formación profesional de todo tipo. Pero no sólo eran instituciones de enseñanza, también aplicaban, en algunos casos, reglas profesionales, y ayudaban a los ¿asociados? ¿cofrades? En realidad se parecían más a una cofradía o gremio, o a una mezcla de los dos, ya que siempre tenían a algún santo de protector y lo llevaban en profesión en fechas señaladas.

Siendo esto Venecia, estos gremios también se dedicaban a invertir el dinero de sus cofrades para posteriormente repartir los beneficios en obras de caridad; esta Scuola, en concreto, llegó a construir esta sede y a adquirir algunas obras, que ahora están expuestas en las galerías. Se ve que originalmente estas Scuole no tenían ningún objetivo concreto, sino que eran de propósito general. En este edificio, por ejemplo, hubo un hospicio. De dónde sacaron tanto dinero es un misterio, pero tratándose de la época es muy probable que los cofrades se dedicaran al tráfico de esclavos y por eso haya sido borrado de las crónicas. De hecho, lo que he encontrado es justamente lo contrario: la Scuola se fundó con el objetivo de liberar a esclavos cristianos de los otomanos, y por eso su santo patrón era san Leonardo, que es patrón de los cautivos y esclavos. Sin embargo, en el mismo siglo XIII en que se fundó Venecia no era precisamente un ejemplo de bondad con la especie humana, así que habría que ver exactamente cómo se desarrolló todo realmente.

Pero la más grande de todas las grandes, la Scuola de San Marco, en realidad se parece a lo que en Francia se llamaron, mucho más adelante, Grand Ècoles, o grandes escuelas. Dos de ellas, la Ècole Nationale d'Administration, o ENA, dio lugar a toda una estirpe de alumni llamados "enarcas", que iban a formar parte de la élite de la política y la administración desde principios del siglo XIX.

> O cuando fuera, yo hablo de memoria, pero eso tuvo que hacerlo Napoleón, fijo. Como no me fío de la memoria, resulta que se creó después de la segunda Guerra Mundial. Así que es poco probable la inspiración veneciana, pasada por Napoleón. Además, desapareció en el 2021.

Pues bien, lo estáis viendo venir, ese concepto ¡lo inventó Venecia! A mediados del siglo XIV el estado invitó a unos cuantos profesores de universidades conocidas, como Padua, a impartir el "currículum humanista" en la Escuela de San Marco. A ella acudieron funcionarios de bajo nivel para intentar elevarlo, dentro de lo posible. Se trataba de una formación interna más que otra cosa, pero con ello se creó la primera escuela estatal, que acompañó a las diferentes iniciativas privadas (más o menos un menda que daba clase a los hijos de los nobles) y las eclesiásticas, sobre todo enfocadas a la formación religiosa. Y a los aprendizajes profesionales en los diferentes gremios, claro.

> La Scuola de San Marco es un edificio renacentista que, junto con San Zanipolo y la estatua del Condottiero Colleoni, merece la pena visitar. Lo menciono aquí porque queda fuera de los paseos de este libro.

¿Otra novedad de estas escuelas? Las lecciones eran en veneciano, no en latín. Se trataba de que aprendieran cosas, no que aprendieran otro lenguaje. En esta escuela aprendían poesía, oratoria e historia. Además, abrió otra escuela, la Scuola de Rialto, en la primera década del siglo XV. En esta escuela se enseñaba filosofía y lógica. Esta escuela venía a ser como una enseñanza universitaria o pre-universitario: para graduarse, había que ir posteriormente a la Universidad de Padua; una vez graduados, ya podían ocupar un puesto en el gobierno de la ciudad. Se buscaba la estabilidad, y con funcionarios profesionales, procedentes de las familias patricias, con formación para entender lo que se traían entre manos, se garantizaban esta estabilidad. Un gobierno no dura mil años sin una clase funcionarial que continúe las tradiciones de las generaciones anteriores.

Entre los profesores privados, por cierto, ya se enseñaba abacco o ábaco, matemática "comercial". Porque por amor al comercio se fue expandiendo la república. Así empezó Luca Pacioli, aprendiendo aritmética de un tal Domenico Bragadino, y trabajando con alguien llamado Rompiasi. Muchos maestros ejercían esta profesión a domicilio o en locales propios, cobrando por sus servicios. Siendo la ciudad del comercio, muchas personas iban allí a aprender de esta forma. En el caso de las mujeres, no quedaba otro remedio: no se les admitía ni en las universidades ni en las escuelas públicas; o se metían a monjas y aprendían... algo, o iban a alguno de estos profesores particulares. De hecho, muchas escritoras en el siglo XV y XVI aprendieron así y acabaron siendo notables en la lengua véneta o en italiano. Isotta Nogarola, que se convertiría en la humanista más importante del renacimiento italiano, Cassandra Fedele y Laura Cereta fueron todas escritoras de cierta fama en Italiano; otras como Veronica Franco escribieron, sin embargo, en véneto.

Ábaco que se ha seguido enseñando durante siglos, y que se sigue usando en muchos lugares; prácticamente antes de ayer vi yo en Japón tenderos calculando usándolo. En realidad tiene origen oriental, pero su enseñanza como método de cálculo rápido siguió usándose en Europa durante muchos años. En el castillo de Kuressaare se muestra un ábaco, por ejemplo, usado en las escuelas de Estonia entre el siglo XIX y XX. Yo lo he visto también como juguete de niño; en las máquinas de futbolín se usaban también para contar los goles. Lo que se introduce como una tecnología para calcular más rápido, acaba como método de registrar goles o como juguete de niño. Nunca desaparece del todo; pero donde empezó en Occidente fue en Venecia.

Desgraciadamente, su conocimiento y su nivel intelectual no le acarreó ningún éxito, ni siquiera respeto. La misma Venecia en cuyas universidades adquirió el conocimiento recibió denuncias anónimas que la difamaban y, para preservar su seguridad y una cierta paz mental, tuvo que huir de Venecia en 1441, volviendo a Verona (que era una colonia veneciana en aquella época). Todavía tuvo tiempo de publicar su obra principal, una disquisición sobre la imposibilidad lógica de que Eva, representando a la mujer, sea a la vez débil y más culpable del pecado original que el hombre. En esas elucubraciones andaban los humanistas del siglo XV, qué se le va a hacer.

> Como prácticamente todas las mujeres mencionadas hasta ahora (y en los capítulos que quedan por leer, con la excepción quizá de Artemisia Gentileschi), yo no sabía absolutamente nada de esta mujer y su aportación al humanismo renacentista. Una pena, y la Wikipedia italiana, por alguna razón que me sospecho, es bastante menos prolija en la biografía de estas mujeres que la inglesa o incluso la española. No me voy a extender sobre el resto de las mujeres mencionadas, porque me barrunto que siguieron un sino similar, a la vez producto de la excelencia del sistema educativo veneciano y víctimas de la cerrazón mental de las figuras religiosas de aquella época. Animo al lector, sin embargo, a que lo haga y escriba extensamente sobre ellas.

En una de estas escuelas, la de Santa Úrsula, comenzó Vittorio Carpaccio.

> Sí, Carpaccio como la carne cruda. O al revés. Mira el capítulo de Inventos para conocer la historia completa.

Carpaccio estuvo activo a finales del siglo XV y principios del XVI, y aunque fue bastante prolífico, la mayoría de sus pinturas tienen asuntos relativamente oscuros y relacionados con las scuole que se lo habían encargado. Por ejemplo, en esa escuela una serie de nueve cuadros contaba la historia de Santa Úrsula. La intención era, claro, que contemplando los cuadros, como en una serie, la gente entendiera una historia. Los cuadros, por tanto, son muy narrativos, cuentan algo. Varios de estos cuadros de la serie de Santa Úrsula están aquí, en la Accademia; llenos de personajes, de pequeños detalles. Salpicados del color rojo. Como el Carpaccio.

> En el momento en que lo visité en diciembre de 2022 no se podían ver los Carpaccio, al parecer por una retrospectiva en Nueva York. Una pena.

Saliendo de las galerías (por una pequeña y coqueta tienda, donde puedes adquirir centros de mesa con el cuadro de Veronese, por ejemplo) puedes ir en dirección contraria del puente, y en un momento te plantas en la otra orilla de la isla, en Zattere o Zatàre en veneciano. Balsas fue las que usaron los venecianos en el siglo IX para derrotar a las tropas de Pippino, el emperador del Sacro Imperio etcétera etcétera. Ese mismo año, Angiello Partecipazio trasladó la sede del poder a Rivo Alto y empezó a pensar en construir el palacio de los dogos; andando por esta fondamenta, hasta la Punta, veremos ese palacio justo enfrente. Hoy en día Zattare es una versión menos concurrida de la Schiavoni; ea la única orilla de Dorsoduro donde se puede andar; por la otra ribera hay palacios que dan al Gran Canal.

También puede ser que se llamara Zattere por las balsas que traían sal, leña y otras cargas a los almacenes de la Dogana, que es la aduana que está en la punta susodicha. En todo caso, es una versión en pequeño y con menos aglomeraciones de la riva degli Schiavoni: hay heladerías, cafés tranquilos, puentecitos sin mucha historia, ¡incluso un supermercado CONAD! Aprovecha para comprar leche y galletas, que no hay muchos sitios en Venecia donde pueda hacerse eso, y mucho menos si estás por la zona de San Marco.

Si en vez de ir hacia la Punta della Dogana vas en dirección contraria, acabarás viendo cada vez menos Venecia y más edificios modernos, hasta llegar a la estación marítima, el párking e incluso la universidad. No creo que te apetezca, así que vamos en dirección contraria, hacia la Punta.

Pero también puedes mirar enfrente mientras consumes el helado posiblemente más caro que hayas adquirido nunca mientras paseas. Casi tan cerca que podrías alcanzarlo a nado (no lo hagas, está prohibido), se encuentra la isla de la Giudecca, que es otra de las que forman el núcleo central de Venecia.

> Como todas, es un conjunto de varias islas separadas por canales o rii y unidas por puentes, sin embargo, en el extremo este, la isla de San Giorgio Maggiore está claramente separada y no se puede llegar a ella a pie.

A diferencia de Murano o de Lido, esta isla es principalmente un barrio de viviendas, sin grandes palacios, infraestructuras turísticas ni grandes eventos. Es posible que el nombre venga de que efectivamente estaba habitado por la comunidad judía, pero también es posible que se llame así por otra razón totalmente diferente. Pero también puede venir de la palabra véneta zudega, que significa algo así como sentencia, porque por una sentencia se le concedió ese terreno a una serie de familias.

Donna Leon sitúa allí al cuartel de carabineros en uno de sus libros, y también a algún mafioso y a mujeres ancianas que viven en sótanos insalubres. Tan fuera de Venecia está, que cuando Michelangelo quiso pasar desapercibido en Venecia fue a alojarse allí.

Con todo y con eso, tengo pendiente visitarla, aunque sea por ver San Giorgio Maggiore, con el claustro de Palladio, e Il Redentore, diseñada por el mismo arquitecto, que no todo va a ser Sansovino. Más arquitectura renacentista que acompañe a la biblioteca Marciana.

> Palladio es el arquitecto renacentista por excelencia; examinando la arquitectura romana y griega, fue la persona que introdujo patrones en la arquitectura, diseño repetitivos que ayudan a crear formas armoniosas que acabaron definiendo la arquitectura renacentista. Vicenza, que no está muy lejos de Venecia, es donde desarrolló gran parte de su actividad, hasta el punto que es patrimonio de la Humanidad por ese hecho.

Si no quieres (o sí quieres, pero igual no tienes tiempo) poner el pie allí, siempre puedes pillarte el vaporetto que va a la estación Santa Lucía en San Zaccaria, que va precisamente por el canal de la Giudecca, y te colocar a estribor (a la izquierda, para entendernos).

> Los vaporetti 2, 4.1, 4.2, 8 y N tienen parada en la Giudecca, así que cualquiera de ellos te llevará por esa zona.

Así podrás ver un poco más de cerca las dos iglesias mencionadas anteriormente, y algún otro exponente de arquitectura contemporánea, así como un muelle de la guardia costera; que también sale, por cierto, en el mismo libro de Donna Leon, "Esclavos del deseo", posiblemente el libro con el título (y portada) más engañosos de toda la serie del comisario Brunetti.

Las calli que llevan desde aquí al palacio Venier dei Leoni son bastante solitarias y empedradas, lo que significa que únicamente verás a un veneciano o veneciana paseando el perro y a una pareja española con sus hijos buscando algo que no está claro qué es (y a nosotros, claro). Para mi, estas calles solitarias son las más interesantes, sin embargo, y hay que irse fijando en los pomos de las puertas, los porteros automáticos y la ropa tendida, para ver un poco del arte y de la cultura que no aparece en las guías.

> Muchos de los pomos serán leoni, pero también, por alguna razón, mori, bustos con turbantes y aspecto vagamente mediooriental.

Realmente no hay mucho de Venecia, aparte del continente y la fundadora en el museo Peggy Guggenheim; un museo que alberga obras del siglo XX, y que es realmente maravilloso. Si hay alguna cosa en contra de Venecia: Imperdonablemente, aloja una obra del futurista Boccioni; los futuristas odiaban Venecia y querían que fuera arrasada y convertida en estaciones de tren, hangares y yo qué sé, atracaderos para portaaviones o pistas de carreras de bicicletas. Pero Boccioni, fundador del movimiento y autor de diversos manifiestos futuristas, estudió en la Accademia en Venecia. Sólo volvió allí para soltar panfletos desde la torre del Reloj y morderle a los turistas, pero en este museo tiene una obra, "Dinamismo de un caballo a la carrera y casas".

> El 8 de julio de 1910, Marinetti y otros futuristas se subieron a la torre del Reloj en la plaza San Marco y lanzaron exactamente 800000 octavillas "contra la Venecia pasadista" (ya sabéis, pasadista, lo contrario de futurista). Después dio un discurso en el teatro de la Fenice hablando de "matar al claro de luna". Yo tampoco lo entiendo, pero se be que a alguien le sentó mal y acabaron a palos. Eran una gente un poco especial, estos futuristas. "Queremos herir y cicatrizar esta ciudad putrescente", "quemar las góndola" y otras lindezas declamaron Marinetti, Balla, Carrà y otros que tuvieron que salir por piernas en dirección a la estación de tren que tanto amaban.

El futurismo es un movimiento interesante, porque lleva aparejado todo un entramaje teórico y un nuevo lenguaje pictórico y escultórico, uno que está en muchos de nuestros bolsillos: una escultura de Boccioni está en la moneda de 20 céntimos de euro italiana; hay una probabilidad muy alta de que te la den en alguna vuelta. El mismo Balla que vimos arriba, y que además fue mentor de Boccioni, también tiene una obra en este museo: "Velocidad + sonido abstractos", una obra claramente futurista, que intentaba representar el movimiento absoluto como parte misma del objeto, y que aquí precede a los cubistas y al expresionismo abstracto. También es una obra meritoria, que no habría podido exponerse si, como estos futuristas querían, se hubiera arrasado toda la Venecia pasadista.

El palacio Venier dei Leoni, que alberga el museo, de hecho, estaba más cerca de ser arrasado que lo contrario; tiene esa apariencia de inacabado porque, efectivamente, lo está: el proyecto inicial del siglo XVIII era ambicioso y ecléctico, tratando de incluir en la fachada influencias del ya mencionado hasta la extenuación Palladio, de un tal Longhèna, que no dejaremos de ver, barroco, renacimiento... Una mezcolanza de la que quedan ventanas que dan al jardín en una fachada decididamente palladiana. Se quedaron sin dinero bastante antes de concluirlo, así que quedó como lo vemos.

El aspecto de palacio inacabado y quizás inaccesible recuerda al siguiente pintor; no sólo de futuristas anti-venecianos vive el hombre. Ahí tenemos a De Chirico, un pintor metafísico, cuyas imágenes se acercan al surrealismo; pero con una relación más cercana con Venecia. Participó en la bienal de 1948, pero no sólo eso. De Chirico pinta maniquíes y arquitecturas imposibles; pero en eso se parece a los autores de capricci como Guardi y Canaletto, que vimos en la Accademia; "La Torre Roja", una de las que se expone aquí, tiene ese aspecto de paisajes urbanos de ciudades vacías de gente y de sentimientos, con sólo una estatua de un jinete recordando la existencia del ser humano. "Nostalgia del poeta" y "Una tarde tranquila" son otro par de obras que merece la pena ver. Los colores básicos y sólidos son también muy venecianos; al final casi todos los italianos acaban bebiendo de estas fuentes.

Y también es veneciana la sucesión de Fibonacci; ya lo hemos visto en otro capítulo. La escultura de Donald Judd, sin título, que está en el pasillo que bordea el patio muestra una barra plateada sobre un conjunto de prismas dorados que muestran una progresión, tanto en las barras como en los huecos, cada uno en sentido contrario. Una bonita, y simple, escultura que parece simplemente una estantería dejada por casualidad en un pasillo, y cuya relación con la ciudad, mayor que la de la mayoría de las otras obras, queda inexplicada. Como la de la pintura de Gino Severini, "Mar=Danza"; el mar representa la sublimación del movimiento en arte, y Venecia es la sublimación del mar como fuente de riqueza para todo un pueblo. Nos olvidaremos por el momento que Severini, como futurista, quería arrasar Venecia hasta los cimientos (los troncos de roble, pues), para contemplar esa hermosa pintura.

Que, por supuesto, adquirí como un imán para el frigorífico.

Saldremos del museo por la tienda, que, por cierto, he visitado más veces que el propio museo, y torcemos a la izquierda. Muy cerca está Ca' Dario, que hemos visto desde el puente, y pasaremos por su buzón lleno de propaganda, por su dueño ausente o quizás difunto.

Seguiremos por la calle de l'Abazia; cruzamos el puente y llegamos a la Salute. A la izquierda, veremos la luz del Gran Canal, y enfrente, la obra de arte barroca por excelencia: la Salute, o basílica de Santa María de la Salute, en el campo del mismo nombre, el que se abre al canal.

La Salute es obra de Longhèna. No sé si cabe calificarla de obra maestra, porque si empezamos a usar esa denominación vamos a agotarla antes de salir de un sestiere, pero si es cierto que fue donde Longhèna pudo desarrollar todo el programa a su gusto.

Fue así porque se trata de una iglesia votiva, construida por cumplir una promesa que obispo y dogo Nicolò Contarini hicieron a la Virgen para que los librara de la peste. Peste que mató a más de ochenta mil personas en la ciudad un tercio de la población, y al propio dogo. Pero que terminó como terminan estas cosas, cuando la gente es inmune y todos los que tenían que morir murieron. Pero una promesa es una promesa, y el siguiente dogo, Francesco Erizzo, el que tiene el corazón enterrado en San Marco, el que vio el comienzo de las obras, que terminaron cincuenta años más tarde, casi al final del siglo.

La obra tiene forma de octógono, el símbolo de Stella Maris, la estrella del Mar; la Virgen, pero también Venus, que es la diosa de Venecia. A cualquiera de ellas, o a las dos, los venecianos peregrinan el día 21 de noviembre de todos los años, el día de la Presentación de la Virgen María, durante muchos años sobre un puente de barcas que se erigía sobre el gran Canal; hoy en día por los puentes habituales, que poner puentes cortaría la circulación y no está el horno para bollos. También es tradición tomar la sopa castradina, una sopa de berza y cordero salado. También se hacen unos dulces especiales para el día, y es en general una ocasión festiva. Siendo como es la estrella de los mares, lo que parece simbolizar es el amor del pueblo veneciano por el mar; un matrimonio bien entendido, y totalmente opuesto al matrimonio de los dogos; la Punta de la Dogana, al lado, se llamaba, en aquella época, Punta da Màr, así que la simbología está bastante clara para mi.

> Pero para mi solo, y esto no lo verás en ningún lado, así que como cualquier otra teoría personal que encuentres en este libro (y, para el caso, en cualquier otro) tomadla con un grano de sal o dos.

Por unas cuantas callejuelas llegaremos a un edificio con aspecto de almacén, y finalmente a la Punta della Dogana que es, efectivamente, el número uno del sestiere Dorsoduro; con su pequeña torre y su gran bola dorada en lo alto, son un buen punto de referencia para orientarse, y también bien visibles desde el sur de Castello y San Marco, y también desde el otro lado, la Giudecca.

Dogana no es la señora del Dogo, o algún dogo de sexo femenino, porque no hubo ni uno a lo largo de la historia. De hecho, a la esposa del Dogo se le llamaba dogaresa, que también es un título de una zarzuela perfectamente olvidable, escrita en 1920, y que tiene tal cantidad de tópicos que seguramente saldría de algún ejercicio de esos de "crea una zarzuela con estos elementos: amores perdidos, bufones de la corte y gobernantes perversos". Un poco como Shrek (la primera), pero con alguna máscara metida por medio.

os prometo que yo pensaba eso cuando lo leí por primera vez; significa "aduana" y aquí se encontraba la Dogana da mar, aduana del mar que se encargaba de examinar y gravar los productos que llegaban de las colonias o de cualquier otro destino comercial, de los muchos que tenía

Venecia. El edificio triangular que termina en la punta es el Palacio Grassi, que la verdad no he visitado nunca, porque las exposiciones que allí habían costaban un poco caras y, sinceramente, sólo quería entrar para ir al servicio.

Pero es interesante lo que había ahí antes que las actuales exposiciones fotográficas. ¿Qué se hacía en la aduana? Pues cosas de aduanas, claro; por cierto, la Dogana da Terra estaba cerca de Rialto, en San Polo, a diferencia de esta, era donde iban a parar los bienes que llegaban de Terraferma, es decir, el continente. Pero una actividad interesante estaba relacionada con la sal, fuente de la riqueza de Venecia en sus primeros siglos. La sal era imprescindible como conservante cuando no existía el frigorífico.

> No, los frigoríficos no los inventaron en Venecia, ni tampoco el bacalao salao, que seguro que lo inventaron los portugueses.

Los pecados y las carnes se conservaban a base de salar y secar, y los venecianos se encontraron produciendo algo que tenía mucha demanda en toda Europa, sobre todo en el interior, donde a falta de salinas sólo se podían usar las minas de sal. Pero la demanda excedió la oferta. Y eventualmente se dieron cuenta de que ese exceso de demanda no se podía cubrir con producción propia. Además, el comercio de la sal era mucho más productivo que la comercialización de la misma, así que Venecia, en su control de todo el comercio con origen y destino en ella, estableció el Magistrato da sal y también la ordo salis por la cual los barcos traían de las mute una carga de sal, que servía tanto de lastre como para importar sal de forma centralizada y responder a esa demanda.

El olfato comercial de la república pero, sobre todo, la centralización del poder y el comercio llevaron de la comercialización a la búsqueda del monopolio. Venecia, a base de manipular el mercado, monopolizando la comercialización en territorios ocupados, cerrando salinas o incluso destruyéndolas cuando había exceso de oferta, priorizando la carga de sal frente a cualquier otra mercancía en las mute, se hicieron con el comercio de la misma. Los genoveses lo intentaron, estableciendo salinas en Ibiza y en otros lugares, pero con su derrota eventual y la primacía naval en el Mediterráneo, Venecia era la sal del Mediterráneo.

En su momento álgido, entre el 30 y el 50% del tonelaje comerciado por Venecia era sal.

Mark Kurlansky, en "Salt: a world history", viene a decir que es posible que el monopolio de la sal, que ya se hacía en China, llegó a Venecia a través de los Polo. Es posible, pero conociendo como funcionaba la república, y siendo los Polo parte de la nobleza, más o menos, es relativamente plausible, aunque no muy probable. Después de ser excluida en la Serrata, la familia volvió a formar parte del patriarcado después de la guerra de Chioggia, que fue precisamente donde Marco Polo cayó preso, fue a parar a una cárcel genovesa y narró su historia, o inspiró la historia que reinventó Rustichelo. Il Milione, aunque inspiró a Colón y a Fra Mauro para su mapa, no parece que tuviera ninguna influencia real en la política comercial veneciana.

Es natural que esa sal se almacenara en los llamados saloni, unos almacenes situados adyacentes a la Dogana; como el comercio de la sal era monopolio del estado, los navíos que llegaban a pasar el control aduanero y de sal depositaban, allí mismo, su carga. De estos almacenes, sin embargo, no queda nada, igual que no queda nada del monopolio de la sal. Su declive fue parejo al del comercio de especias y de la República, en general; sin embargo, pero rodeados del Bacino de San Marco, es un buen momento para rememorar esa historia antes de volver al punto de partida.

Pero vamos a aprovechar la confusión acerca del significado de la palabra Dogana para hablar de los derechos de la mujer en Venecia, como quien aprovecha que el Pisuerga pasa por Valladolid. No hay muchas estatuas de personajes femeninos, ni mujeres metidas en la política ni en la milicia. ¿Qué derechos tenían, pues?

Pues bastantes más que el resto de las mujeres a su norte y oeste, por no mencionar el este. Para empezar, tenían la patria potestad de sus niños y derecho a elegir a sus maestros; podían tener posesiones, montar negocios y de hecho, muchas lo hicieron; por ejemplo, varias crearon cafés cuando empezaron a ponerse de moda. Todo esto bastante de acuerdo con el lema de la república, que parecía ser "por amor al comercio". Lo importante era ganar dinero; el resto tenía mucha menos importancia. Pero eso hizo que el techo de cristal estuviera un poco más alto en la república que en otros lugares. Por ejemplo, fue en Venecia donde una mujer, además veneciana, logró el primer doctorado: Elena Lucrezia Corner (o Cornaro) Piscopia, obtuvo el doctorado por la universidad de Padua, una de las más prestigiosas de esa época: en ella había enseñado, unos años antes, Galileo Galilei. Elena consiguió graduarse en teología, pero al enfrentarse la iglesia, dijeron las autoridades universitarias ni pa ti ni pa mi y le dieron un doctorado en filosofía en vez de eso. En 1678, ahí es nada. Pero no tuvo tiempo de vivir mucho más. Murió seis años más tarde, de tuberculosis.

Algo lejos de aquí y cerca del puente de Rialto, hay una placa que la recuerda, bajando desde Rialto por la riva en dirección a San Marco te la encontrarás enfrente.

Al lado de la punta de la Dogana, mientras esperas el traghetto, igual ves algo que parece una taquilla de feria, o de hecho la billetería del susodicho traghetto si no fuera porque realmente no se puede acceder a ella, ni hay ventanas abiertas ni nadie en la misma. De la página de la Wikipedia (herramienta imprescindible para todo escritor que se precie hoy en día) saqué que se trataba de la "Estación Mareográfica Punta de la Salute".

> De camino, me entero que la punta de la Dogana también se llama "de la Salud", por la cercanía a la susodicha iglesia.

Es una estación octogonal, de madera, con diferentes antenas en el techo, y unas ventanas más bien sucias que dejan adivinar más maquinaria dentro.

> La versión en la imagen que viene en la Wikipedia, que está al otro lado de la punta, es hexagonal, y sólo tiene unas ventanas altas de seis paneles; pareciera que guardan más o menos el estilo, pero cambiando la configuración específica.

No es realmente un monumento, pero sí es cierto que estas estaciones tienen cien años. También tienen su importancia, porque estas estaciones establecen el nivel Del Mar, el "cero mareográfico punta de la Salud", o ZMPS por sus iniciales en italiano.

La otra estación de medida está en Génova. Las dos últimas repúblicas marítimas compiten por establecer el nivel del mar en Italia. En esta es especialmente relevante conocerlo en tiempo real, para predecir la acqua alta que tan pintorescas escenas genera pero que tantos problemas causa para los habitantes que aquí quedan.

En todo caso, es sorprendente y muy veneciano que este artefacto tecnológico pase totalmente desapercibido y se camufle tan bien en su entorno. Que sea octogonal como la Salute es todo un detalle.

Llegado al final del recorrido, todo termina, este paseo también, y tendremos que volver a San Marco. Si te acuerdas lo que has andado, quizás no tengas ganas de desandarlo, así que vamos a aprovechar la vuelta para probar ese medio de transporte tan veneciano: la góndola. Aunque los gondoleros cantarines para parejas están fuera del presupuesto del turista medio a 100€ el viaje existen los traghetti que actúan como ferrys para pasar atravesar el canal en zonas lejanas de los puentes principales; recordemos, sólo hay 4 puentes en el Gran canal. A dos euros por persona, el gondolero no cantará ni te paseará por los canales secretos, explicándote todo el salseo de los palacios que se encuentren al paso, ni te tenderá la mano para ayudarte a montarte. Te regañará si sacas una mano de la góndola y te meterá bulla para que te subas y bajes rápido. Pero góndola es. Y como experiencia, es hasta más auténtica. Pero no saques la mano de la góndola. En serio.

Las góndolas siguen todas el mismo modelo y el mismo color, y sólo hay unas diferencias mínimas en la decoración. Se hacen en Venecia, en los llamados squeri o astilleros, tienen uno o dos gondoleros, y se manejan con un solo remo, en el estilo de remada véneto del que ya hemos hablado. Por eso son asimétricas, siendo más anchas por el lado por el que no cae el remo. Los remeros de los traghetti, aunque cabe suponer que con estos se ganan la vida más que con los paseos de turistas, te pueden pegar voces por sacar la mano para tocar el agua o insultarte por no saber salir rápidamente de la barca; como te vean haciéndote un selfie en lo que es esencialmente un autobús a tracción humana.

Pero la góndola es la misma; la proa tiene el llamado fero da prova, que viene a significar "el hierro de la proa", un mascarón metálico con forma aproximada de un cayado (o de una S), con seis flejes a modo de peine, en la proa, que representan los seis sestieri de Venecia. Aunque vaya usté a saber. Encima hay algo así como un embudo, que puede ser o bien el gorro de los dogos o una cabeza de dragón estilizada.

En el trayecto nos cruzaremos con lanchas, unas lanchas preciosas de madera laqueada, muchas de ellas construidas en la propia Venecia y hasta algún vaporetto. Pero cuando lleguemos al final, cerca de San Marco, habremos concluido este paseo. Así que a descansar y reponer fuerzas para el siguiente.

Castello y las puestas de sol

Paseando por la orilla de la laguna, el Arsenal y más allá

"Estuve de pie en Venecia, en el puente de los suspiros, un palacio y una prisión en cada mano" Lord Byron, "Childe Harold's pilgrimage"

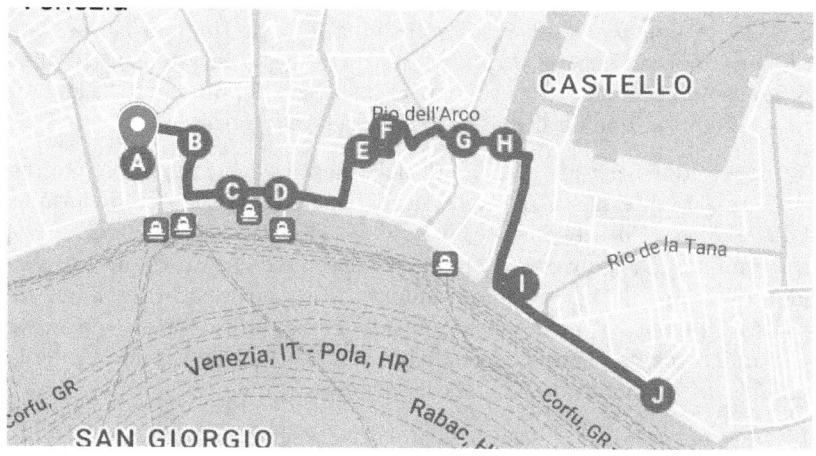

Figura 8: Un mapita del paseo

Las puestas de sol tienen algo entre estético y metafísico que siempre llama la atención; y la combinación de algunas ciudades con las mismas, como Granada, o París, o cualquier ciudad que tenga la etiqueta de "romántica", es siempre una combinación ganadora. Si se combinan los reflejos dorados del sol en el agua, la gaviota pasando delante del sol en el momento justo, la silueta a contraluz de algún monumento señero... Todo ello es combinación ganadora.

Iremos, pues, desde la piazzetta San Marco, bordeando la Laguna, que a partir de ahora dejaremos en minúsculas porque todos sabemos a qué laguna nos referimos, caminando hacia el sur-este. Como el sol se va a poner por el Oeste, como es natural, veremos, dependiendo de la época del año y de por dónde andemos, al sol bajar por las cúpulas de San Marcos, el Campanile, o La Salute. Se aconseja consultar la hora de la puesta de sol antes, que ese no espera. Se pone a su hora sin esperar a nadie. Estamos relativamente al norte, y afortunadamente el sol desciende con cierta parsimonia; un ratico antes.

El sureste es también donde se sitúan todas las colonias, o casi todas, de Venecia. Aunque en la época de mayor auge las posesiones de Terraferma estaban al norte y oeste, ni duraron mucho (apenas unos siglos) ni llegaron a representar el foco de las miradas venecianas. Así que, si os apetece, podéis hacer la metáfora de que "el sol se está poniendo sobre Venecia", al contemplarla desde su sureste, sus colonias. Si no os apetece, echad fotos y ya. O disfrutad del momento. Llevaros una rebequita, que de noche tan cerca del agua refresca.

Vamos a comenzar justo enfrente del Puente de los Suspiros, que no tuvo tal nombre hasta que lo contempló un romántico empedernido, Lord Byron. En este puente, llamado Ponte della Paglia, era donde se exponían los cadáveres de personas desconocidas ahogadas para su identificación; de hecho, justo delante de la cárcel, al otro lado. Si partes una hora y pico antes del atardecer, estará repleto de gente echando fotos y pasando con maletas yendo hacia o viniendo desde la parada de vaporetto de San Zaccaria, justo al lado.

Llegando al otro lado, estaremos en la riva degli Schiavoni; el conjunto de todos los muelles que bordean la laguna, hasta prácticamente el Arsenale (de hecho, hasta el puente de la Ca' di Diò) se llama la Riva degli Schiavoni. Una riva, otra de esas palabras que designan espacios que sólo se encuentran en Venecia, es más ancha que una fondamenta, y por lo tanto es un sitio ideal de paseo. Por esta riva pasará todo el mundo, tarde o temprano, desembarcando de los vaporetti tras pasar el puente (ponte della Paglia, o de la paja) donde hay buenas vistas del otro Puente de los Suspiros, y quizás refleja la importancia de los schiavoni, o eslavos, en el esquema del estado veneciano.

De la forma veneciana de designar a los eslavos, schiavoni, viene tanto la palabra esclavo como la palabra inglesa, slaves. Es más, la palabra ciao que se usa en italiano para hola y adiós, es una abreviatura de s'ciavo. El que haya sucedido así es porque, efectivamente, los eslavos durante la baja Edad Media eran capturados y vendidos como esclavos por venecianos y otomanos, para remar en galeras o servir en el ejército. Esta herencia del veneciano es sólo un ejemplo de las muchas palabras que esta ciudad ha dado a lenguajes usados en todo el mundo.

Estos eslavos provenían en realidad de los Balcanes, principalmente de la costa croata, eslovena, montenegrina y albanesa, y en Venecia servían como comerciantes y en todo tipo de tareas. Hoy en día es un apellido relativamente común en Venecia y el resto de Italia. Y podríamos preguntarnos, ya que los eslavos eran esclavos, ¿qué pasó con la esclavitud en Venecia?

Pues no es fácil de averiguar, en realidad. Se supone que se abolió el tráfico, e incluso el transporte de esclavos, ya en el siglo IX, lo que haría a Venecia y a sus gobernantes un grupo realmente iluminada entre los de la época. Sin embargo, la posesión de esclavos se prohibió cinco siglos más tarde, en el XV. Si estaba prohibido, ¿dónde se hacían con los esclavos los patricios, artesanos y comerciantes venecianos? En realidad, parece bastante claro que Venecia se benefició de la venta de esclavos durante sus primeros siglos de existencia, hasta el punto de ser una de sus principales fuentes de ingresos, vendiendo los esclavos europeos que capturaban los carolingios, los del Sacro Imperio Romano Germánico, que era sacro y todo lo que tú quieras, pero que venía siendo un poquito hijo de puta, con perdón, y vendiéndole esclavos a los bizantinos, incluso a los egipcios y a los otomanos. En general, a quien quisiera comprarlo. Quizás no tanto como los genoveses, pero tampoco están tan limpios como la historia que ellos mismos escribieron da a entender.

En España se abolió en el siglo XIX, así que tampoco es

como para que echemos las campanas al vuelo. Y como casi todos sabemos, en Estados Unidos no sucedió hasta después de la guerra civil.

Porque entre otras cosas de dálmatas, los schiavoni formaban una parte considerable del ejército de la República, así que es totalmente apropiado que se sitúen "protegiendo" la sede del poder, el palacio de los Dogos. Las unidades se denominaban oltremarini, que, literalmente significa "ultramarinos", como las tiendas de alimentos en España a principios del siglo XX.

A esa riva salen muchos callejones con nombres relacionados también con la misma área geográfica. Por ejemplo, calle delle Rasse, calle de las "rascias", que al parecer es un tejido de lana que se usaba para cubrir las góndolas y que se llama así porque procedía del principado de Rascia, el nombre que recibió Serbia allá por el siglo XI; en esta calle era donde se vendían, o teñían, tejidos de esta procedencia. Y la anterior según se sale desde el puente de la Paja, a la izquierda, con una entrada estrecha que es fácil perderse, es la calle degli Albanesi, o de los albaneses; los topónimos, por tanto, reflejan, en este urbanismo inmutable de Venecia, la historia de la ciudad y son una puerta a la misma.

Será porque se ve muy bien desde la Punta della Dogana y desde otros puntos de Dorsoduro, o porque el puente de la Paja es un lugar tranquilo donde colocar el caballete, esta riva un motivo que aparece repetidamente a lo largo del siglo XIX en la pintura francesa, con el nombre "Quay des Esclavons", empezando por Corot en 1828, que se plantó en el puente de la Paja y miró hacia la piazzetta, y siguiendo por impresionistas como Ziem, prácticamente desde el mismo lugar y Boudin, también desde el mismo lugar, aunque abriendo un poco más la perspectiva hacia la izquierda; pintores ingleses, como Bennington, también lo representaron en la época romántica. De esta forma, se ve la evolución de la visión de una zona desde los diferentes géneros pictóricos; así el grand tour de los pintores incluía, de forma inevitable, Venecia, incluso en la época de la ocupación austríaca, después del final de la República Serenísima. Que hoy podamos aplicarle los filtros de Instagram que más nos gusten andando por el mismo sitio es parte de la metafísica de Venecia, y parte de la fascinación que ejerce sobre todos.

Antes de ellos hay al menos dos cuadros de Canaletto que llevan a esta riva en el título: uno que usa un punto de vista curioso, aparentemente desde en medio del bacino, enfrente del puente della Paglia, y otro en sentido contrario, desde la derecha del molo, también tomado desde un puente de un barco. La perspectiva que podrías tener hoy si te subes al techo de la parada de vaporetti, aproximadamente.

Por uno de esos callejones, llamado precisamente San Zaccaria se llega a un campo y a una iglesia del mismo nombre: San Zacarías. No es normal que en Venecia haya tantos santos inéditos, incluso para la misma Italia. Empezando por los santos inexistentes que son portmanteau de dos nombres, como San Zanipolo (Giovanni e Paolo), Marcuola (Hermágoras y Fortunato), San Trovaso (Gervasio y Protasio), hay otros santos que no se prodigan muchos en otras latitudes, pero que aquí tienen su oportunidad. San Barnaba es uno de ellos; otro, este San Zacarías. Dado que la organización urbana de Venecia era a base de parroquias con un campo como centro y una extensión relativamente pequeña, acabó habiendo cientos de parroquias, y como llamarla "San Juan de aquí" o "San Juan de allí" no parecía apropiado, acabarían adoptando nombres inéditos en los alrededores. Me imagino el de la parroquia número sesenta y uno proponiendo Giacomo, Giovanni y Sebastiano y, harto, acabando con San Alvise o San Viò.

Esta iglesia, en concreto, se supone que aloja los restos de San Zacarías, padre de San Juan Bautista, cuyo cadáver fue donado por un emperador bizantino a los primeros gobernantes de Venecia, los ínclitos Partecipazio. De esa época queda la cripta, una cripta inundada, pero poco, yo creo que más por la puesta en escena que por otra cosa. La bóveda primitiva, que aloja un pequeño altar, tiene una pequeña pasarela pegada a la pared trasera, con una valla en la parte que pega más al altar, pero ninguna en la más alejada. Si, por un casual, quieres alejarte para tomar una perspectiva un poco mejor para la foto, puedes acabar con un pie en el agua, como un servidor. Afortunadamente, no tiene más de unos cuantos centímetros. Suficiente para empaparte el pie, pero como en Venecia conviene llevar siempre unos calcetines de repuesto para este tipo de eventualidades, un cambio rápido sentado en los bancos de la iglesia.

Antes de bajar a la cripta habíamos entrado, sin ningún impedimento, a la sacristía; una mesita expedidora de tickets, a esas horas últimas del día y con la escasez de turistas que caracterizaba a la estación, no tenía a nadie. Y es que esta es una de las iglesias de Chorus Venezia; una organización de la diócesis que te permite visitar hasta tres iglesias con un solo ticket, o hasta 9 (creo) con un ticket un poco más caro. La verdad es que por 5€ tienes acceso a tres museos increíbles, porque cada iglesia tiene Tizianos, Veronese, Tiepolos, Palma il Giovane y una docena de grandes pintores del Renacimiento y barroco. Incluso si vas a última hora puedes encontrarte que el que recoge los tickets ya ha dado de mano y no haya quien te los pique, como nos sucedió a nosotros en el susodicho San Zaccaria.

> Otra iglesia con bastante interés que forma parte de Chorus es la de Santa Maria del Giglio, donde un miércoles de principios de diciembre estuvimos totalmente solos. Realmente las iglesias no parecen ser la principal atracción de Venecia, pero sin ellas te pierdes una parte importante de su cultura y de su historia.

Como se trata de la iglesia de San Zaccaria, donde se supone que están sus restos, hay cuadros relativos a su historia. Recordémosla en dos palabras: Zacarías y su esposa, Isabel, no tenían hijos en una edad bastante avanzada. Cuando servía en el templo, se le apareció a Zacarías un ángel que le dijo que tendría a un servidor de Dios y que lo llamarían Juan. Este sería Juan el Bautista. Pero Zacarías le exigió pruebas al Ángel, y éste, por chulo, lo dejó mudo. El nacimiento de San Juan Bautista lo vemos en un cuadro de Tintoretto en la sacristía; un cuadro cuyo tema debió gustarle mucho a Tintoretto, porque otro con el mismo título se expone en el Armitage de San Petersburgo. Pero este cuadro es diferente: Sólo aparece el busto de San Zacarías, asomando por la parte derecha del mismo, mirando a su mujer, Santa Ana, que acaba de dar a luz; mientras tanto, tres mujeres se encargan del bebé, formando un triángulo protector a su alrededor. El cuadro parece querer demostrar la importancia de las mujeres en el nacimiento de la iglesia, relegando a un plano muy secundario, y pasivo, la del titular del templo, San Zacarías.

Se transmite un mensaje bastante claro, y tiene su explicación. San Zaccaria era la capilla adjunta a un convento de benedictinas, uno de los más influyentes en la ciudad. Por su cercanía al palacio Ducal, pero también porque el terreno de San Marco lo donó este convento a la República; por eso, un día al año, el dogo ofrecía un corno ducal enjoyado a las monjas. Que, por otro lado, eran las clásicas monjas venecianas de clausura, procedentes de familias nobles, que organizaban todo tipo de juergas y actos culturales en el convento. Pero el cuadro tiene también otros detalles venecianos: el gallo bebiendo agua, que se correspondía con la tradición veneciana; el día de San Juan Bautista se celebraba con pasteles en forma de pollito. En el techo del cuadro, el espíritu santo y ángeles muestran la relación divina con los personajes del cuadro, y supongo que también, en general, con las monjas del convento. El cuadro es bien visible, entre columnas, y está en un lugar prominente en la sacristía. Pero está rodeado de más de una docena de otros cuadros, con escenas religiosas de todo tipo, y es difícil fijarse. En Venecia tienes que desarrollar una visión especial para lo que es Realmente Importante. En este caso, posiblemente echar un vistazo a los azules de la sábana que cubre a Santa Ana, los fuertes contrastes entre la oscuridad en la habitación y la luz de la aparición y las posturas nos hablan del manierismo del autor. Pero para seros sincero yo tuve que mirar en la guía para saber en qué fijarme. También conviene mirar las descripciones de los cuadros. Una cosa buena que tienen las iglesias de Chorus es que suelen estar bien etiquetadas, con autorías y épocas. Una razón más para no perderse, al menos algunas de ellas.

En el exterior también sucedió un evento que sería decisivo para la historia de Venecia: el asesinato de Pietro Tradonico en el año 864. Y fue decisivo porque Pietro Tradonico, el que le había regalado el corno ducal enjoyado al convento, había señalado a su hijo Giovanni como su sucesor. Esto no sentó bien a los nobles venecianos, que conspiraron contra él e intentaron matarlos, a los dos para estar seguros, a la salida de dicha iglesia, en el campo del mismo nombre. Lo consiguieron con el padre, pero el hijo huyó. Sin embargo, a cambio de perseguir (y eventualmente ajusticiar) a los asesinos, Giovanni renunció al dogado, dando lugar al sistema que siguió novecientos años más de república con un dogo vitalicio.

Iglesia antiquísima, pues, y así se ve más o menos en la cripta; el exterior no es tan antiguo, y tiene el aspecto clásico del Renacimiento veneciano que Codussi creó para todo el mundo; también participó en esta iglesia junto con Antonio Gambello; los arcos de círculo que coronan la fachada y cierran los paños laterales de la misma los veremos repetidos por otras muchas iglesias en toda la ciudad.

Desde ahí, volvemos a la riva y seguimos andando por ella, hasta llegar al Arsenale. Dependiendo de la época del año y del fondo que quieras, hay que buscar el punto exacto para ver al sol ponerse detrás de San Giorgio Maggiore, o de la Salute, o de la Punta della Dogana, o cualquier otro punto en el movimiento anual. En el punto preciso suelen reunirse media docena de fotógrafos con cámaras de alto octanaje, trípodes y toda la tramoya. No tiene pérdida: donde te los encuentres a la hora precisa, allí es donde te tienes que plantar con tu móvil para sacar una foto que, si no se acercará en calidad a la que va sacar esa gente, sí te proporcionará un recuerdo bastante indeleble cuando Google fielmente te recuerde, un año más tarde o siete años más tarde, que estuviste ahí.

En realidad, podíamos seguir así, bordeando la laguna, hasta llegar a nuestro destino final, pero vamos a seguir la ruta escénica para ver algunos de los lugares más curiosos de Castello, que es donde nos encontramos. Al pasar el ponte della Paglia hemos cambiado de sestiere y nos encontramos en Castello. Si Venecia tiene forma de pez, estaríamos avanzando por la barriga y de camino hacia el bajo vientre; y Castello formaría la parte de la cola. Ha sido, tradicionalmente, un barrio industrial y de pescadores, centrado en el Arsenal.

> La "cola" del pez apuntaría hacia el sureste, y estaría muy cerca del Lido. La distancia entre el extremo de la cola y el Lido es más pequeña que la que hay entre Murano y Cannaregio, por ejemplo.

Una forma muy interesante de verlo es tomar el vaporetto en San Zaccaria en dirección a San Michele o a Murano. Este vaporetto da toda la vuelta al barrio, pasando por el Arsenal, llegando a la escuela naval de la Marina Italiana, y siguiendo por la "cola" del pez; avanzando por ella al otro lado del Arsenal, donde está una estatua de Lorenzo Quinn (que aquí en España hemos conocido como "el hijo de Anthony Quinn", pero que es un escultor de cierta fama que ha participado repetidamente en la Biennale de Venecia, el certamen de artistas contemporáneos que se celebra cada dos años allí) compuesta de unos antebrazos gigantescos, blancos, con sus manos entrelazadas encima de un canal, "Construyendo puentes", se llama. En una ciudad con tantísimos puentes, otro puente más tiene su punto, aunque esté en el lugar de donde salían los barcos de guerra que alimentaban las aventuras coloniales venecianas que no se caracterizaban precisamente por tender puentes, salvo para tomar al abordaje las naves enemigas.

El Arsenal, otra de las palabras que ha pasado del veneciano a muchos otros idiomas, incluyendo el nuestro (véase el capítulo dedicado a las mismas), se nos presenta desde la otra ribera como una gran portada flanqueada de leones, un muro tras el cual hay mundos ignotos e ingenios malignos, y un canal que lo atraviesa y que separa el barrio en dos partes. Por eso nos vamos a quedar en la puerta, viendo al León del Pireo, que aunque parezca muy adecuado al contexto veneciano, en realidad se trajo del puerto de Atenas, el Pireo, es decir, estilo museo británico que se llevaban de Grecia todo lo que podían. No se llevarían mucho más después de esto, sin embargo; sucedió en la expedición contra los turcos de Francisco Morosini, a finales del siglo XVII, última guerra de cierta entidad en la que participaron los venecianos. Tras eso, la decadencia, el Gran Tour, Napoleón y el fin de Venecia. El rugido de piedra de este león es, por tanto, el canto del cisne de Venecia.

Pero este león, aparte de su tamaño, tiene una cosa curiosa: inscripciones en lo que parecen runas, que puede parecer algo que no viene muy a cuento ni en Venecia ni en Grecia. Resulta que las inscripciones, que han sido traducidas, hablan de unos guardias vikingos, mercenarios de los emperadores bizantinos, que los enviaron al Pireo para darle p'al pelo a los levantiscos griegos. Y ya que estaban allí, grabaron este graffiti que acabó a las puertas de unos astilleros venecianos unos siglos más tarde. Y los venecianos vieron: león, good y veneciano. Gratis, porque nos lo traemos en barco, más good todavía y también bastante veneciano. Así que a la saca y a adornar esa puerta del Arsenal que lucía demasiado sobria.

Esa sobriedad exterior, sin embargo, esconde una capacidad de innovación y potencia industrial que no tuvo rival durante varios siglos. El dominio/matrimonio con el mar necesitaba barcos, y esos barcos se fabricaban, prácticamente de forma exclusiva, en el Arsenale, donde también se creaban, diseñaban y ensamblaban continuamente nuevos sistemas de armas navegables. "Sistemas" como una galera, que inicialmente era más o menos simplemente un navío para colocar tropas cerca de otros navíos y, de esa forma, abordarlos; pero por obra y gracia del Arsenale se convirtieron en plataformas móviles de artillería, con la colocación de una serie de bombardas, cañones primitivos, lo que les ayudó a derrotar a los genoveses en la batalla de Chioggia, y de camino acabar para siempre con esa rivalidad tradicional. "Sólo podía quedar una", como en "Los Inmortales", pero en este caso se trataba de repúblicas marítimas, o al menos de potencias navales en el Adriático. Con la ayuda del Arsenale, esa última fue Venecia, a finales del siglo XIV.

> Chioggia está en el extremo de la laguna que se acerca más a la pantorrilla italiana. Al estar, de hecho, prácticamente unida a tierra firme era una plaza de asedio y toma más fácil, abriendo la puerta al resto de la laguna. Si lo hubieran logrado, claro.

De la navegación y combate en galeras puede que proceda una expresión muy típica veneciana: duri i banchi, palabras en idioma vernáculo que vienen a ser "agárrate al banco". Cuando en una galera se iba a disparar el cañón, que solía haber uno solo, en la proa, se gritaba eso para que los que remaban se agarraran, efectivamente, al banco en el que estaban sentados. Pero de ahí, se ha convertido no sólo en una frase habitual de saludo, sino también en título de un LP de la banda veneciana "Pittura Freska", una banda de reggae que canta en ese idioma.

> En español se dice "amarrarse a los machos", que en todos sitios veréis que se trata de un término taurino. Y no digo que no, pero un "macho" es la parte baja de un mástil y amarrar significa atar con una maroma, una cuerda de las que se usan en las embarcaciones, y más aún en las de vela. Así que puede tener un origen similar, y esto lo habréis leído aquí por primera vez y posiblemente también única.

Otra innovación del Arsenale fueron las galeazas, en italiano galeazza, una galera (que, en italiano, se dice galea) especialmente grande, una galerota, para entendernos. Si una galera es un navío de propulsión mixta, remos y vela, muy adecuada para navegar en el Mediterráneo, la galeaza es... más de lo mismo. Pero con el volumen mayor que denota el aumentativo vienen una serie de ventajas. Primero, la potencia de fuego; como tal navío más grande, puede cargar muchas más armas, sobre todo armas de tiro indirecto. No es lo único que la hacía superior a otros navíos de combate de la época, pero para entender esas otras virtudes vamos a dar un paso atrás para ver cómo funcionaba una galera en combate, y en general los combates navales, hasta prácticamente el siglo XIX, cuando empezó a usarse el vapor para propulsar los barcos.

> Y no, a pesar de que la palabra galeón parece venir del mismo origen, no tiene nada que ver. Un galeón no tiene remos; también es diferente el origen de este navío, que es español, no veneciano.

La mayoría de los combates en los que se vería involucrada Venecia tenían lugar en el Mediterráneo; en este mar nuestro, los barcos habían sido tradicionalmente de remos. Quienes remaban eran generalmente o esclavos, o prisioneros capturados en escaramuzas anteriores, o las dos cosas a la vez: prisioneros esclavizados. En resumen: que eran "de los suyos".

> Las galeras venecianas, sin embargo, a menudo iban tripuladas por los propios arsenalotti o incluso voluntarios de los diferentes gremios de la ciudad. Pero esa es otra historia.

Por eso, los combates navales no perseguían hundir a los barcos enemigos. Perseguían desarbolarlos, es decir, inmovilizarlos de forma que no pudieran moverse más que a propulsión de remo. Para desarbolarlos, se disparaba con uno o los dos cañones que tenían, habitualmente, en la proa; como hemos visto antes, así era más fácil estabilizar tras el disparo, pero lo que se buscaba era despejar la zona donde iban a entrar los infantes al asalto. Finalmente, se maniobraba para embestir la galera enemiga con el espolón de la proa, con lo cual se inmovilizaba. Y se lanzaban escalas, tablones y lo que fuera menester para tomar al asalto.

En los "itinerarios secretos" del palacio ducal, que aconsejo vivamente, hay en la estancia de la esquina una serie de vitrinas con armas navales, entre ellas varios garfios dobles, que seguramente se usarían para esto.

Se quería capturar la galera contraria como se captura un territorio. Si los prisioneros eran de "los suyos", se liberaban, si no, los pobres, serían de nuevo vendidos como esclavos; también se capturaba a los enemigos y, por supuesto, también se les vendía. Al capitán y a los oficiales también les sacaban un rescate. Al final la guerra no era tan diferente del negocio.

Pero volvamos a la galeaza. Primero, muchos cañones. O sea, que no se trataba tanto de "limpiar la era" de la galera que estabas a punto de abordar, sino de reblandecer las galeras enemigas que, posteriormente, iban a ser asaltadas por otras galeras. Segundo, los cañones podían disparar desde la borda, no necesariamente desde la proa, con lo cual podían atacar a más navíos a la vez, y también desde mayor distancia. Finalmente, eran mucho más altas que las galeras normales. Era prácticamente imposible tomarlas al asalto; aunque alguna galera enemiga pudiera colocarse a su lado, todavía tendrían que lanzar garfios y escalar por la borda.

Un sistema de armas no es nada sin un desarrollo doctrinal que lo acompañe; tiene que colocarse en un lugar determinado y aparecer en el momento preciso para tener el máximo efecto táctico. Los venecianos lo hicieron... Y lo pusieron en práctica en la batalla de Lepanto por primera vez.

Los mapas de despliegues tácticos son cosas aburridas y difícilmente comprensibles. Pero los mapas de la batalla de Lepanto muestran filas de figuras geométricas que representan los barquitos, unos rectángulos con un triángulo en la punta, como una casita alargada y tumbada. Azules, a la izquierda, están la liga Santa, que tienen que ser los buenos porque, jolines, es que es santa. A la derecha los otomanos... Y entre ellos, seis "supositorios "algo más gordos que cualquiera de los equivalentes rojos o azules: las seis galeazas que, a razón de dos por ala, fueron decisivas en el encuentro. Cuatro de ellas se encontraban en vanguardia, delante de todas las galeras, y dos de ellas en retaguardia, las que se encontraban en el ala que controlaban los genoveses, y la que peor parada quedó.

Por alguna razón, las galeazas no estaban bautizadas. Eran "las galeras de", sus armadores o quienes las habían pagado. Fueron dos galeras de los Bragadin, otras armadas por Diodo y Guoro, y otras de de Cesare y de Pisani. A uno de ellos, Diodo, Juan de Austria le confesó que el éxito se había logrado gracias a dichas galeazas. Si lo ha dicho el boss, no hay mucho más que hablar.

Los venecianos fueron el estado o nación o grupo (porque de todo hubo en Lepanto) que más galeras aportó, 106, aparte de las seis galeazas. La tecnología o las armas no ganan, por sí solas, la guerra, la ganan las botas en la tierra, o en este caso, en la cubierta. Y esas botas eran, en su mayoría, la infantería de marina española. Pero tanto los fanti da mar como la doctrina que empleó a las galeazas cuando eran necesarias, eran venecianas. Así que pueden muy bien apuntarse la victoria, como bien lo hicieron en los cuadros que hay en el palacio de los Dogos.

Esto necesitaba una infraestructura industrial considerable, con una buena cantidad de trabajadores. A los trabajadores del Arsenale se les llamaba arsenalotti, y eran un caso aparte en la ciudad y en el mundo. Para empezar, eran lo más parecido a un funcionario. Una vez admitidos, desde un orfanato o desde familias de otros trabajadores, trabajaban de por vida en el gremio en el que hubieran comenzado: de carpinteros, fabricantes de remos, de pólvora o de cuerdas. Tenían, como los vidrieros de Murano, una serie de privilegios: se les seguía pagando aunque estuvieran enfermos, y no los echaban salvo que cometieran algún delito. A cambio, eran trabajadores estratégicos: no podían dejar la ciudad.

Lo más curioso y que no acabo de explicarme es que actuaban también como fuerza paramilitar. Sus obligaciones incluían proteger el palacio ducal en ciertas ocasiones, y durante las reuniones del Maggior Consiglio, así como la seguridad del propio Arsenale. En parte se explica porque el concepto de policía no existía; sólo magistrados y las diferentes guardias y soldados profesionales. Pero de hecho, se empleaba a los arsenalotti como suboficiales en los barcos, algunas veces los mismos que habían construido. No se sabe si entre calafate y remo, harían instrucción de orden cerrado, pero el hecho es que del personal del Arsenale salía un regimiento, unas doscientas personas, que guardaban la Piazza por la noche y, en caso necesario, actuaban de bomberos o destacaban un grupo para rescatar en caso de catástrofes.

Dentro de un colectivo tan grande, de varios miles de personas, que además eran casi una ciudad dentro de la ciudad, con una décima de la superficie de la misma, es normal que hubiera toda una jerarquía y división de poderes. Pero lo cierto es que el Arsenale fue el primer complejo militar-industrial, mucho antes que el soviético o el estadounidense, además de un zaibatsu, concentrando investigación y desarrollo, aprendizaje, diseño y producción en un solo lugar, un complejo fabril que no solo llenó de barcos el Mediterráneo y hasta Inglaterra y Flandes, sino que también llenó tales barcos de tripulantes e infantes de Marina.

Igual el entrenamiento les venía de su adscripción a una de las dos facciones, o equipos, o pandillas, que operaban en Venecia: los castellani. Castellani eran los de Castello, que es donde estaba el Arsenal, de hecho, prácticamente lo partía por la mitad y ocupaba gran parte de la superficie. De forma natural, cualquier grupo popular que saliera de ahí acabaría teniendo un montón de arsenalotti. El otro grupo eran los nicolotti, inicialmente pescadores de la parroquia de San Nicolás, pero al final un grupo más grande situado, en general, al oeste de la ciudad.

Entre uno y otro, el Gran Canal y una serie de puentes, o campos de batalla para enfrentarse a puñetazos, a palos o como fuera. Uno de ellos llamado, precisamente, ponte dei Pugni, en Dorsoduro.

> Este puente divide más bien el norte con el sur, así que las fronteras entre los dos grupos serían más complicadas de lo que aparentan; se suponían que las peleas tenían lugar sobre los canales que los separaban.

Venecia es una ciudad creativa, una ciudad que crea símbolos y mitos; hay varios puentes de la Guerra repartidos de una forma un tanto compleja. Si esas eran las zonas donde se encontraban los dos grupos, no parece que establezcan ningún tipo de frontera. Pero los puentes no eran los únicos sitios donde se producían encuentros violentos: también organizaban caccia dei tori y algo llamado "Forze d'Ercole".

Quizás merezca la pena dedicar un poco de tiempo a este deporte. Por las imágenes que he visto, y por las descripciones alternativas que hay en otro lado, eran torres humanas. Para entendernos, como los castellers en Cataluña. Una imagen de estas aparece, precisamente, en un artículo sobre los castellers de Xavier Torbadella-Flix. Pero vamos a ver... si la forze d'ercole la ejecutaban los castellani... ¿No serán los castellers una invención veneciana? Pues no, jolines, que todo no lo inventaron en Venecia.

> Solo inventaron casi todo.

Si bien no sólo no lo inventaron en Venecia, sino que hay castellers en muchas otras culturas, lo cierto es que hay documentos que muestran que la misma forze d'ercole veneciana llegó a Gerona en el siglo XVII, seguramente por vía de unos arsenalotti, que, al fin y al cabo, eran los que iban en los barcos que ellos mismos construían. Los primeros castellers catalanes están documentados del siglo XIX, así que es plausible que tengan su origen o en Venecia directamente o en algún otro puerto mediterráneo, que lo tomaría de Venecia.

El tema es que esta forze d'ercole era, a diferencia de los castellers contemporáneos, una serie de verdaderas competiciones, donde se proponían figuras por parte de los jueves y los dos equipos se esforzaban por conseguirlas. Fue un deporte que sobrevivió a la república veneciana, pero no mucho más, y lo que queda son los diferentes cuadros y estampas. Y los castellers, claro.

> Y no solo eso, sino que los célebres correbous podrían también originarse en Venecia. Al fin y al cabo, cultura mediterránea.

Entre estampas típicas y nombres de puentes no me queda claro qué eran realmente estos dos grupos. Por un lado, tenemos los arsenalotti-castellani-guardia del consejo. Un grupo con una sección paramilitar. Por otro lado, los nicolotti. Está claro que si el poder consigue tener al pueblo entretenido zurrándose entre ellos, tendrán muchas menos ganas de rebelarse y atacar al poder establecido, y la Serenissima valoraba la estabilidad por encima de cualquier otra cosa.

El Arsenale dejó de fabricar embarcaciones y máquinas relacionadas ya en la época de la fabricación austríaca, y se abandonó años después. Poco a poco, hubo que irle buscando una utilidad; hoy en día desde el mismo Arsenale, su interior, y hacia el este, es territorio Biennale. ¿Que qué es esa Biennale? Algo que es posible que hayas visto en algún telediario mostrando artistas que pintan con sus propios excrementos, o donde una señora de la limpieza ha tirado una obra de arte dadá pensando que era algo que un visitante habría tirado al suelo. O sea: arte moderno. Según muchos, más moderno que arte. Los futuristas, un movimiento italiano que abogaba por abandonar toda tradición y a los que veremos más veces en Venecia, decían (énfasis mío):

> [En Italia]... hemos recogido siempre religiosamente los residuos estéticos de Europa vertidos por la cloaca de la bienal veneciana.

Cuando Umberto Boccioni, el escultor modernista (que, por cierto, es ubicuo ahora mismo en Italia porque una escultura suya ilustra la moneda de 20 céntimos de euro italiana), escribió eso habían pasado apenas 20 años de la primera bienal, pero primera, primera, porque al alcalde de Venecia de finales del siglo XIX fue la primera persona que se le ocurrió tal cosa. Continuaba así una tradición que relacionaba a Venecia con el mercado del arte, pero también trataba de encontrar una nueva identidad para una ciudad que, después de dejar de ser estado y la bisagra de Europa, era simplemente un lugar en medio de una laguna dentro de un país bastante más grande.

Y lo encontró. Vinieron más turistas de los habituales, hasta 200000, y se repartieron diferentes premios a pinturas más bien olvidadas. O quemadas, como Supremo convegno de Giacomo Grosso, que muestra a mujeres desnudas de chill out alrededor de un catafalco abierto, Eros y Tanatos todos juntos. Un tema muy veneciano y que por supuesto ganó el premio del público. Pero... se perdió en un viaje a Estados Unidos.

La bienal, o quizás cabría decir bienales, porque hay varias con diferentes temas, tiene hoy en día lugar prácticamente todos los años, pero tiene diferentes aspectos: en años pares hay unas, por ejemplo de pintura o escultura, y en años impares la de arquitectura. Algunas obras quedan por la ciudad, y otras quedan dentro del Arsenale y en los Giardini della Biennale, que en realidad fueron creados por Napoleón, así que probablemente hicieron la Biennale sólo para quitarle los jardines a Napoleón.

Pero saliendo de los almacenes ahora convertidos en museos, volvemos otra vez a la ribera de la laguna. Prácticamente toda la Riva degli Schiavoni, y más allá, Riva de Ca' di Dio y Riva dei Sette Martiri, es zona de atraque para embarcaciones de cierto calado. Ya no desembarcan aquí super-cruceros del tamaño de un rascacielos; ni siquiera se les permite entrar en la laguna, como lo hacían hasta no hace tanto; pero sí te puedes encontrar, más allá del Arsenale, algún super yate de oligarca ruso o jeque árabe, e incluso a veces cruceros más pequeñitos, de los que se utilizan habitualmente para travesías fluviales. No es que quepan demasiada gente en ellos, pero en un navío de la naviera Viking (una de las que fletan este tipo de embarcaciones, y que de hecho vi atracado allí en mi último viaje) pueden caber tres o cuatro autobuses, y si da la casualidad de que deciden visitar San Marco o el palacio de los Dogos a la misma hora, te puedes encontrar en ellos a más gente de la cuenta.

> Estos cruceros recorren el Adriático; si optas por ellos, porque oye, cada uno es libre, y desde el punto de vista de la presión turística, 200 personas son menos de las que desembarcan de un solo tren que llegue a Santa Lucia, una opción interesante y veneciana puede ser el que comienza en Venecia y termina en Atenas; te podrás imaginar que estás en una galera veneciana en una "muda" hacia Oriente, porque para en muchas de las ciudades que fueron colonias venecianas: Zadar, Dubrovnik y Corfú, por ejemplo. O que alguien lo imagine por ti y te lo vaya contando; por cinco mil lereles que vale, ya podrá tener ese servicio también. Además, pasar una noche en Venecia en la propia laguna, en tu barco, puede ser una experiencia singular, y ver Venecia durante unas horas es mejor que no verla. Nosotros, por supuesto, recomendamos pasar una temporada algo más larga. O una vida, lo que mejor encarte.

Podemos también volver al interior, a callejuelas que eran, antiguamente, pasillos o corredores internos dentro del Arsenale. Por ejemplo, un poco más arriba, el ramo de la Tana. Uno de los pocos sitios en Venecia donde todavía los masegni, o piedras en el pavimento, son triangulares. Que, aparte de eso, hoy en día no tiene gran cosa que ver, pero nos recuerda donde se encontraban los confines orientales del imperio colonial veneciano. Tana, o Tanais, era el nombre de una colonia genovesa y veneciana a las orillas del río Don, en el extremo oriental del mar de Azov, que a su vez está situado en el extremo nordeste del Mar Negro, allá donde comienza una de las rutas de la seda, al menos para los mercaderes procedentes de Italia. La ciudad más cercana hoy en día es Rostov del Don, en Rusia.

El asentamiento fue creado por los griegos, pero en el siglo XIII se convirtió en el destino de una de las mute o mudas. Estas eran colaboraciones público-privadas donde el dogo ponía de su pasta y organizaba expediciones comerciales a las diferentes colonias mercantiles que Venecia poseía en el oriente mediterráneo.

En 1340 un mercader florentino escribió "Pratica de la Mercatura", y en ella dice:

> [...] En Tana, hará bien si contrata un guía intérprete. [...] Para el viaje de Tana a Gittarchan [actual Astrakhan] hará bien si lleva provisiones para 25 días, esto es, harina y pescado seco, ya que a lo largo de la ruta encontrará suficiente carne. [...] La ruta que lleva de Tana a Catay es, según dicen los mercaderes que la han tomado, completamente segura, tanto de día como de noche.

Es decir, que era el principio del camino y donde se aprovisionaban de una serie de elementos necesarios para el viaje hasta Persia (Irán), Catay (China) o donde fuera.

Las mudas que hasta allí llegaban se traían de vuelta cáñamo, y esta zona, al lado del Arsenale, se dedicaba en exclusiva a fabricar con él maromas que, allí mismo, metían en los barcos que luego surcaban el Mediterráneo en las mudas o en lo que hubiera menester. Merece la pena, si se tiene un minuto, apartarse un poco del canal y dar un garbeo por allí.

La historia "oficial" llega hasta ahí, a hablar del cáñamo y todo eso. Sin embargo, la verdadera historia te cuenta que lo que los venecianos (y los genoveses también, que aquí nadie está libre de pecado) comerciaban era con personas, tanto en Tana como en las otras colonias en el mar Negro, como Soldaia (actual Sudak, en Crimea). Toda esa zona ribereña con el mar Negro y el de Azov estaba asolada por continuas guerras y los prisioneros, rusos o "eslavos" (schiavoni) eran vendidos como esclavos; como ya sabemos que en Venecia (guiño, guiño, codazo, codazo) estaba prohibida la esclavitud, se vendían en Alejandría o en algún otro puerto de una ciudad musulmana. Los Polo tuvieron una casa en Sudak también, así que algo pillarían. Esta zona pasó finalmente al control del imperio otomano, que por supuesto siguió haciendo lo mismo. El final del comercio de esclavos en Venecia no vino tanto por una postura moral, sino simple y crudamente por agotamiento de la materia prima.

Hay también una historia extraoficial de estas mute, que duraban meses. Algunas vienen registradas en un libro de chistes que se publicó en el siglo XIV, en latín, además. Cuenta que le preguntaron a una prostituta qué hombres tenían el miembro viril de mayor tamaño. Sin vacilar, contestó que los venecianos. Porque eran capaces de dejar embarazadas a sus mujeres mientras andaban en la otra punta del mundo. Sin duda, habría una cantidad de embarazos fuera del matrimonio considerables, que o bien no importaban o bien el tema de las semanas de embarazo no se llevaba tan bien en aquella época, o bien pasaría a todo el mundo, así que mal de muchos, consuelo de marineros. Que, pensándolo bien, también tendrían su forma de consolarse en esos largos viajes.

El museo naval, muy cerca, forma también parte de ese recinto del Arsenale que ha sido "liberado". Ocupa unos antiguos almacenes, pegado a la riva; parece que faltaría algo en Venecia si no hubiera un museo naval, ¿no?

No sé si habéis ido a algún museo naval. Hay en ellos lo que cabe esperar; barcos y también objetos inauditos como astrolabios, bitácoras y también petroglifos. Petroglifos no, pero ¿a que había colado? Hay un pequeño muso naval en las murallas de Dubrovnik, donde muestra todo el poderío de las atarazanas de Ragusa, desde su época veneciana hasta su época austríaca; en maqueta, claro. Porque eso es lo que tienen los museos navales que los diferencia de otros museos: en vez de objetos en sí, hay copias a escala de tales objetos, porque difícilmente puedes meter una galera en un edificio.

En este museo, que yo no he visitado aunque tengo toda la intención de hacerlo, hay también una copia del Bucintoro, que divorciado el mar de Venecia por obra y gracia de Napoleón, este mismo decidió cargárselo y destruirlo. El Bucintoro, buzino d'oro o simplemente barca de oro, aunque como muchos otros términos venecianos su origen admite todo tipo de interpretaciones, comenzó siendo una galera, pero terminó siendo una barca de 35 metros de longitud, que tras la abolición de la república y expoliada de todo lo que fuera de valor, el casco se usó para una prisión flotante llamada Hydra. El Bucintoro no tiene el más mínimo interés tecnológico, pero puede tener interés artístico porque es la misma barca que aparece en los cuadros de Canaletto y otros vedutistas del siglo XVIII.

Como cosa curiosa y muy poco veneciana o sólo veneciana por la parte de Italia que le toca, se pueden ver torpedos de conducción manual, de los que usaron los italianos repetidamente entre la primera y segunda guerra mundial, para hundir barcos de los malos en la primera guerra mundial y de los buenos en la segunda. Pero más curioso es que está el ancla de un acorazado austrohúngaro, el Tegethoff, nombrado por un almirante que, precisamente, infligió una derrota bastante humillante a la marina italiana, en la batalla de la isla de Lissa.

> Que por qué conozco yo esta batalla, te preguntarás, o no porque es la enésima batalla, sólo que no es una batalla veneciana, como el resto de las batallas aquí. Pues es por un cuadro de Anton Romako que se llama precisamente así; está en el Belvedere en Viena, es pequeñito, pero tiene un aspecto caricaturesco que me llamó la atención.

Por si fuera poco, Ippolito Caffi, pintor originario de Belluno pero afincado en Venecia, donde incluso sufrió cárcel por su adhesión al movimiento de unificación de Italia, pereció en esta batalla como parte de la tripulación del Re d'Italia, uno de los navíos hundidos por el almirante Tegethoff (la persona, no el barco).

Con esa victoria, los austriacos impidieron que Italia lograra reconquistar (o conquistar, según se mire) Venecia. Así que si Venecia no llegó a ser italiana hasta tres meses más tarde (tampoco es tanto) es culpa de este señor. Para más inri, la isla había sido parte de Venecia hasta el final de la república (como Split-Spalato, la ciudad del continente más cercana).

Como digo, si te van los museos navales, este es un ejemplar perfectamente válido. Incluso aunque te gusten, igual te quieres saltar la cuarta planta, dedicada a la hermandad entre las marinas suecas e italiana. O ciertamente todo el museo.

Sobre la tecnología naval veneciana habría mucho que contar, pero el problema es que no lo vas a encontrar en este lugar. Se ve mejor en los cuadros del palacio del Dogo. Así que guarda un poco más de cola y visítalo de nuevo, venga.

Salimos del museo (o pasamos por delante si no hemos entrado) y pasamos la iglesia de San Biagio Vescovo, o San Blas obispo, que ha pasado por muchas manos y ahora es una capilla militar; antes fue iglesia, pero también un templo ortodoxo griego, para los trabajadores del Arsenal de aquella nacionalidad y para los exiliados de Bizancio.

Por el camino se puede pasar por la Via Giuseppe Garibaldi. Una de los pocos lugares cuya denominación coincide con la que recibe en el resto de Italia, donde siempre va a haber una via o, preferentemente, un piazzale o algo más gordo. Pero si es una via ya sabemos que no puede haber estado ahí mucho tiempo; de hecho, salvo por el hecho de que no hay coches, ni siquiera vespas, recorriéndola, podría ser la calle clásica de la passeggiata de cualquier ciudad italiana, con sus terracitas, heladerías, e incluso tiendas de verdad. Y es que nació del caletre de Napoleón, que quería desembocar aquí un puente que llegara al continente. No hizo el puente, pero sí los jardines, y esta calle, que llevaba hasta ellos, se llamó Strada Nuova dei Giardini porque mayormente, al no haber nacido, a Garibaldi todavía lo había dado tiempo de conquistar Italia ni a darle nombre a las calles.

Podemos torcer a la izquierda, paralelos a la orilla; la última parte del paseo por la que iremos se llama Riva dei Sette Martiri, es decir, de los siete mártires. Venecia también tiene sus historias de guerra, como casi cualquier otra ciudad italiana; el norte de Italia estuvo en posesión de los nazis hasta entrado el año 1944; la historia de Italia en la guerra es complicada, porque como tal país se rindió incondicionalmente en el año 1943 y depuso y detuvo a Mussolini; los nazis crearon una república títere en el norte de Italia, la república de Salò o República Social Italiana, y rescataron a Mussolini de la cárcel en una operación de comandos dirigida por Otto Skorzeny. Pero la reconquista de Italia empezó en el sur, y no alcanzó Venecia hasta muy tarde, a finales de abril de 1945, lo que no evitó los peores estragos de la guerra y, sobre todo, de la deportación de judíos por parte del régimen nazi, que se intensificó durante la existencia de este gobierno, a todos los efectos un gobierno colonial de los nazis.

Estos Sette Martiri, precisamente, formaban parte de la resistencia a los alemanes en los últimos días de la guerra. Una placa, en una pared al comienzo de la riva, cuenta su historia. Y su nombre es un troleo del nombre original, Riva dell'Impero o del imperio, que fue el que le dio el gobierno fascista cuando la creó en los años treinta, en vez de diferentes naves y astilleros que había originalmente. Los siete mártires fueron siete ciudadanos, prisioneros políticos, que fueron fusilados como represalia por la muerte de un soldado alemán que se había ahogado al caer borracho al agua. Siete personas que pasaban por allí, víctimas de la insensatez y la borrachera de poder. La riva recibió ese nombre justo al final de la segunda guerra mundial, cuando se constituyó la república italiana en la forma actual.

A la vuelta, otra placa recuerda a los navegantes Caboto, padre e hijo, Giovanni y Sebastiano, o John y Sebastian Cabot que, aunque genoveses de origen, obtuvieron la ciudadanía veneciana. Giovanni fue ingeniero y navegante, y dio vueltas por el mundo hasta que llegó a Bristol, donde se estableció. Allí fue donde propuso a la corona inglesa un camino más corto que el de Colón a las islas de las Especias, un material de cuya importancia había aprendido, sin duda, en Venecia. A donde llegó no había muchas especias, sino bacalao, porque llegó a Terranova y a otras tierras de la costa oeste de América del Norte. Sebastian recibió inicialmente todo el mérito de los viajes, pero al final se reconoció también la labor de John, igual que la placa.

Hay pocas ciudades que se identifique con el crepúsculo más que la propia Venecia "de cristal y crepúsculo" como la describió Jorge Luis Borges, el relatista, novelista y poeta Argentino. Crepúsculo físico y crepúsculo de la historia, porque nada transmitía más sensación de decadencia que Venecia a partir del siglo XVI. Borges decía:

> "Crepúsculo y Venecia para mí son dos palabras casi sinónimas, pero nuestro crepúsculo ha perdido la luz y teme la noche y el de Venecia es un crepúsculo delicado y eterno, sin antes ni después."

En Las Vegas hay un casino que se llama The Venetian. Se construyó a finales de los 90, y tiene una copia del Campanile y una arquitectura vagamente clásica. Pero dentro... Dentro, las bóvedas encima de los canali de pega, donde circulan gondoleros de pega, muestran un eterno crepúsculo como el que describe Borges; cuando estuve allí hace años fue lo que más me llamó la atención. El resto... Bueno, había tiendas, una piazza con arcadas de cartón piedra alrededor, que tratarían de imitar los soportales alrededor del palacio Ducal. Como experiencia, se parece tanto a Venecia como, bueno, el resto de Las Vegas a las diferentes ciudades que evoca. Pero el crepúsculo... Lo más cutre y manipulador, que pretende crear un ambiente donde los jugadores (o compradores) pierdan la noción del tiempo y gasten sin tino, ese detalle, es lo más borgiano que hay en las Vegas.

El crepúsculo también le llegó a Borges con Venecia. Un par de meses antes de su muerte contó en una entrevista, citada en El País, que estaba trabajando en un guión cinematográfico sobre la "salvación y restauración de Venecia". Thomas Mann escribió sobre la muerte en Venecia, y el que Borges escribiera sobre la salvación de Venecia es una curiosamente simétrico. Todo el mundo conoce la "Muerte en Venecia", pero ese guión es el único manuscrito de Borges que no se ha publicado, casi cuarenta años tras su muerte. Aunque no está claro que esté completo.

Hacia Rialto y sus alrededores

Por el corazón económico de la antigua Venecia

> "Compraré contigo, venderé contigo, hablaré contigo, andaré contigo, y todo eso, pero no comeré contigo, beberé contigo, o rezaré contigo. ¿Qué hay de nuevo en Rialto?" Shylock en la obra "El mercader de Venecia", de Shakespeare.

El eje principal turístico, y también histórico, en Venecia va desde San Marco hasta Rialto, del poder político al poder económico; aunque en realidad no había una gran diferencia, porque el dogo presidía sobre lo que era en realidad un cártel de diferentes empresas semi-estatales, sí es cierto que las transacciones comerciales y las noticias sobre las mismas no podían tener lugar en el palacio ducal, así que el eje se desplazó hacia Rialto. Seguiremos, más o menos, ese camino en este paseo, que comienza muy cerca de San Marco.

No solamente es el pequeño tour dentro del gran tour, ese camino tuvo su significación en la historia de Venecia: era el camino de los condenados por robo, a los que azotaban y que, por tanto, se abrazaban al Gobbo porque era el final del suplicio.

Y comenzaremos por la Iglesia de San Giorgio degli Schiavoni, también una Scuola o gremio, y precisamente de los dálmatas o Schiavoni, que eran, entre otras cosas, los soldados de la república. La iglesia es interesante, pero sobre todo es interesante ver cómo la cultura de esas colonias influenciaba a la metrópoli, que fue el primer crisol cultural, quizás la clave de su longevidad y éxito. Un lugar donde había tanto

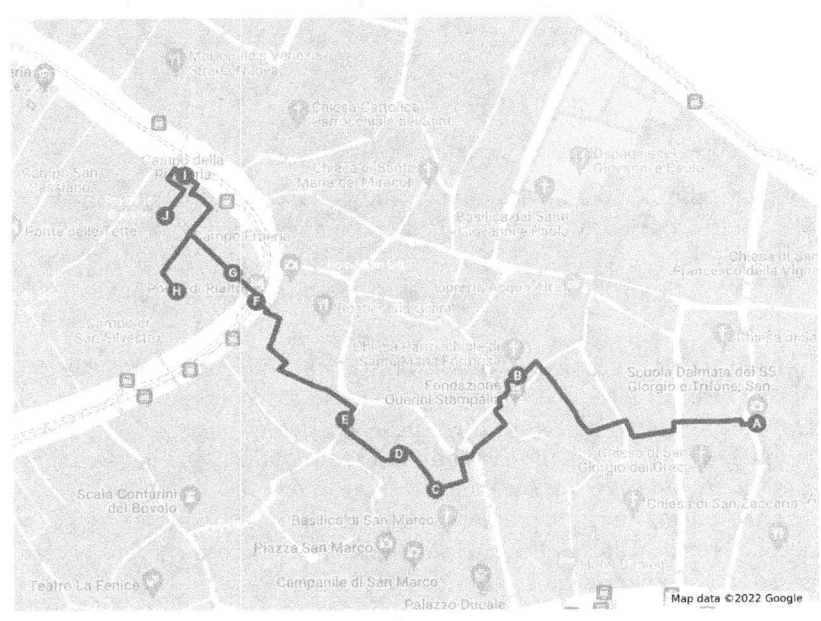

Figura 9: Un paseo hasta Rialto

españoles como griegos procedentes del imperio bizantino, armenios y árabes, alemanes y alemanes del Báltico; ingleses y flamencos. Cada uno en su lugar, pero contribuyendo a la riqueza económica y también cultural, y siguieron haciéndolo hasta el final.

Desde ahí vamos hacia el centro neurálgico, San Marco y ligeramente en dirección Rialto, cruzando el rio San Lorenzo, el ponte de San Severo, y por la ruga Giuffa, que de hecho se escribe junto, Rugagiuffa. Una ruga, deformación de rua, es un tipo de calle que no nos hemos encontrado hasta ahora, y es una calle de cierta importancia comercial. Pero volvemos al crisol. Según Curiosità veneziane, era una calle donde solían trabajar comerciantes armenios procedentes de un barrio de Isfahan, en Irán, llamado así.

> Según la Wikipedia en asturiano, no te lo pierdas, Venecia e Isfahan son ciudades hermanadas; a saber si es cierto, pero sí parece más fiable el hermanamiento con Erevan, en Armenia. Conociendo la geografía de Venecia acabamos conociendo las relaciones comerciales de otrora en Europa y el Oriente Medio.

Durante el imperio abbasida, cientos de miles de comerciantes armenios fueron forzados a emigrar a Isfahan. Algunos acabarían yendo a otros lugares, como Venecia, y de ahí el nombre de la calle, que viene del nombre del barrio, Nueva Juffa, donde se forzó a esas personas a quedarse. Hoy en día sigue siendo el mayor barrio armenio del mundo.

Pero... El propio libro de las calles de Venecia dice que esa etimología no es muy fiable. Google ni siquiera dice que hubiera una relación significativa entre Isfahan y Venecia; buscándolo en Google sólo salen entradas sobre vuelos baratos o un restaurante Venice en Isfahan. Lo más probable es que viniera del vocablo gajuffo, que viene a significar gitano. Así que de una u otra forma, calle comercial, o de armenios residentes en Irán, o de gitanos procedentes de Croacia. Y en cualquiera de los casos, una serie web cómica realizada en Venecia. Habrá que verla.

> Ya he visto unos cuantos episodios. Está en veneciano con subtítulos en italiano, así que se entera uno de la mitad. Una especie de "Vaya semanita", en veneciano, con situa-

ciones absurdas, y una visión de la ciudad desde los locales bastante curiosa. Como es natural, menciona a Pitura Freska y otros grupos que cantan en veneciano.

Desde ahí llegamos a la Calle Larga de San Marco, que es paralela a una de las aristas de la piazza San Marco. Calle de turismo de masas, sin siquiera una serie web que la ensalce o unas líneas en Curiosità Veneziane; y eso que calle larga significa, como ya sabemos, calle Ancha. Así que procedamos por aquí hasta el comienzo de Mercerie.

Verás, más o menos a la altura del primer piso, un altorrelieve con una señora mayor, con su toquilla... Y un mortero en la mano; por eso se llama la vecia del morter. Justo debajo, hay también una placa en el suelo que cuenta qué fue lo que ocurrió.

Hay que irse muchos años atrás, al siglo XIV. Principios del siglo fueron una época convulsa para la república, con muchos cambios legales y sociales. Ya hemos hablado de la serrata o "cierre" del Mayor Consejo a las familias nobles; las "apostólicas" y las "evangélicas": en total dos docenas de familias dentro de las cuales tenían que estar los elegidos en ese consejo. Previamente, la elección la hacían los gremios o el dogo, u otros miembros del Consejo. No es que fuera totalmente democrático, pero al menos había cierta posibilidad para las clases medias de ascender políticamente, lo que en una república mercantil como la veneciana equivalía también a ascender económicamente.

Entre esas familias estaban los Tiepolo, los Querini y los Badoer. Que, a pesar de formar parte de esas familias elegidas no creían que fuera la mejor forma de gobernar la república. Pensaban que cerrar el Consejo y todos los privilegios que ello conllevaba a unos pocos sería el fin de la república más tarde o más temprano. Se equivocaban, claro, pero estaban dispuestos a defender con sus armas y, si hacía falta, con su vida, el acceso del popolani, o al menos gente con suficiente cualificación y éxito en los negocios.

Convinieron lanzarse contra el palacio ducal y cargarse al dogo, un Gradenigo en ese momento. Pero hubo un chivato, la guardia de palacio se reforzó, se trató de negociar con él, pero se cargaron a los negociadores, así que al final se trató de llevar a cabo el golpe de estado.

Con contaban con la certera mano de la vecia, que en un momento fundamental de la batalla, en medio del caos, se cargó al portaestandartes de los rebeldes, con una bandera en la que se leía "Libertà".

¿Es cierta esta historia? ¿Por qué iba a ser mentira que el dogo apoyado por el partido aristócrata salva la situación con la ayuda de una representante de los popolani? Quizás porque es demasiado bueno para ser cierto. Pero ya sabemos que en Venecia el relato se confunde con la historia. Ahí queda la estatua y también una placa para recordar el evento.

¿Donde acabaron Tiepolo y Querini? Fueron al exilio, y condenados a la damnatio memoriae, quemando y arrasando su casa y erigiendo una columna diciendo lo que había ocurrido. El famoso pintor sería de la misma familia. Badoer fue condenado a muerte y decapitado. A partir de ese momento se constituyó el Consejo de los X para actuar como un ministerio del interior, y a la vez como servicio de espionaje interno y externo.

Los Querini siguieron formando parte de la vida de la república; las familias se dividían en varios clanes, y lo que afecta a uno se queda en la familia inmediata. El palacio Querini Stampalia está un poco más adelante.

Volvemos a este palacio, que tiene mucho más que ofrecer aparte del jardín y el puente de Scarpa. Los Querini sobrevivieron a muchas de las otras familias, incluso las Contarini, los Mocenigo, los Tron, todos los archivos familiares que acabaron en manos de los Querini, esa familia maldita.

El palacio tiene archivos, una biblioteca pública y todo un gabinete de curiosidades con pinturas tanto antiguas como contemporáneas, escultura y todo tipo de objetos. Pero si merece la pena verlo, aparte de todo lo que hay, es porque es el único lugar donde se pueden ver cuadros de Andrea Schiavone o Andrija Medulic, un croata nacido en Zadar (o Zara) y que fue la persona que introduzco el manierismo en Venecia.

El manierismo comenzó en Italia, aunque fuera de Venecia; está entre el Renacimiento y el barroco, entre el clasicismo y la sobredecoración, y quizás se entienda mejor con el mejor representante en nuestro país:

El Greco. Figuras estilizadas, colores usados como decoración y no de forma figurativa o simbólica... Por ejemplo, Arcimboldo crea figuras humanas a base de frutas y verduras; las figuras retorcidas de Giambologna se entrelazan como una espiral Pero pintar "a la manera" no se hace solo, alguien tiene que hacerlo. Schiavone, que simplemente significa "el eslavo" fue quien lo introdujo en Venecia, donde luego Tiziano y Tintoretto seguirían con ese estilo. También el Greco, que lo admiraba y aprendió de él. En la pintura que hay en este palacio veremos por qué: "La conversión de San Pablo" tiene una gama de colores y tonos que van del claro al oscuro y del rojo al verde, pero lo más interesante es como desfigura los personajes, que se confunden con el fondo, un fondo difuso que transmite más emoción que realidad.

Todo un contraste entre los trazos a regla de Scarpa y la ausencia de contornos y desgarrados de Schiavone. Y todo en un solo palacio.

> Creo que este está en la misma posición que el Correr o el museo naval. Es decir, como de la cuarta o quinta visita. Como la próxima va a ser mi tercera visita, no creo que tenga tiempo. Pero todo puede ser.

Vamos a la plaza donde está: Campo Santa María Formosa, con la iglesia del mismo nombre.

> Uno de los sitios que no había visitado todavía cuando empecé a escribir esto; por eso la mayoría de lo que escribí procedía de diferentes fuentes. En la última visita sí pasé por ella varias veces; incluso logré meterme en la iglesia, pero sólo brevemente y mientras decían misa. Con lo que está durando este libro me está dando tiempo tanto a usarlo como guía en una visita como de inspiración para planificar la siguiente.

Es una de las plazas más grandes de Venecia, con 9 calles y once puentes, con múltiples palacios (a algunos de los cuales se llega con un puente) y rodeada por tres rii. En este campo también hay un ramo Va in Campo, así que debe ser el nombre genérico de las callejuelas que llegan a un campo, o van de un campo a otro. Como el anterior que mencionamos está en San Marco, y este en Castello, aunque por muy poco, no hay confusión posible.

Entre los palacios hay grandes nombres (y dónde no, pensarás); la casa de Sebastiano Venier, el vencedor de Lepanto (con permiso de Juan de Austria) y luego dogo, el palacio Malipiero Trevisan... La primera es gótica, aunque la mayoría de los palacios son renacentistas, y usa una piedra amarillenta de Vicenza que parece que no aguanta muy bien la humedad. Así que cuando leas esto, a saber en qué estado estará.

> También encontré, en mi última visita, un puesto de frutas y verduras que se podía ver desde por la mañana, entre la niebla, hasta la noche, con luces conectadas a una batería. Un puesto manejado por una sola persona, a la que le costaría un enorme trabajo montarlo y desmontarlo a lo largo del día. Y con todo tipo de verduras locales: el radicchio rosso de Treviso, es decir, achicoria roja, que se puede comer en ensalada o incluso cocida, fiori o flores de calabacino, que se toman fritas, y por supuesto las mismas que podemos ver en cualquier frutería de aquí, y procedente de los mismos lugares: manzanas francesas o alemanas, naranjas de Valencia, mangos del Perú...

La iglesia es de nuestro conocido Codussi; por lo tanto, renacentista de pura cepa, y muy parecida a San Michele, porque los arquitectos son como los cantantes, una vez que encuentran la fórmula, la van repitiendo. ¿Por qué se llama Formosa? Pues tiene varios posibles orígenes: primero, porque se dice que la virgen le indicó a un obispo que construyera una iglesia donde apareciera una nubecilla blanca, o la virgen en "forma" de nube. De ahí "Formosa". ¿Lo entiendes? Yo tampoco. Pero hay otra teoría que dice que la estatua de la Virgen tiene formas voluptuosas, y por eso le llaman "Formosa". En la iglesia se reunía el gremio de los Bombardieri, o fabricantes de bombas, que las criaturicas también necesitaban patrona. En todo caso, tiene diferentes (e interesantes) retablos y el curioso premio de ser la única bombardeada durante la primera guerra mundial, por una bomba lanzada desde un avión austríaco.

Esta es una iglesia gremial (aparte de los Bombardieri, estaban los Casselleri o fabricantes de ¿cajitas? ¿Relicarios? y los frutaroli o fruteros), por tanto, en una ciudad donde los gremios tuvieron mucha importancia; no tanta como en Florencia, donde nombraban al presidente (hasta que llegaron los Medici), pero sí la suficiente como para tener el cargo de la educación, al menos la profesional, y además actuaban como representación de las clases medias ante el gobierno. Como tales, eran un contrapeso del poder; y por eso, el dogo venía una vez al año a visitar esta iglesia y a traer ofrendas.

Esa visita es lo que quedó de la fiesta de las Marías, que se inició alrededor del comienzo del milenio con un hecho truculento: el secuestro de 12 solteras durante una ceremonia de presentación en una iglesia. Esto, que suena a rapto de las Sabinas, fue protagonizado por los piratas "narentanos" (del río Neretva) o de Istria, pero no les duró mucho, porque inmediatamente fueron interceptados y masacrados por los, al parecer, fabricantes de cajitas que se usaban para las dotes. Todo esto, que suena poco plausible, justifica que la visita del dogo a esta iglesia específica.

La fiesta de las Marías también formaba parte del carnaval, con todo lo que ello conllevaba. De hecho, se ha recuperado en este siglo, porque se suprimió en el siglo XIV. Curiosamente, después (bastante después) de la revuelta de Bajamonte Tiepolo. Ninguna relación, seguro, guiño, guiño, codazo, codazo.

Durante la fiesta de las marías, en los últimos tiempos, se paseaba una efigie de madera vestida de mujer a la que llamaban marione o maria de tola. De donde viene... marioneta (que antes de ser de tela o cartón eran de madera, como Pinocho).

Desandamos lo andado por la calle Larga, y volvemos hasta la calle degli Specchieri, que debía ser en tiempos una calle donde se asentaban los que vendían especias. Debía de ser algo muy común porque hay una salizzada degli Specchieri en Cannaregio, y también una ruga en San Polo, cerca de Rialto. Llegamos a San Zulian, una pequeña capilla encajonada en un campiello. El mayor interés es el curioso altorrelieve en una de las portadas, justamente la que da enfrente de la calle por donde salimos.

Encima de la portada, hay una estatua de piedra oscura de un señor con una rama en la mano, rodeado de múltiples objetos: un orbe que tiene ¿una vaca?, una bola del mundo, un cartapacio, un atril para libros, y una placa grabada en mármol con una frase en latín. Se trata de un personaje curioso, Tommaso Rangone.

Y famoso también; hay medallas con su efigie por varios museos europeos, el Prado y el British entre ellos. Las medallas las hizo él mismo, supongo, igual que pagó esta estatua y la misma iglesia. La estatua que vemos es de Sansovino, que ya sabemos que el oficio de arquitecto iba asociado fácilmente al de cantero o escultor; por otro lado, Sansovino también es el arquitecto de las portadas, que se terminaron en el siglo XVI. Tommaso era médico, e hizo una fortuna con remedios contra la sífilis y la fiebre amarilla a base de plantas; las que tiene en la mano, precisamente. Y como no era precisamente modesto, puso como condición para financiar la reconstrucción de la iglesia que incluyera su efigie, a modo de profeta hebreo o patriarca. También apoyó a Tintoretto y a otros artistas; la pintura que hay en el interior es nada menos que de Veronese (lo que sucede prácticamente en la mitad de las iglesias de Venecia, pero aún así). Tenía una teoría que propugnaba que el hombre sería capaz de vivir hasta los 120 años (por qué 120 y no 117 o 125, no consta). De eso hablan las tres placas en hebreo, latín y griego que hay encima de las tres portadas.

La sífilis, de hecho, estaba tremenda extendida en Venecia en esa época, y siguió propagándose de la forma que se propaga esta enfermedad, por contacto sexual, durante bastante tiempo. Teniendo en cuenta que se trataba de un país de marineros que pasaban 6 meses fuera de casa, y cómo se extendió la sífilis en Europa a partir del contacto con América, no es de extrañar en absoluto. Llamada la enfermedad francesa por su supuesta introducción por las tropas francesas que invadieron Italia, acabó afectando a todos los estratos de la sociedad, de los más ricos a los más pobres, a laicos y religiosos. Se recluía a las mujeres enfermas y a las mujeres más bellas para que no se contagiaran; los hombres, sin embargo, contagiaban y lo consideraban una distinción, el honor de haberse acostado con muchas mujeres. O algo así.

Al final, se convirtió en una enfermedad curable, gracias a Tommaso y a las muchas farmacias que había en toda Venecia. La Theriaca, la poción mágica que se elaboraba en muchas de ellas, se suponía que era eficaz contra las primeras fases de la sífilis.

La poción Theriaca o triaca forma parte de la mitología, y hasta la ontología, veneciana. Alex de la Iglesia la menciona a santo de no se sabe muy bien qué, aunque evidentemente no tiene nada de mágico y es algo que, visto desde la perspectiva actual, parece más probable que destruyera el aparato digestivo de la gente que curara cualquier cosa. Supongo que sería el sesgo del superviviente: si te tomas la teríaca y sobrevives, es que no es fácil acabar contigo y cuentas lo bien que te fue. Volveremos a ella un poco más adelante.

> Creo que he conseguido escribir la teriaca de todas las formas posibles en este libro. Mi corrector ortográfico está que echa chispas.

Vamos a seguir en dirección a Rialto, cruzar el rio y puente dei Bareteri o fabricantes de boinas, hacia un sitio de usuarios intensivos de boinas: la Alianza Francesa. Que demuestra que los venecianos no le tienen inquina a nadie, aunque más daño hizo Napoleón a España y aquí nos tienes, comprando baguetes en el Mercadona. Y más porque han ocupado uno de los sitios más señeros: el casino o ridotto Venier.

> Ha sido el comité francés para la salvaguarda de Venecia quien lo ha restaurado, igual que el ala Napoleónica. Oye, se lo curran. Eso hay que reconocérselo.

¿Que qué era un ridotto? Yo creo que lo más parecido es el concepto de club, o sea, un lugar donde la gente se reúne a hablar y a divertirse. Lo que ocurre es que el tipo de divertimento no era exactamente el mismo que el que había en el club Diana de mi pueblo, donde se jugaba a la ronda robá y se hablaba de toros mientras te tomabas una caña. Igual era más parecido a lo que llamábamos muerdo-pubs. Es decir, lugares oscuros y con música fuerte donde podías encontrarte de forma discreta con quien pudieras.

Por si fuera poca discreción, a los ridotti se iba enmascarado, con la bauta de la que ya hemos hablado o con la moretta o la que más le gustara a uno. De hecho, los juegos de cartas y dados estaban prohibidos (es posible que algún otro estuviera permitido, si no de qué iban a llamarse casinos esos lugares donde se hace poco más que jugar). Este casino Venier no es ni el primero ni el único; había cientos de casinos en el siglo XVIII, donde, como todos sabemos, el principal producto veneciano era el esparcimiento en sentido amplio. Pero sí era uno de los más característicos.

Se llama Venier por la propiedad de la casa, aunque de hecho quien lo administraba era su mujer, Elena Priuli; muchas mujeres encontraron en la administración de estos ridotti una salida laboral.

Ahora sólo queda un casino en la laguna de Venecia (hay otro en la ciudad, pero en tierra firme), Ca' Vendramin Calergi, pero también hay una sede cerca del aeropuerto. Entre otras cosas, allí estuvo alojado Wagner. También puedes ir al Venetian en Las Vegas, una Venecia totalmente falsa, pero que da el pego y tiene todos los tópicos que uno espera en Venecia. Incluso la luz del atardecer, que en el Venetian dura todo el día.

Y es que llegó un momento en que los casinos fueron demasiado hasta para los venecianos; poco antes del final, el Consejo de los X cierra todos los ridotti y casas de juego; para indicar lo en contra que estaban de todo esto, imprimieron una moneda en que el dogo Mocenigo quemaba con una antorcha unos dados de tamaño desproporcionado, unas máscaras como las que se usaban en estos lugares y alguna otra caja de significado incógnito. Quince años más tarde, ya orillando el final, se prohíbe también la Tombola, que por las imágenes que he visto es una especie de bingo.

Salimos del casino bordeando el rio de la Fava, o del haba. Habas que se comen en Todos los Santos, en una tradición que viene de la época de los romanos; también se le llama habas a unas píldoras hechas que se vendían en farmacias y que eran más sabrosas para los nobles que las habas; el rio fluye paralelo al Gran Canal así que desde ahí, si giramos a la izquierda, acabaremos en algún lugar desde el cual no tenemos más que seguir a la gente para llegar al puente de Rialto.

Ya hemos hablado sobre este puente.

> Técnicamente está fuera de Rialto, así que no corresponde hablar aquí de él, pero hay que cruzarlo de todas formas, así que ahí vamos.

Realmente, el puente en si es un sitio tan lleno de gente haciéndose selfies (habitualmente, para evitar aglomeraciones, ver el capítulo sobre cuando visitar Venecia) que no merece mucho la pena pararse en él, salvo para tener una panorama de dos ramos del Gran Canal, el que va hacia San Marco y el que va en dirección contraria; la belleza de los palacios y otros edificios que desde aquí se observa es apabullante. Pero se puede tener una mejor perspectiva desde el vaporetto: el que llega del aeropuerto pasa por debajo, y hay otras muchas líneas que también lo hacen. La mejor forma de ver un puente es siempre pasar por debajo, no por encima. Otra opción es subir a la terraza del Fondaco de Tedeschi, donde además tendrás una bonito panorama de toda Venecia. Eso sí, no es de estos de "voy a acercarme a ver si me cuelo". Aunque la entrada es gratuita, hay que reservar hora en la página web. Así que planéalo, como muchas otras cosas en Venecia, de antemano. Y si ninguna de ellas está disponible, simplemente desde las fondamenta de alrededor puedes ver perfectamente los palacios sin tener que esperar en la cola de los selfies a que te toque.

Pero muy cerca encontraremos cosas como la "cabeza de oro", un símbolo de una antigua farmacia, llamada precisamente "Alla Testa d'Oro", establecimientos que dieron a Venecia su fama y que atrajeron a todo tipo de alquimistas y otros engañabobos. Las farmacias, bien provistas por especias que llegaban de Oriente, nada menos, tenían la receta para crear la llamada Teriaca, un bálsamo de Fierabrás que era capaz de curar todas las dolencias. En su receta incluía veneno de serpiente y alguna parte jugosa de un escorpión, y sólo se podía hacer una vez al año, previa exposición al público de los ingredientes y bajo la supervisión de la Serenísima. Un poco como las recetas de hoy en día, que llevan siempre los ingredientes y tienen que tener la aprobación de sanidad. Hasta en eso estaban bien avanzados los venecianos.

Y estaban avanzados porque, por su situación como centro del comercio, tenía acceso a todo tipo de especias, al opio y al veneno o demás partes de la serpiente que se usaban en su fabricación. Por eso es por lo que es típica de Venecia, y la teriaca veneciana se vendría en toda Europa, en general falsificada, porque no es que entonces se estilara el precinto de seguridad ni nada. Incluso con solo la que era de verdad verdadera, ya aportaba unas cantidades considerables a la economía veneciana, donde a principios del siglo XVIII había 80 farmacias. Hay todavía reliquias de la elaboración de la teriaca en varios puntos de Venecia, pero el más evidente (y brillante) es este, la cabeza de oro.

Cruzamos al otro lado, al corazón comercial y financiero de la Venecia a lo largo de los siglos.

Con la coletilla "hasta Napoleón", se entiende.

Este es el segundo centro de Venecia, después de San Marcos. Nos encontraremos multitudes a derecha e izquierda. También entramos en un nuevo sestier o sestiere, San Polo. Si Venecia son dos islas separadas por el Gran Canal, San Polo comparte su isla con el sestiere de la Santa Croce y el de Dorsoduro; los dos primeros tienen un tamaño relativamente pequeño; y Santa Croce está formado en gran parte por terreno reclamado a la laguna. Mientras que en la zona más cercana a Rialto fue donde se situaron los primeros asentamientos, el resto estaba dedicado principalmente a salinas.

Los primeros pobladores de Venecia llegaron, precisamente, a esta zona; el nombre, inicialmente rivus altus, significa canal profundo; está justamente en un recodo del Gran Canal, lo que lo convierte en una zona fácil de defender para sus primeros pobladores, que habían llegado de las barras de arena, los lidi, que separan la laguna del mar Adriático.

Rialto es, por tanto, más que un puente; el puente se llama así por la zona, no al revés; se extendería desde la parte norte del puente hasta la zona del mercado del pescado, englobando la iglesia de San Giacomo. Ya hemos visto que aquí acababan, en el camino de la vergüenza, los condenados por robo, abrazados al Gobbo.

> Voy a ahorraros el chiste de que la condena la leía una persona con acento francés.

Pero, de estos orígenes, Rialto acabó convirtiéndose en un mito, una palabra genérica que aludía al sitio donde iba el pueblo a entretenerse... Y por esa razón lo vemos como nombre de múltiples cines, varios de ellos en España; una costumbre que comenzó con un cine Rialto que se inauguró en el mismo Hollywood a principios del siglo XX. De ahí pasó a otras ciudades americanas, y finalmente un granadino creó el cine Rialto en Madrid antes de la guerra. Todavía funciona como teatro. Y esto encaja con el concepto de Rialto en Venecia: el gobierno estaba en la piazza, pero la gente iba a Rialto a ver que se cocía y a entretenerse; ahí se leían los bandos o se ponían (en la columna del "jorobado", el Gobbo). Hoy en día hay todo tipo de establecimientos que se llaman Rialto: confiterías, restaurantes, hoteles y, por supuesto, pizzerías. Igual el nombre transmite cierto glamour, que, in situ, se limita a alguna joyería y al Fondaco dei Tedeschi, lleno de tiendas de lujo, muy cerca.

Porque el Gobbo, al que hemos mencionado al principio del capítulo, soporta un pedestal; y desde él se leían edictos (aburridos) y condenas (bastante más entretenidas). Estos eventos hicieron de esta plaza un foro público, donde acudía la gente a ver qué pasaba. "¿Qué hay de nuevo en el Rialto?", el "What news on the Rialto" del "Mercader de Venecia" de Shakespeare, se convirtió en una frase hecha.

De hecho es el título de una novela que coloca al joven Shakespeare como agente del gobierno en Venecia. Lo que no es muy exacto históricamente, no sólo porque no se conoce que Shakespeare hubiera estado nunca en Italia, sino porque, de hecho, los primeros agentes secretos, sí, eso también, ¡los creó Venecia! Agentes como un servicio de inteligencia centralizado, cuya información se filtraba y se llevaba a la sección burocrática que pudiera actual al respecto; el mismo título, "What news on the Rialto", tiene un artículo de Ioanna Ioannou que habla, precisamente, de ese servicio y sus implicaciones en la política local y mundial. Servicios que tuvieron su papel en la conjura de Bedmar de la que hablamos en el capítulo de Cannaregio.

> Si quieres, échale un vistazo ahora mismo. Yo te espero por aquí.

Los mercados se colocan donde hay algo que vender, y al principio, muy al principio, Venecia no producía gran cosa.

> Salvo la teriaca, armas (que eran para consumo interno) y cultura, nunca llegó a ser una potencia industrial.

Lo que sí producía era sal. En esta isla era donde se situaban salinas que se alimentaban del agua salada de la laguna; sal que se usaba para secar lo que se pescaba y para el trueque por otros productos. Ya hemos visto la importancia de la sal en la historia de Venecia, hasta al punto de causar una "Guerra de la Sal" contra Padua. Guerra que ganó en el siglo XIV, impidiendo que Padua explotara unas salinas en la misma laguna, y que siguió cimentando el imperio.

De hecho, hay dos "guerras de la sal" en las que participa

Venecia; la segunda contra Ferrara, por el comercio de la sal de Commacchio. Otra guerra que no menciona la Wikipedia italiana es la del, espera, castillo del amor, también entre Padua y Venecia, a principios del siglo XIII. Esta vez por unos juegos florales que se convirtieron en juegos de manos, que son juegos de villanos. Los padovanos tuvieron mal perder, y acabó la cosa en guerra abierta.

Según se sale desde el puente hacia el sestiere de San Polo, en la otra isla, hay un gran edificio con una curiosa forma de rectángulo con una esquina recortada, a la derecha, de piedra blanca y con un aspecto bastante dramático. La esquina cortada le sirve para adaptarse a la forma del canal, que ahí precisamente hace un meandro. Se trata del palacio de los Camarlengos o dei Camarlenghi; en él se alojaban una serie de instituciones financieras: el susodicho camarlengo, y también los "cónsules de los mercaderes", consoli dei mercanti; el camarlengo venía a ser el ministro de hacienda: recaudaba los impuestos y se encargaba de decidir cómo se empleaban; y los consoli eran un juzgado de lo mercantil, con el sopraconsoli una especie de juzgado de última instancia.

Los juzgados de lo mercantil, en todo el mundo y también en España, llevan asuntos civiles (o sea, no penales) relacionados con contratos y el comercio en general.

La pequeña fondamenta que lo rodea se llama fondamenta de la Presón, de la prisión, porque también se encontraba allí la cárcel "de los deudores", o sea, de los que no devolvían los créditos, se declaraban insolventes o no pagaban sus impuestos. Allí que iban a parar con sus huesos los que no comulgaban con el espíritu mercantil de la república. Las ventanas enrejadas existen todavía, en la planta baja, justo al nivel del agua.

¿Y quienes eran estas personas? Pues gente de todo lugar y procedencia. El hecho de que existieran estas instituciones demuestra la extensión y alcance de una red de intercambios amplia que tenía como centro a Venecia, y también una red de instrumentos financieros tales como pagarés, que permitían inversiones con cierto componentes especulativo.

Y esas inversiones podían ser perfectamente extranjeras. El comercio con el norte de Europa, las ciudades alemanas, polacas, bálticas y rusas de la liga hanseática, llevaba a Venecia a todo tipo de comerciantes.

> La liga hanseática era el equivalente norteño y distribuido de Venecia, pero en plan capitalismo salvaje. No había ninguna estructura de gobierno que la soportara, aunque había un grupo común de leyes que las ciudades admitidas debían respetar. Eran una potencia comercial que monopolizaba las transacciones de ciertos productos, y protegía sus convoys con su propia marina. El descubrimiento de América trajo su fin, igual que empezó a marcar el declive de Venecia.

Por ejemplo, comerciantes del Báltico, que usando las redes de la liga Hanseática, traían pieles de Novgorod (en la actual Rusia) por tierra pasando por Erfurt, Nuremberg en Alemania, cruzando los Alpes y entrando en Italia a través de Bozen (Bolzano). Había alternativas: vender el producto en Brujas, otra ciudad hanseática, por ejemplo, y que ya ellos se apañaran. Pero hábiles comerciantes como los hermanos Veckinchusen decidieron arriesgarse ellos mismos a montar una sociedad en la misma Venecia; con esa sociedad querían vender pieles directamente en Venecia.

> Hildebrand Veckinchusen era alemán, como se colige por su nombre, pero es probable que naciera en alguna ciudad del Báltico; familiares suyos fueron miembros de la corporación municipal en Riga y en Tallin. Prácticamente hasta la primera guerra mundial y desde la invasión de los caballeros teutónicos, los alemanes constituyeron una mayoría de la clase media y profesional en los estados bálticos.

Por acortar la historia, la sociedad fracasó. "Es el capitalismo, amigo", y si compras pieles a un precio alto y las tratas de vender cuando hay demasiada oferta en el mercado, estás fastidiado. Si además alguno de los involucrados en la sociedad es un poco sinvergüenza, mucho más. Veckinchusen acabó tan endeudado que dio con sus huesos en una cárcel de deudores... En Brujas, porque se regía por las leyes de la Liga. En Venecia tuvo que entregar todos los bienes de la sociedad al estado, y con eso posiblemente consiguió que no se encarcelara en el susodicho palacio dei Camarlenghi a sus socios en esa ciudad.

El hecho de que Veckinchusen dejara un legado de un montón de cartas y libros, y que el comienzo de su caída sucediera en Venecia, muestra una vez más la importancia de la ciudad como centro del comercio en esa época, previa al comienzo de su declive.

No sólo se vendían y compraba lana, miel, cristal o ámbar en Rialto. El comienzo del mercado del arte tiene lugar, dónde si no, en Venecia también. Precisamente aquí, en Rialto.

¿Por qué? Rialto era donde se encontraban los mercados de productos perecederos (y también financieros, por cierto), y poco a poco, por acreción, diferentes puestos que vendían todo tipo de mercancías traídas en las mute de oriente: especias, drogas y, por supuesto, pigmentos.

Algunos pigmentos, como el lapislázuli, que se usaba en el azul de los cuadros, un color con un alto componente simbólico, relacionado con su precio, y que se usaba sólo para la realeza o cosas excepcionales como los mantos de la Virgen. Aquí en Venecia era donde podían adquirirlo con facilidad, y precisamente en esta zona; en las pequeñas calles que hay hacia el norte de Rialto hay algunas, como la Ruga dei Spezieri, donde se concentraban los vendedores de especias y compuestos químicos diversos, para diferentes fines.

Pero claro, el precio era bastante elevado y los artistas tenían que intentar colocar alguna pintura para poder tener cash a mano... para hacer más pinturas. Hasta ese momento, era un mercado en el que sólo existía la demanda: los pintores y otros artistas eran artesanos que realizaban pinturas por encargo, poniendo ellos los materiales y recibiendo el pago cuando, y sólo cuando, se entregaban. Los cuadros se vendían, sí, o más a menudo se arrebataban, pero de los nobles o gremios que los habían adquirido.

Rialto cambió eso: desde el siglo XIV existió un mercado libre, donde se ofrecían pinturas directamente; también había ferias de arte durante las fiestas de la Sensa y San Rocco.

Más adelante, y sobre todo gracias a esa tribu llamada los Medici, el centro del mercado del arte se trasladó a Florencia. Pero con el Grand Tour volvió a Venecia. Si te podías llevar un Canaletto o algo de cristal de Murano, era la experiencia completa, y el cónsul inglés, Joseph Smith, era precisamente tratante de arte y te podía ayudar a encontrar un recuerdo. No sólo para los granturistas, también para la nobleza europea compraba a través de un intelectual allí residente y llamado Algarotti. El mercado se perpetúa hoy en día con la Biennale, que también va dejando todo tipo de obras de arte público en el parque correspondiente y en sitios insospechados, como las dársenas del Arsenal, donde se puede ver unas grandes manos entrelazadas de Lorenzo Quinn, "Building Bridges". Lo que se puede ver si tomas el vaporetto 4.1 que rodea la isla en dirección a Fondamente Nuove y a San Michele y Murano.

> De hecho, no creo que se pueda ver de otra forma, aunque igual se puede visitar el interior del Arsenale. Tendré que enterarme.

Esta Biennale se celebra desde 1895. Una vez reunificado el estado italiano, la ciudad andaba de capa caída, y el ayuntamiento decidió convocar este evento para tratar de revivir el mercado del arte. Aunque, cuando se celebra, está distribuida por todas las islas, en forma de "pabellones" (en realidad, simples locales, instalados en cualquier palacio), las exposiciones se concentran más bien en la zona del Arsenal y en el barrio de Castello. Así que toca hablar de ella en otro lado.

En esta zona, y en San Polo en general, es donde es más probable encontrar algo de arte callejero. En una ciudad Patrimonio de la Humanidad, como en casi cualquier otra, todo graffiti se considera vandalismo (y, para ser sinceros, mucho lo es). Pero hay una línea muy delgada entre el arte callejero y el gamberrismo, y los verdaderos artistas saben como no traspasarla. En casi todos lugares suele haber un tipo de arte callejero que se llama slap: esencialmente, pegatinas. Estas pegatinas van desde los clásicos tags, que son etiquetas con una banda roja o azul en la que pone "name" o "my name is" (y que al parecer vendían en las oficinas de correos americanas), hasta todo tipo de pegatinas fabricadas ex profeso por los artistas, con tags (que reciben el nombre del soporte y son esencialmente nombres o apodos escritos con arte) y todo tipo de mensajes, logos, y pequeñas piezas artísticas.

Al ser de pequeño tamaño, se pueden poner en cualquier lado. En la parte trasera de las señas de tráfico o en los postes de las mismas, en umbrales de las puertas... Y sobre todo en cajetas eléctricas de iluminación o contadores. Los únicos lugares donde está claro que no hay nada artístico o histórico que salvaguardar.

> Aquí en Granada hay casetas eléctricas neomudéjares, de inicios del siglo XX, cuando se inició la electrificación para la industria azucarera y los tranvías. Todavía se ven los logotipos de la "Eléctrica Granadina" en algunos de ellos.

Esos cajetines de utilidad pública tienen tamaño suficiente para admitir arte callejero de mayor tamaño, los llamados pastes; son esencialmente hojas de papel pegadas con "pasta" (engrudo hecho de harina), o, más modernamente, cola o pegamento, supongo. De estos podemos encontrar unos cuantos en Venecia. Un artista callejero de Florencia, Blub, ha puesto unos cuantos y todavía se pueden ver, aunque como tales papeles se deterioran muy rápidamente y también es probable que estén medio arrancados cuando lo encuentres.

> A cualquier ciudad que voy me aseguro de encontrar la zona de arte callejero, o hacer una ruta. Hay un mapa de arte callejero en Venecia que puedes usar.

Blub tiene un estilo peculiar, fácilmente reconocible. Reproduce obras clásicas, o fotos fijas de películas, con pocos colores y todos pastel... Y les añade unas gafas de bucear, o un respirador, y además alguna burbujita. Muchas son mujeres sacadas de cuadros de Vermeer, o de pelis italianas clásicas. Algún Vermeer pasado por Blub se puede ver cerca de Rialto, por la Pescheria.

Es posible que Venecia tenga algún grafitero nativo, pero lo dudo.

> Quizás en Mestre, que está fuera de la zona protegida.

Lo que es una pena, porque combinar la tradición artística veneciana con la iconografía y soporte actual sería una combinación muy interesante. Cualquier edificio decorado por esta grafitera veneciana sería seguramente salvado de una eventual quema de la ciudad por los futuristas.

Más allá del palacio del Camarlengo está el mercado; muy cerca, la

Erberia, y un poco más allá, la Pescheria; mercado de verduras y de pescado, y, separándolos del canal, las Fabbriche Vecchie y Nuove; estas últimas, de Sansovino, con el aspecto clásico renacentista de este. Una arcada y dos pisos, que ahora alojan el tribunal de justicia. Por eso, en los alrededores y a la hora del Spritz, habrá muchas personas con pintas de pertenecer a algún aspecto de la profesión legal, en cantidad incluso superior al número de turistas.

En las Fabbriche vecchie residía una de las instituciones más curiosas que había en la república, amiga de dividir responsabilidades de forma fractal y, posiblemente, tener a los nobles ocupados en algo que pudiera tener alguna utilidad para la república. Se trataba de los provveditori alle pompe, es decir, los "procuradores del boato" (traducción libre totalmente mía, porque "pompas", traducción literal, me suena a pompas fúnebres, y "pompa" va siempre acompañada de "boato"). Estos procuradores se encargaban de hacer cumplir las leyes llamadas "suntuarias", es decir, relacionadas con el lujo. Igual nos parece raro que alguien pueda prohibir los Luisvi y los BMWs, pero eran leyes relativamente comunes en los estados italianos y europeos a partir del siglo XV.

Y tenían varias razones de ser: religiosas, por supuesto, para empezar. La austeridad encajaba bien con corrientes ascéticas, y algunos predicadores como Savonarola en Florencia y otros lo veían como una forma de imponer una cierta ética y morigeración en las costumbres; por supuesto, como en el Islam hoy en día, era una forma de imponer una cierta visión y modo de vestir a las mujeres. También había razones políticas: ostentar en el vestir exacerbaba las diferencias sociales, y podía hacer que los que no tenían acceso a cierto tipo de lujos, y además estaban excluidos de la vida política, se alzaran y echaran por tierra el gobierno estatal.

En Venecia había algo de eso, claro; pero también había razones mercantiles y comerciales: si no se podía gastar en lujos, los nobles tendrían más cash para poder invertir en las mute y alianzas comerciales de todo tipo. Al fin y al cabo, ese era el verdadero recurso natural: la visión comercial y emprendedora de sus súbditos. Si se gastaban en ropa con joyas incrustadas, o ropajes para sus gondoleros con botones dorados, menos para engrandecer la república a base de importar y exportar sedas, pieles y lo que hubiera menester.

En general, estas leyes nunca se aplicaron con demasiado rigor; sí tuvieron como resultado que los gondoleros dejaran de llevar la librea de la casada y que todas las góndolas acabaran siendo de color negro. Por eso todos los gondoleros hoy en día llevan las mismas camisetas de listas rojas, negras o azules, y todas las góndolas son negras.

Los puedes ver por toda Venecia, pero si te asomas por detrás de la Fabbriche Vecchie verás a los gondoleros del traghetto de Pescheria que cruzan al otro lado del canal, justo al Ca'd'Oro. Y ya puestos, si te apetece, cruzas al otro lado y sigues con el paseo por Cannaregio, en otro capítulo.

Tampoco hay que perderse San Giacomo de Rialto, una iglesia que puede ser de las más antiguas de Venezia, y que tiene un curioso reloj de 24 horas y con una sola aguja, cuyo eje está decorado con un sol.

> En diciembre de 2022 estaba rodeado de un andamio, así que puede que te la encuentres igual o ya arreglada cuando lo visites.

Con esos orígenes inciertos, que puede que se iniciaran en el siglo V, o quizás en el XI, y el aspecto tosco, no tiene ningún arquitecto conocido; está recubierta de ladrillo y es bastante pequeña por dentro. Su campanario tiene un reloj, otro reloj de 24 horas como el que hay en la torre dell'Orologio. Igual que ese marcaba las horas del trabajo del Arsenal, aquí se marcaban los horarios del comercio. Justamente enfrente del reloj está el mercado de la verdura.

Cuando estuvimos en verano, teníamos el apartamento muy cerca de esta zona, y pasábamos a menudo. A casi todas las horas del día había algún puesto abierto. Bien es verdad que los que estaban en los puestos no parecían nativos, igual que no lo son los que hay en tiendas de souvenires que están abiertas hasta altas horas de la tarde. Pero al final del otoño no hay turistas, y cuando pasamos esta última ocasión sólo quedaban los tenderetes vacíos.

Más allá está Pescheria, el mercado del pescado; el olor permanece a todas las horas del día, pero no hay ningún tipo de mesas o puestos permanentes. A partir de las primeras horas de la tarde, no hay puestos de pescado de la laguna y de todos lados, ni gaviotas merodeando los alrededores de los puestos, ni venecianos con carritos para hacer la compra del día.

Por la mañana, sin embargo, se llena de vida, las dos partes de la misma. La lonja que hay pegada al canal se llama Pescheria Nuova. Es de principios del siglo XX: los capiteles son más modernistas que clásicos. También incluyen una estrella de cinco puntas, el símbolo del reino de Italia. Un poco más al interior está la Pescheria del Mercato, que tiene el canal a la derecha y donde estaba el mercado original. Alrededor del mercado hay bares y pequeñas trattorias de pescado fresco, pero es una vista bastante curiosa. Y como muchos mercados, posiblemente no tenga tan buena salud económica como aparentan; los mercados en todo el mundo ofrecen una visión de un pasado que ya no existe, uno en el que los frigoríficos no existían y las mujeres estaban en casa y podían, y debían, ir al mercado todos los días a comprar lo necesario para la comida. Ese mundo, quizás afortunadamente, ya no existe. Los mercados, pese a ser atracción turística, no ofrecen nada que el turista medio pueda comprar, salvo fruta y verdura que se pueda tomar sobre la marcha. No te vas a llevar un salmón o un chuletón. De hecho, la población local, que sí lo usa, está solicitando a la ciudad una solución para este mercado, que cuando desaparezca se llevará una tradición local milenaria.

Podemos ir hacia la Ruga del Spezieri, una calle "comercial" (de ahí lo de Ruga, como la Ruga Giuffa de la que hemos hablado) donde se situaban, a ambos lados, tiendas y laboratorios a pie de calle de spezieri, que correspondían, más o menos, a los farmacéuticos. Los de la zona de Rialto, sin embargo, también hacían mezclas de colores para la pintura, y por supuesto la teriaca. Por eso hay diferentes tipologías de calle (calli, rami) llamadas de la misma forma por todos los sestieres. Hoy en día no se distingue en mucho de cualquier otra calle cercana a los epicentros turísticos, pero en su época en ella estaban los llamados spezieri de grosso, que se especializaban en la elaboración de pasteles y mermeladas. Estos se diferenciaban de los spezieri da medicine; pero todo lo que no era medicina se incluía en el gremio. Hasta los que elaboraban velas o los drogueros, que harían el predecesor del Fairy, imagino. A Venecia llegaban especias, minerales y productos químicos de todo el mundo conocido; por eso, los especieros estaban obligados a adquirir todo lo que usaban en Venecia, salvo un par de excepciones, la violeta y el agua de rosas. Tampoco podían vender venenos libremente, más que nada para que no fueran cargándose a gente alegremente. Lo podían hacer un par de farmacias; una de ellas, la de Rialto, la de la cabeza que hemos visto antes. Aún así, necesitaban una receta firmada por un juez, los Giustizieri Vecchi. La cantidad de regulación alrededor de los farmacéuticos era apabullante; quizás tanta como alrededor de cualquier otra cosa, pero por ejemplo en 1700 se introdujeron leyes para que no se inventaran nuevos nombres para compuestos o medicamentos conocidos y, lo más sorprendente, para que no hicieran regalos a los médicos, precediendo en 300 años a leyes actuales que prohíben los regalos de compañías farmacéuticas.

Ya no hay nada de eso; sí hay muy cerca de Rialto, pero al otro lado, en San Marco, una tienda de té y café que hace sus propias mezclas y que tiene unas latas decoradas con ilustraciones de Longhi: Peter's, un nombre muy inglés para un lugar muy veneciano, con sofás cubiertos de latas y paredes como las boticas antiguas, con estantes llenos de latas de té y café. Las tiendas de té son lugares maravillosos en todo el mundo; en la Venecia de las especies, es un privilegio. He comprado allí un par de veces, y la mezcla de navidad que hacen es una delicia, con pimienta y múltiples sabores; el Earl Grey con flores azules también es excelente.

Volvamos a la ruga, sin embargo. Si tienes suerte, puedes ver un bajorrelieve que representa a San Lorenzo, con la parrilla en la mano, en una columna en lo alto de una tienda. Está justo en la esquina de la calle drio La Simia. Un nuevo término: drio significa "detrás de" o "a la espalda". Y La Simia era una hostería dedicada, efectivamente, a una mona. La hostería desapareció, pero prosigue en la toponimia de las calles.

Desde ahí podemos torcer a la izquierda por la calle del Pozzetto, y llegar a una puerta que tiene en su parte baja la forma de un barril; por alguna razón los tours se paran ahí; hay decenas de puertas en Venecia, torcidas, estrechas, anchas, con mori como pomos... Esta está en una calle estrecha y las visitas guiadas se paran en las mismas, impidiendo el paso de las lugareñas que están paseando un perro. Eso provoca un curioso conflicto arquetípico de la tensión turista-local en Venecia.

La mujer pide paso y raja, en un inglés correctísimo, de los que no le dejan pasear tranquilamente; el guía, también en inglés correctísimo, le llama "solterona".

Realmente no tiene mucha razón de ser pararse ahí. Es una puerta de un fabricante de barriles.

Por ahí llegamos al ramo della Dogana da Terra, por terminar también en una dogana, que ya sabemos que es una especie de aduana, o igual un fielato, una oficina para abonar las tasas en mercancías; en este caso, las que llegaban desde terra ferma. También llegaban por río, claro, porque no había otra forma de llegar; la zona de descarga y los almacenes daban al río. Desde el ramo se puede llegas hasta un restaurante chino; por el otro lado y a través de la calle del Sturion, donde vivían algunos procuradores de San Marco antes de que se construyeran las Procuratie, podemos ver los cinco arcos que darían acceso a los almacenes.

Desde aquí, podríamos pillarnos el vaporetto o volver hacia Rialto; estamos a unos cuantos metros. O ir hacia el interior de San Polo, donde hay unos excelentes locande y bacari.

Por Cannaregio

El barrio más populoso de Venecia

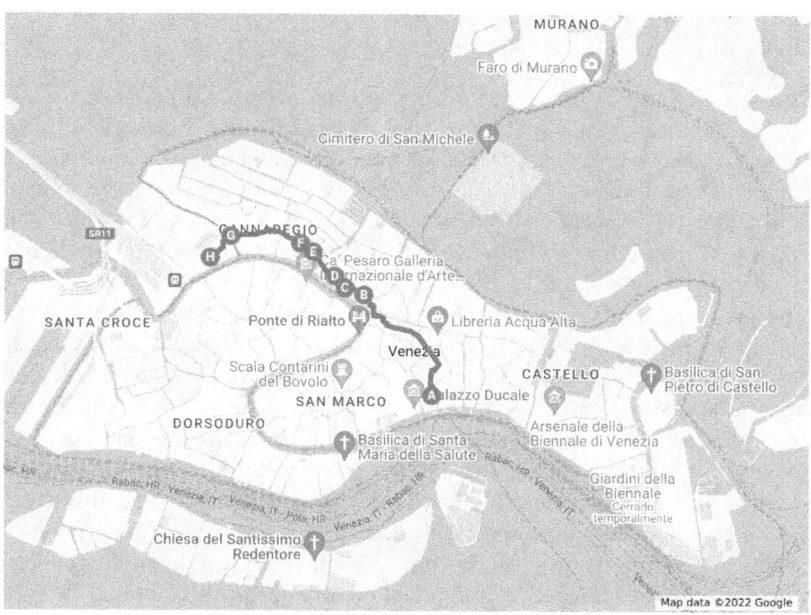

Figura 10: Paseito por el Cannaregio

Todo viaje tiene un final. Y ¿por qué no aprovecharlo para visitar alguna parte que haya quedado de lado? Así que vamos a hacer un viaje por Cannaregio, la parte de Venecia que tiene más huellas españolas... Y alguna que otra historia curiosa.

Cannaregio es el lomo del pez, cerca de la espina; esa parte pega a la laguna, y es donde vamos a encontrar más huellas de la modernidad, bloques de pisos, incluso el hospital. En una ciudad como esta, que tiende a parque temático, es curioso que lo más auténtico, entendiendo como tal donde desarrollan su vida las personas que viven en la ciudad, es la zona más moderna. Pero el turista sólo entrevé esa parte desde el vaporetto o cuando viene de Murano.

También se puede ver, sin más remedio, cuando vas desde San Marco a la estación del tren. La presencia, al final o al principio, de esa estación, ancla este paseo a la realidad, a la autenticidad. También, por supuesto, a las trampas turísticas más destacadas. Aún así, es Venecia, y hay muchas cosas que ver.

Empecemos por la estación ferroviaria, una a la que nos llevan indicaciones por toda Venecia. La estación de Santa Lucia es también parte de esa Venecia real: casi todos los tenderos, camareros, taquilleros e incluso gondoleros que verás en tu visita vivirán en Mestre, y tendrán que tomar ese tren todos los días para llegar a su trabajo. De Mestre la separa sólo un puente, el puente della Libertà. Y también refleja la historia real de Venecia: El edificio actual se inició en el periodo fascista, aunque se terminó después de la guerra mundial; el estilo racionalista refleja los gustos de la época. También le habría gustado a los futuristas (uno de los cuales, Marinetti, estaba en la comisión nacional que aprobaba los proyectos de obras públicas, y tuvo que intervenir en este), que decían que las estaciones de tren y las pistas de carreras eran la verdadera arquitectura del siglo, y abjuraban siempre que tenían ocasión de las columnatas y los arbotantes. Habrían disfrutado del hecho que se tirara una iglesia, la de Santa Lucia, de la que quedó el nombre y alguna placa. De hecho, el arquitecto que hizo el proyecto inicial, Angiolo Mazzoni, era algo así como el arquitecto oficial de este movimiento, el futurismo, un movimiento italiano, bastante cercano y predecesor del fascismo, liderado por un pintor y escultor llamado Marinetti. Sin embargo, las obras fueron realizadas por otro arquitecto, Virgilio Vallot, que ganó el proyecto, y terminadas finalmente por Paolo Perillo, ya en el año 52. Una estación cuya construcción duró, al menos, lo que un palazzo en la época renacentista.

No es un sitio desagradable; en Italia parece que todo lo cotidiano sea bello y trascendente. Pero es un lugar un tanto anónimo, y puedes pensar por un momento que estás en la de Florencia, de la misma época y cortada con el mismo patrón; sin embargo, no es del mismo arquitecto, aunque se presentó al proyecto y quedó segundo. Quizás sale de la anonimidad por el mosaico mural que hay a la entrada a la izquierda, de Mario de Luigi y Anton Ambrosini, del mismo año; un conjunto de objetos abstractos que tratan de transmitir la idea de Venecia, incluyendo un león de san Marcos que está prácticamente invisible, en el extremo derecho, oculto por las pequeñas tiendas que se han instalado en el atrio.

Cuando se inauguró la estación ferroviaria de Santa Lucia, poco después de la independencia de Italia, había que buscar una forma de que los pasajeros y, sobre todo, los turistas, llegaran fácilmente desde la misma hasta los dos centros gravitatorios de Venecia: Rialto y San Marco. Por supuesto, estaban los vaporetti, pero estos no tienen ancho de banda suficiente para que el contenido de un tren completo sea transportado de forma cómoda a cualquiera de esos dos centros; hay que proporcionar caminos alternativos, y de ahí salió esta calle, Strada Nova.

> Realmente, Google Maps marca un camino por la Riva del Vin, cruzando la Santa Croce y San Polo que llega en 21 minutos. Seguro que incluye un montón de puentes con escalones subiendo y bajando. Los mapas de Apple en mi iPad (donde mayormente estoy escribiendo esto) sugieren, sin embargo, que se vaya por Strada Nova, a pesar de que marquen la duración con los mismos 24 minutos y de que haya, por medio, 8 escaleras (frente a los 7 de la ruta alternativa).

Como se llama strada, ya podemos imaginar que se trata de algo que se hizo después de la república; efectivamente, fueron los austriacos en 1818 los que empezaron a soterrar un rio; de hecho, mucho antes de que se hiciera la estación o siquiera hubiera llegado el ferrocarril; el último, sí, lo realizó ya el reino de Italia en 1866 y se inauguró en 1871. Con el nombre de via Vittorio Emanuele, es como aparece en Curiosità

Veneziane, que se escribió justamente en esa época. No dice nada de ella, salvo que llegaba hasta el Ca' D'Oro. Siendo, en aquella época, una calle nueva, en realidad no había llegado a ocurrir nada todavía. Y lo de Nova, en vez de Nuova, es por usar palabras venecianas, aunque también se lo encuentra uno escrito de la forma italiana.

Aunque todo el camino se denomina popularmente de esa forma, y así se diseñó, en realidad lo que uno se encuentra nada más salir a la izquierda de la estación (donde, por cierto, puedes evitar escalones saliendo por la izquierda de las vías a un callejón un tanto inmundo, la calle Favretti) dejando a la derecha la parada de vaporetto, y embocando la calle que hay a la izquierda, alejándose del canal: el Rio Terà Lista di Espagna.

Como se previó y se proyectó, es una calle obligatoriamente turística, llena de hoteles y hostales con calificación baja en Google, pero ¿sabes por qué se llama así? La lista era una especie de cercado que marcaba la extraterritorialidad de una zona. Y aquí, aunque habría que ver exactamente dónde, porque al ser un Rio Terà, es decir, enterrado, por aquí pasaba un canal en su época, estaba la embajada de España ante la república.

Posiblemente también otras embajadas. La república, sobre todo en sus últimos siglos, estaba obsesionada con la seguridad y quería mantener a los embajadores extranjeros lo más lejos posible del palacio ducal. Aquí, en el llamado apropiadamente Palazzo di Spagna, previamente Palazzo Friziero o Frigeri, porque pertenecía a esa familia, y en el número 168, estaba la embajada.

Fui incapaz, sin embargo, de identificar nada que pudiera aparecer una embajada del siglo XVII en la calle, a pesar de fotografiar varios candidatos. Y no he sido capaz ni de encontrar el número 168 en Google ni en Apple Maps ni de encontrar ninguna imagen que tenga ese tipo de etiqueta. Así que, lector o lectora, si estás en Venecia con este libro (o lo que sea) en tus manos, acércate al número 168, hazle una buena foto, y etiquétalo correctamente, para que las generaciones venideras sepan donde podría haber comenzado, redoble de tambores, la Conjura de Bedmar.

De hecho, parece que fue la embajada española después de

la conjura de Bedmar, al final del siglo XVII. Según Curiosità Veneziane el marqués de Bedmar vivía en la llamada Ca' del Duca, justo en el Gran Canal, un poco después del puente de la Accademia, a la derecha (saliendo desde San Marcos). Como por ahí no pasa ningún paseo, meto aquí lo de la conspiración, hala; si quieres saber algo más, le dedico más espacio en el capítulo dedicado a España en Venecia. O sea, en realidad no comenzó allí, pero es el único punto identificable y nombrable como embajada de España. Por otro lado, en el artículo de la Wikipedia sobre la Strada Nova explica claramente que la embajada de la que se trata estaba en el palazzo Frigerio que es actualmente el Gran Hotel Principe.

La conjura de España, o de Bedmar, merece un capítulo aparte y de hecho (casi) lo tiene. En un relato heredero de la tradición bizantina y hasta otomana, es una historia en la que aparecen como personajes los llamados uscoques o piratas de la costa de Croacia, el duque de Osuna y hasta Quevedo. Os animo a que la leáis en algún sitio, porque es muy curiosa. Pero la principal historia que afecta al paseo, y a este en particular, es que Venecia descubrió (o se inventó) esa "conspiración" debido a que era un estado totalitario con sus súbditos y liberal con los extranjeros ya en esa época de declive, y había creado un servicio secreto al servicio del Dogo, de hecho el primer servicio secreto "oficial" creado en el mundo occidental; hasta ese momento los diferentes estado, nobles e iglesias habían contado con algún espía o aventurero al servicio de algún señor, rey o familia, pero no una burocracia estatal y un servicio de información centralizado como el que se creó en Venecia. La segunda idea es que, a causa de esa mentalidad conspiranoica, las embajadas, incluyendo la de España, se trataron de apartar lo más posible del palacio Ducal, y también reunir para poder ser controladas mejor y con un número inferior de agentes. De ahí esa calle, ese nombre, y la embajada de España si es que la lográis encontrar (que buscando el Gran Hotel Príncipe no creo que sea tan complicado). Más mérito tendría que intentéis encontrar la susodicha lista, de la que a estas alturas no creo que quede gran cosa.

Hay alguna otra lista en el callejero: Lista Vechia di Bari, que al parecer correspondía a la embajada austríaca. De hecho, está justo al otro lado del gran Canal, o sea, más o menos a la misma distancia del "centro".

A lo largo del mismo, muchos nizioleti nos dirigen a correos, a la ferrovia, y a San Marco y Rialto. Estos nizioleti son carteles pintados directamente sobre la superficie de la pared, en fondo blanco o amarillo con una simple línea negra de borde; son exactamente iguales que los que anuncian las calles, y a veces se sitúan en sus cercanías.

Lo que es curioso no es que haya tantos, sino que se hayan mantenido. Y también su veteranía: llevan ahí siglos. Incluso el mismo nombre, nizioleti (o nisioleti), es una palabra véneta que no existe en italiano. Pero el origen exacto de los carteles debe haberse perdido en la noche de los tiempos, porque no he conseguido averiguar cuando se crearon; cabe imaginar que los que dirigen a la ferrovia (la estación del tren) o al piazzale Roma son, al menos, del siglo pasado. Te animo a abandonar Google Maps, porque total, no te va a servir de mucho en Venecia, y seguir estos indicadores hacia Rialto, o hacia Correos. Que ya no está ahí, pero donde estaba, hay ahora un centro comercial desde cuya terraza hay unas vistas estupendas; es precisamente el Fondaco dei Tedeschi, en cuyo muro todavía hay algún buzón atestiguando ese pasado postal.

Si quieres subir a la terraza, recuerda reservarlo con antelación.

Lo curioso de estos nizioleti es que han inspirado la aparición de otros muchos que dirigen hacia monumentos, hacia los servicios más cercanos (también cerrados en 2022 y 2021), algunos museos sin mucho éxito... Y, los más curiosos, los que se encuentran en el suelo, una señalética en mosaicos creados con pequeñas piedras de colores, que tras muchos años, se conservan exactamente igual. En la Lista di Spagna hay decenas, dirigiéndose tanto hacia alberghi diversos como también hacia el casino oficial de Venecia. También algún night club y similar. En esa calle que dirige desde la estación del tren hacia Rialto y San Marco tenemos, sólo mirando al suelo, todo lo que un turista de un sólo día podría desear. Y alguna cosa más que quizás no desees.

Como está tan cerca de la estación del tren, y es muy posible que no te apetezca nada ir haciendo fotos con la maleta a cuestas, una alternativa es seguir este recorrido dejando temprano las maletas en la consigna de la estación, lo que te costará unos cuantos euros por pieza, así que si puedes aprovecha y meta todo lo que puedas en la maleta más gorda que tengas, y date un garbeo por allí hasta pillarte el tren de vuelta o el autobús al aeropuerto desde el Piazzale Roma.

Avanzar por esta calle tan transitada por propios y extraños es a veces complicado, y en ningún lado más que en los puentes que lo cruzan, como el Ponte delle Guglie, o de las "agujas" o "pináculos". Es uno de los dos puentes que cruzan el canal de Cannaregio, uno de los tres únicos canales que hay en Venecia, junto con el Gran Canal y el de la Giudecca. Pero ¿Venecia no es la ciudad de los canales? Sí, pero el resto son rii, no canales. Una gran diferencia. Los canales son los únicos que dejan pasar vaporetti, por ejemplo; no tanto por la anchura, que también, sino por los recodos que tienen los mismos que hacen imposible la navegación de embarcaciones de cierta eslora.

La primera vez que escuché lo de Guglie sin mirar el diccionario pensé que se trataba de gárgolas. Efectivamente, algunas guías siguiendo al mismo falso amigo, te dicen que hay gárgolas en el puente; la primera vez que pasé bajo él, viniendo desde el aeropuerto, me volví loco buscando gárgolas picudas como las de Notre Dame o Ghostbusters. No hay tal cosa. Hay una especie de máscaras en todo el arco inferior, algunas de las cuales son efectivamente máscaras teatrales, y otras leones. Las "agujas" son los obeliscos que hay en ambos extremos del puente, y son de la época austriaca; es el único puente con tales obeliscos, pero la razón por la que los tiene no la tengo muy clara; parece que quiere indicar que se construyó bajo la dominación austríaca, pero la relación entre una cosa y otra no es muy evidente.

Al cruzar este puente estarás en el sestiere de Cannaregio, ahora de verdad. Torciendo a la izquierda, llegaremos pronto a la entrada del Ghetto, un sotoportego que quedará a nuestra derecha (y que está perfectamente indicado).

La palabra gueto, originalmente ghèto en veneciano, si no el concepto, se creó originalmente en Venecia. Acogiendo a judíos que venían huyendo de pogroms, persecuciones y genocidios, en otros lados de Europa, incluyendo España, acabaron en Venecia, que al no casarse diplomáticamente con nadie, acogía a todo el mundo, con el objetivo de que acabaran trabajando y beneficiando a la república. En esta zona hay tanto sinagogas alemanas como españolas, porque en la época medieval, el hebreo era solo un lenguaje litúrgico, y cada uno hablaba versiones del idioma donde del país donde se encontraban; el sefardí o ladino o judeo español, por ejemplo, parece castellano medieval, y es una delicia de escuchar. Por eso cada comunidad, al no tener un lenguaje común, tenía su propia escuela y sinagoga.

> El hebreo es solo común a los que viven en Israel, y sólo se empezó a usar con regularidad tras la segunda guerra mundial. En general, los judíos de la diáspora hablaban lenguajes, como el ladino o el yiddish, que se derivaban de los idiomas del lugar donde se habían establecido; el ladino parece una versión renacentista del español, y el yiddish, desaparecido tras el exterminio nazi de los judíos de Europa Central y Oriental, tenía elementos de lenguas eslavas y el alemán. A los sefardíes les enseñarían en ladino y a los ashkenazíes del centro de Europa en yiddish.

La comunidad judía fue arrasada durante la ocupación nazi. Mirando al suelo en todo el gueto veréis losas doradas con los nombres de las personas que fueron asesinadas en los campos de concentración nazis. Diferentes asociaciones se encargan de pulirlas y que se vea con claridad de qué persona hablan. Estas stolpersteine o pietre d'inciampo están por todo el gueto, y merece la pena fijarse, porque hablan del fascismo, del racismo, del totalitarismo y de sus consecuencias fatales. Cada una de las piedras representa a una persona o una familia, víctimas inocentes, que no deben caer en el olvido. La mayoría están en Cannaregio, aunque hay también algunas en otros sestiere. Mirando a los nombres que hay inscritos en ellas te encuentras a veces dos apellidos, puede ser que sefardíes o posiblemente personas que habían emigrado desde España o algún país hispanoamericano; también familias enteras, que desaparecieron en los campos de exterminio.

Hay mapas que te indican la localización de todas estas pequeñas placas; pero mi consejo es el habitual: En Venecia, mira en todas direcciones cuando vayas andando por la ciudad: arriba, abajo, derecha e izquierda. Estas personas merecen un recuerdo, y que no se olvide lo que les ocurrió.

Si partimos de la estación y atravesamos Cannaregio, al final llegaremos a algún punto del entorno del palacio ducal, así que vamos a empezar desde ahí, si le parece bien al lector; el indicado está simplemente cerca de donde nos alojamos en abril de 2022, calle delle Rasse, supongo que de los rasos. Un camino relativamente directo es tomar Mercerie; el problema es que esa calle, una de las más comerciales, está habitualmente repleta de gente y no es cuestión de ir con las maletas por ahí. Así que vamos a tomar unos pocos callejones. Si da la casualidad de que se va por la tarde, a la izquierda está el Bra's Cocktail Bar, que tiene el techo decorado con cientos de sujetadores, haciendo honor a su nombre; "Bra" significa sujetador en inglés. Es posible que no quisieran complicarse demasiado con el nombre, hacer referencia al pasado procaz y sicalíptico de Venecia... O quizás hagan referencia a la piazza Bra, una de las plazas principales de Verona, cuyo nombre viene a significar simplemente largo o pequeña plaza. De hecho, la plaza donde se encuentra no es demasiado grande; pero en ella merece la pena acercarse a Magna Bevi Tassi: "Come, bebe y cállate" en veneciano, un local de cicchetti, con cervezas artesanas, donde puedes tomarte un Select Spritz (versión veneciana del Aperol Spritz) y probar unas tapas a buen precio, mientras charlas tranquilamente con los propietarios, que hablan una mezcla español-veneciano que es totalmente comprensible.

> En general, cuando intentas dirigirte en tu italiano intermedio a alguien en Venecia, casi siempre te tratarán de contestar en español, especialmente si es del gremio de hostelería. O igual se trata en realidad de veneciano, o de un subconjunto que abarque a los dos idiomas. La experiencia es bastante interesante, y desde luego nada práctica para prepararte el B1 de italiano.

Una buena oportunidad, que no te faltarán, de probar esta bebida que, sí, tiene origen veneciano; en inglés se le llama Italian Spritz y el Aperol es sólo la versión más conocida, o la que tiene más publicidad. En general, se trata de mezclar alguna bebida amarga, tipo vermú, con vino blanco, prosecco (a veces lo he visto con sidra en vez de estos auténticos ingredientes, pero no lo consumas, sólo el original, evita imitaciones), y gaseosa o sifón. Es fácil de identificar, al menos el de Aperol, por el color butano, el tipo de copa característica y la pajita, para que emborrache más.

> A mi no me gusta una pizca, pero si te va el Bitter Kas o el Martini, igual te mola.

El origen geográfico está aquí; pero no fueron los venecianos los que lo idearon: las tropas austríacas que ocupaban Venecia y el Norte de Italia en la primera mitad del siglo XIX no eran muy amigas de los vinos locales, bastante fuertes, así que los rebajaban con sifón o agua con gas; spritzen, en alemán, significa precisamente eso, añadir agua con gas

> Si no te van las bebidas alcohólicas, prueba a pedir en Alemania o Austria gespritzter apfelsaft, zumo de manzana con agua con gas. Muy rico, sólo un poco dulce.

En casi todo el resto de Italia, habrá solo Aperol; en Venecia, sin embargo, habrá varios vermús, por ejemplo, Campari. Y ya que estás, pídete el Select, que es el del lugar, y que no podrás tomar en ningún otro lado. La marca Aperol es de Padua, y entre esta y Select crearon este cóctel que llegaría a España por el 2020 o así. Aquí no viene ya embotellado, sino que te lo hacen sobre la marcha. Mucho más rico, para el que le guste eso, claro. Si te apetece, sin embargo, te lo puedes comprar en un supermercado. Para un veneciano o padovano será un sacrilegio similar al de tomar sangría ya embotellada, pero es mucho más práctico si hay uno de botellón, donde va.

El concepto es el concepto, sin embargo. En Estonia, si vas por ahí, que ya son ganas, puedes encontrarte el Vana Tallinn Spritz. Un licor local, que nunca he probado y que no pienso probar mezclado con sifón. Pero que muestra la expansión mundial de una idea, echarle sifón a cosas. Trivial una vez hecha, pero que tuvo que suceder y sucedió en Venecia.

Si quieres pasarte de nivel, pide Cynar spritz; en los mejores bares lo tendrán al lado del Select, el Campari y el Aperol. El Cynar es un licor hecho, sí, de alcachofas y que, pese a los intentos de lanzarlo en España, ha acabado como una broma en algunas películas; recuero que en la inmarcesible "Matías, juez de línea", todo el pueblo se dedicaba al contrabando de Cynar. Sin embargo, es el más amargo de todos, y el color, más bien oscuro, hace que parezca menos un jarabe para la tos; el sabor también. Y oye, es también de Padua como el Aperol, así que todo queda en la provincia del Veneto.

Todavía estamos en Castello, pero nuestro objetivo es Cannaregio, un lugar donde puedes entrar en contacto con la Venecia real. Es decir, la Venecia donde todavía vive gente, va a comprar con una cesta de la compra (porque los carritos, en esos puentes con escaleras, pueden ser un poco complicados, aunque también se ven, sobre todo del modelo con tres ruedas que es capaz de subir tales escaleras),y se para en las esquelas para mirar quién se ha muerto y de qué familia es.

Igual hay que explicar qué es eso de la esquela, porque en este mundo moderno el 90% puede que no la haya visto nunca; quizás tampoco se usan en ciudades grandes. Pero en pueblos pequeños, en mi pueblo, Úbeda, era uno de los servicios que ofrecía la funeraria, es decir, la empresa de servicios funerarios que había por allí: un folio con un borde en negro, y una cruz y a veces una foto del finado (aunque cualquier parecido con el finado/a en el momento de la muerte era pura coincidencia, porque igual ponían la foto de cuando estuvo en la mili o la última foto de la renovación del DNI, 20 años antes) junto con la lista de los deudos y cualquier otra persona que pasaba por allí. También el mote o mal nombre, porque si no nadie sabía quién se había muerto. El nombre acompañado del mote, por ejemplo, José Martínez Fernández "Ciribulle" era mucho más informativo que el nombre normal. Estos folios se pegaban por vallas, columnas diversas, y también puertas de comercios, y por supuesto en la puerta de la iglesia donde se celebraba el funeral. Los más tradicionales de la casa también publicaban las esquelas en los periódicos locales.

> Y acabo de ver que hay páginas web que se dedican exclusivamente a publicar esquelas, lo que no deja de tener cierta guasa.

Bueno, pues eso mismo se ve en Venecia, en la Venecia milenaria, pegados a la pared, al lado de anuncios de actuaciones folclóricas y de pasquines políticos. Y la gente, con su bolsa de la compra, se para y mira a ver de quién se trata, y si algún vecino más lo hace, comparan pareceres y frases como "Se está muriendo gente que no se había muerto nunca antes" o "En lo que nos estamos quedando" o "Que tanta gloria encuentre como descanso deja". En veneciano o italiano, que estoy seguro que no es tan diferente del román paladino.

Para ayudar a identificar de quién se trata, generalmente aparece una foto, en algún aspecto característico del difunto o difunta: un uniforme marinero, unas grandes gafas de color blanco, su camisa favorita. Siempre figura también "di anni xx", los años de los que murieron, y alguna fórmula: "ha subido al cielo", "falta al afecto de sus queridos", "è mancato all'afetto del suoi cari", y datos sobre cuando será el funeral, y en algunos casos, el cementerio donde se va a enterrar: San Michele, por ejemplo. Muchos entierros tienen lugar en la basílica o la capilla del hospital SS. Giovanni e Paolo, que no en vano es el hospital civil de Venecia. Signos, pues, de un pueblo relativamente pequeño, que conoce y tiene afecto por los suyos, y que resultan bastante incongruentes al turista medio que, como yo, aparece por allí. O que ni siquiera se fija, confundiéndolo con un anuncio más.

Hoy en día es una zona residencial más, relativamente alejada del turismo, donde todavía la comunidad judía tiene bastante presencia, pero donde las multitudes no están tan presentes como en otros lugares. En diciembre de 2022 estuvimos comiendo en una pizzería regentada por personas del subcontinente asiático, muy amables y con una comida italiana bastante aceptable. Un lugar con 4 estrellas justas en Google, en el que no había nadie cuando llegamos; durante nuestra comida llegó otra pareja y un turista solitario, posiblemente americano, de los que piden coca-cola con cualquier comida.

Nos pusieron al lado de la ventana, bien visibles para cualquiera que pasara, y desde ella se veían varias docenas de pequeños patinetes de colores en la entrada a una guardería; durante la comida, llegó un abuelo y recogió a uno de los niños, que se montó diligentemente en su patinete y partió, privilegiado usando ruedas en un lugar donde son los únicos con ese privilegio.

Cannaregio incluía un montón de almacenes, fábricas e instalaciones industriales, las mismas que se han ido convirtiendo en viviendas; por eso la densidad de población local, y la ausencia y cierta lejanía de los centros turísticos, le han dado carácter a este barrio, precisamente.

Por esa calle acabaremos llegando al campo della Maddalena, una plazoleta recoleta, cruzada por un rio, y donde hay una iglesia redonda, del mismo nombre, con una portada neoclásica que tiene todo el aire de las obras palladianas. La última vez que la visité, parecía haber luz dentro, pero otros turistas y nosotros orbitamos alrededor para encontrar alguna apertura, y fue imposible.

> La iglesia está desacralizada, y únicamente se usa para exposiciones de la bienal cada cierto tiempo.

Por el camino, vimos todos los símbolos masónicos que hay en ella: el círculo inscrito en el triángulo, "los que tienen que estar y donde tienen que estar", comentó una persona de la pareja que la recorrió con nosotros. El interior, a diferencia del exterior, es hexagonal, y tiene una "Última cena" de Tiepolo. La iglesia es de estilo neoclásico, y apenas coexistió unos años con la república; se terminó en el año 1790; de hecho, fue la última construcción religiosa terminada durante la República. ¿De dónde vienen los símbolos? La familia a la que pertenecía la iglesia original, los Baffo, tenía relación con los templarios. Pero por si hubiera pocas dudas, en una placa que señala donde el arquitecto Temanza está enterrado hay inscrita una escuadra y un cartabón, símbolos universales de la francmasonería.

> Temanza escribió una biografía de Palladio, otra de Sansovino y otra de un tal Scamozzi, también de Vicenza como Palladio, y también una biografía colectiva de los arquitectos venecianos, donde le mete un poco de caña al Vasari por sus críticas a Fra Giocondo; también fue proto o arquitecto principal de la Magistratura delle acque, un puesto con bastante importancia, ya que se encargaba del suministro, de las canalizaciones, y de la laguna en general.

Uno de los palacios más impresionantes de Cannaregio es el llamado Ca'd'Oro, pero no es muy impresionante desde el interior. Tendremos que acercarnos hasta la parada flotante del vaporetto para poder verlo un poco mejor; todos los trayectos del vaporetto también ofrecen una buena vista. Desde la orilla opuesta, la llamada Riva d l'Ogio, también tienes buenas vistas a cualquier hora del día. Porque esta obra de orfebrería gótica es impresionante prácticamente a cualquier hora, y la iluminación interior de noche todavía lo hace más bello.

> En nuestro segundo viaje a Venecia, pasábamos por esta

> riva a todas horas, porque nuestro alojamiento estaba en una calle que salía de ahí; cuando digo que a todas horas lucía, es porque lo vimos a todas horas (salvo al amanecer), y no dejamos de pararnos para contemplarlo unos minutos cada una de las veces. En la puerta del hotel L'Orologio había un par de mesas donde te podías detener más tiempo; incluso al final de la riva había un pequeño embarcadero, y siempre había gente sentada en el mismo, abandonada en la contemplación.

Sería digno de ver cuando, efectivamente, estuviera recubierto de oro, lo que le daba el nombre. Incluso sin él, las cenefas de las ventanas góticas y la terraza y los colores de los mármoles de la fachada siguen jugando con la luz de forma muy interesante. Posiblemente sea el mejor ejemplo (junto con la Porta della Carta) del gótico florido. El palacio, efectivamente, se creó a finales del siglo XV por parte de la familia Contarini, una de las familias nobles más famosas; siendo además de las más ricas, se trajo a canteros lombardos, incluyendo a Matteo Raverti, que había trabajado en la catedral de Milán y, en la misma Venecia, en la fachada del palacio ducal y en San Marco. También los hermanos Bono, estos venecianos, y que habían trabajado también en San Zanipolo y Santa Maria dell'Orto.

Al final pasó a la familia Franchetti, un coleccionista cuyas obras están hoy expuestas en el interior. Y donde podemos ver, entre otros, a Carpaccio, y a frescos de Giorgione y Tiziano, incluyendo la Venus del Espejo de Tiziano.

> Tiziano realizó muchas versiones de esta Venus. La que se expone aquí es, precisamente, la Venus que no tiene espejo. Hay una copia de Rubens de otra versión que se encuentra en el Thyssen-Bornemisza de Madrid.

Tiziano "hizo poesía visual del erotismo y el poder". La representación de una mujer desnuda recostada o simplemente en reposo, asistida por alguien, delante de un espejo o simplemente mirando hacia el espectador del cuadro es uno de los patrones pictóricos más recurrentes y universales en la pintura, independientemente del estilo pictórico. Hasta el mismo Bellini, que fue el maestro de Giorgione, se animó a pintar una, un año antes de su muerte, cuando antes siempre había pintado temas mitológicos.

Aunque los desnudos y el tema de las pinturas tienen más que ver con la geopolítica del siglo XVI, con Felipe II como emperador sobre posesiones en las que no se pone el sol, es cierto que Venecia, desde Giorgione y pasando por Tiziano, Bellini, y más adelante, Tiepolo y otros, creó una serie de motivos visuales que no dejaremos de ver en cualquier museo del mundo. Felipe II, y otros clientes, hicieron rico a Tiziano, pero por el camino éste tuvo que escribirle repetidamente para que le pagara los hasta 14 cuadros que le dejó a deber. Por eso hay tantas obras suyas, más de 50, en el Museo del Prado, incluyendo varios desnudos; por ejemplo, "Andrómeda y el dragón". De entre estas, "Venus recreándose en la música" tiene todos los elementos clásicos: la Venus desnuda recostada, los tejidos lujosos, el perrillo al que acaricia... Aparte de que de esta hay cinco copias o cuadros muy similares, podemos ver el gran parecido con la de Giorgione, y hasta con Modigliani.

> Ya sabemos que "Tiziano" (como algunos otros los pintores contemporáneos) era una franquicia o bottega donde el maestro realizaba un "original", o el boceto de una pintura, y los garsons, trabajadores del taller o aprendices, lo completaban a la vez que se instruían para su carrera como pintores.

Sea cual sea el tema, merece la pena entrar en esta galería para apreciar la "poesía visual" de Tiziano. Y si entras antes del atardecer y sales después, aprecia la fachada del Ca'd'Oro y sus colores cambiantes a lo largo de todo el día.

De aquí, podemos volver a la Strada Nuova, que no es demasiado diferente de una calle peatonal de cualquier otra urbe italiana. Los mismos helados Venchi, franquicias de hamburguesas o pizzas, tiendas de diseño nórdico... Por supuesto, tiendas de cristal de Murano o de artesanía veneciana. Pero es una calle amplia, quizás la calle más "normal" de Venecia. Y aún así, también tiene puentes sobre canales y palacios.

No hay que andar mucho para llegar a Ca' Sagredo; sólo lo separa un palacio (estrecho) de Ca'd'Oro (el palacio Giustinian Pesaro, por si tienes curiosidad), aunque tendrás que ir hacia el interior, cruzar por detrás y luego volver, porque no hay riva delante de esos palacios (como sucede, en general, en casi todo el Gran Canal). Ca'Sagredo es hoy en día un hotel de lujo, pero también es uno de los palacios góticos más interesantes; también por la mezcla entre diferentes estilos, que incluye una escalera monumental de Andrea Tiralli y frescos de Tiepolo y Longhi. Además, está decorado con estucos de color pastel, los célebres estucos venecianos. Siendo un hotel de lujo, es posible que puedas camelarte al conserje y echar un vistazo; pero también es posible que te conteste con la clásica malafollá destinada a los que no son clientes de hoteles de lujo. Si lo consigues, escríbele a este autor, anda, y así pongo algo más en la siguiente edición del libro.

En el campo donde termina la Strada Nuova hay una iglesia, aunque es difícil reconocerla como tal desde el exterior. También al principio, y a la mitad, y en todos lados hay iglesias, estas más fácilmente reconocibles, pero esta es una iglesia protestante, a diferencia de las demás. En concreto, la primera comunidad luterana de Italia, y una de las primeras que se abrió fuera de Alemania. Usó lo que era anteriormente la Scuola dell'Angel Custodio, y se situó cerca del Fondaco de Tedeschi, donde tenía, por así decirlo, a la parroquia. El aspecto exterior es el de un edificio renacentista, con proporciones muy palladianas, pero en realidad se construyó mucho más tarde, durante el barroco, por un arquitecto llamado Andrea Tiralli, que era muy fan de Palladio. El interior es interesante, con elementos de la antigua capilla de la comunidad, que estaba en el Fondaco dei Tedeschi. También hay un Tiziano, pero dónde no.

A pesar de la tolerancia general de la república, se ve que el tema del protestantismo no lo llevaban tan bien. Las congregaciones se reunían en secreto, y los pastores se camuflaban como simples comerciantes alemanes; la Inquisición actuaba contra los creyentes. Sólo se permitían algunas predicaciones, pero sin que permitieran llegar a congregación. En el siglo XIX, eventualmente, adquirieron la iglesia actual, donde sigue habiendo una congregación con un pastor (o, en 2022, pastora) alemán.

De teatro en teatro

Por San Marco, del teatro Grassi al Teatro Malibran

> "En el invierno, Venecia es como un teatro abandonado. Se ha terminado la obra, pero permanecen los ecos", Arbit Blatas

Por eso, veremos Venecia una tarde de invierno, y también una mañana, vamos, unos cuantos días, después de haberla visitado en primavera y en verano. Menos horas de luz para ver cosas, pero más para refugiarte en museos, palazzi... Y teatros, si encarta, claro.

Venecia inventó el teatro y la ópera de pago, mercantilizó el arte y todo eso. Pero como decían Les Luthiers de Mastropiero en el sketch "El beso de Ariadna":

> Toda vez que por necesidades económicas Mastropiero se vio obligado a componer música a pedido o por encargo, produjo obras mediocres e inexpresivas. Por el contrario, cuando sólo obedeció a su inspiración jamás escribió una nota.

Así que las necesidades económicas acaban produciendo obras mejores o peores, pero existentes, que no es mala cosa para el arte. Los teatros, de hecho, empezaron en palazzi alquilados a empresarios espabilados que montaban producciones por las que cobraban al público. Este paseo también empieza en un palacio: el palazzo Grassi, justo a la ribera del gran canal. También cerca de una parada de vaporetto, por si quieres empezar directamente.

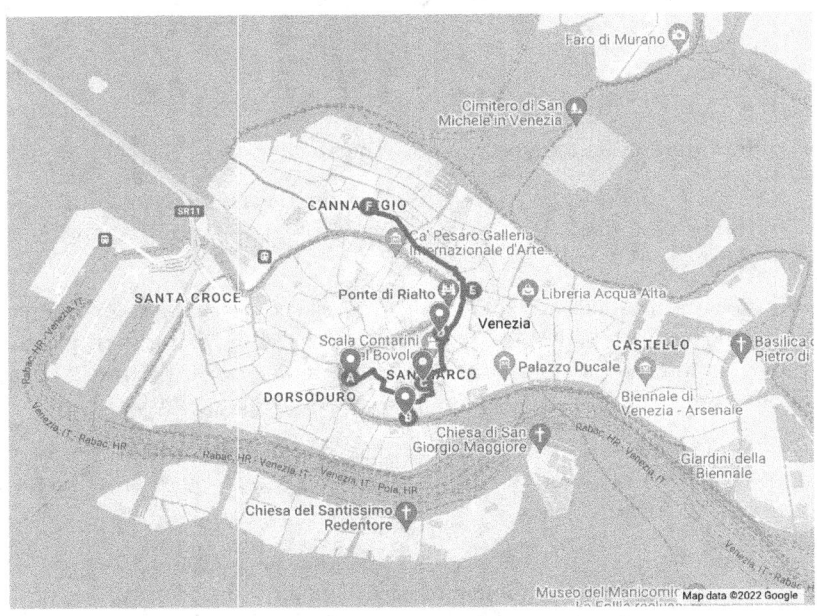

Figura 11: Mapa del paseo

Y este palacio tiene un "teatrino". Hemos dicho que no hay mucha arquitectura moderna en Venecia; la que hay está bastante disimulada, porque consiste generalmente en reforma de interiores, para que Venecia siga siendo Venecia. Pero lo que se hace es bastante radical, sobre todo por no tener que establecer más diálogo arquitectónico que el que el autor quiera establecer con el espectador. Lo que es, por cierto, algo muy del manifiesto futurista, que ponía al espectador en el centro de la obra de arte. El arquitecto al que se le encargó la reforma de este Teatrino, Tadao Ando, un arquitecto japonés, creó un diseño basado en el hormigón, lleno de ángulos... y de un pavimento español de la empresa IdealWork llamado "Nuvolato Architop".

> En la página web del producto enseñan una cocina. Si se innova, se innova, qué carallo.

El aspecto "nuboso" (de ahí viene lo de "Nuvolato") le da un aspecto... sorprendente, y desde luego posmoderno. Se hizo en 2013, y tiene todo tipo de eventos culturales; pero también se puede visitar. Merece la pena, aunque sea por el contraste con el exterior.

En este teatro se celebran, como en los otros, diferentes conciertos. También el final de temporada de la serie Rugagiuffa, de la que hablamos cuando pasamos por esa calle. No hay que andar mucho por Venecia para encontrar a personas vestidas al modo barroco, más caracterizados como en Salzburgo que como en Venecia, pero en todo caso tratando de conseguir que los turistas se acerquen a sus representaciones. Que estoy seguro que son excelentes, pero, la verdad, no me van a encontrar allí.

> Donde me van a encontrar es en la Casanova Opera Pop el próximo mes de diciembre de 2022, en el teatro Malibran, algo que, entre otras cosas, ha causado este capítulo, que acabará en ese teatro. Pero no hemos venido a hablar de Casanova. Ni de Operas Pop. Así que siga leyendo.

Porque Venecia es como Salzburgo, o como Viena, o como Memphis o Nueva Orleans en otro estilo. Son ciudades de la música, es donde se va a vivir la música donde se hizo, donde se descubrió.

> En Nueva Orleans tuve el privilegio de ver a una banda de swing que incluía a Uncle Lionel (solo un rato, porque

estaba mayor, el pobre, murió al año o año y pico) en el Candlelight Lounge. Nueva Orleans creó el swing, y vivirlo allí, y beber cerveza y tomar arroz con habichuelas, y hablar con la mujer en la tapa, y con gente aleatoria que se sentaba en tu mesa, fue todo un privilegio.

Pero mientras Memphis es la cuna del Rock and Roll y Viena de Mozart, Strauss, la marcha Radetzky y toda esa peña, ¿qué música creó Venecia? La polifonía multicoral. O sea, polifonía = múltiples voces a la vez. Multicoral: pues que hay muchas corales. Y sólo se pudo hacer en Venecia por las características sonoras únicas de la basílica de san Marcos.

Y ¿quién la creó? Pues el relativamente desconocido Monteverdi. Sí, yo no tenía ni idea de que existiera. Monteverdi fue un sacerdote veneciano, nacido en Cremona pero desarrollando toda su vida profesional en Venecia. Esto sucedió en la transición entre el siglo XVI y el XVII, y también en la transición de la música del renacimiento al barroco, donde se le reconoce como uno de los pioneros. Igual que en la pintura el desarrollo de nuevos lenguajes marca el cambio de estilos y épocas, el barroco significó la conversión de la música en un simple placer estético, pero asociada al texto.

Monteverdi creó una de las primeras óperas teatrales que realmente tuvo una trama dramática, y no simplemente gente cantando. Todavía estaba en Mantua cuando lo hizo, así que tampoco le vamos a echar la culpa (o entonar las alabanzas) a Venecia. De hecho, Monteverdi fue un gran innovador, pero el único invento que realmente se puede atribuir a Venecia es la polifonía multicoral. Pero sí es cierto que las óperas que creó en Mantua fue para la corte de Gonzaga, mientras que las que creó ya en Venecia se representaron por primera vez en teatros como los que nos ocupan en este capítulo.

> Algún mérito habrá que atribuirle a Venecia por atraer a gente tan brillante como Monteverdi, claro, y que pueda desarrollar todo su potencial. Pero el crédito de haber descubierto algo, a la ciudad que lo merezca.

El que se hicieran estrenos de relevancia en Venecia, y en cantidad, implica la existencia de teatros de calidad escénica pero también cultural, donde poder llevarlos a cabo. Y posiblemente el teatro más famoso de Venecia sea el de la Fenice, cuyo símbolo es el ave fénix, y aparece por todos lados. Es posiblemente el único teatro al que puedes acceder por barca o góndola, y tiene un embarcadero específicamente para quienes lo vayan a hacer de esta forma. Pero no es famoso por eso: es uno de los 10 teatros de ópera mejores del mundo, habiendo estrenado en él muchas de los grandes compositores de nuestro tiempo, desde Stravinsky (también enterrado aquí) hasta, más recientemente, en 2022, Giorgio Battistelli.

> Evidentemente, yo no conozco de nada a este señor. Pero lo que quiero decir aquí es que se han estrenado cosas continuamente, y se considera lo suficientemente importante como para que se le elija como primer lugar para estrenar una obra.

Pero era uno de los teatros favoritos de Verdi: aquí se estrenó tanto "La Traviata" como "Rigoletto", a mediados de siglo. Y el teatro que existe ahora es el mismo que entonces, aunque la última reapertura es del año 2003. ¿Por qué eligió Verdi La Fenice para estrenar cinco de sus operas? Verdi estrenó muchas óperas allí, y pasó temporadas haciendo los montajes y arreglos, de acuerdo con su contrato. Estos contratos, precisamente, pueden justificar su preferencia: Verdi se cuidaba muy bien de ser pagado de acuerdo con su talento (y fama), y La Fenice, como uno de los teatros mejores de la épica, podía pagar lo que él pedía.

Como corresponde a la época, es un edificio neoclásico, situado en un campo, el de San Fantin, no demasiado lejos de San Marcos. Merece la pena desviarse un poco del circuito para echarle un vistazo. Por dentro tiene el aspecto rococó que uno espera de este tipo de teatros; y como sigue siendo un lugar donde se celebran conciertos, puedes aprovechar e ir a uno de ellos. Si no, simplemente échale un vistazo, aunque visitar un teatro sin actuación es como ir a un campo de fútbol sin partido: está bien, puedes apreciar las cualidades artísticas e ingenieriles, pero no es para lo que se hizo.

El interior tiene forma de herradura, con un patio de butacas y una serie de palcos en varios pisos situados alrededor del mismo. Esta estructura se llama teatro "a la italiana" y es bastante diferente de lo habitual en nuestro país. No es que yo haya visitado muchos. En mi pueblo había un Teatro Ideal Cinema que tenía forma rectangular, tres niveles (patio de butacas, principal y general) y un par de palcos a derecha e izquierda del escenario. No parecían muy accesibles, pero en todo caso quedaba claro que estaban hechos para gente de otro nivel.

Sin embargo, el nivel social era justo el contrario. En la platea, que podía estar incluso sin pavimentar, se encontraba el pueblo, el popolani, de pie. Los palcos se alquilaban por temporadas a los nobles que pagaban a empresarios por el derecho a usarlos, llevar invitados y demás. En la Fenice y en muchos otros teatros había, también, un palco real. En la Fenice, al no haber realmente reyes sino dogos, no comenzó uno hasta la ocupación austriaca, en 1808. Una vez creada la república italiana, como quedaba bien, lo dejaron, aunque cambiaron los símbolos imperiales por el león de San Marcos, lo que sucedió durante la breve república del mismo nombre.

También es uno de los lugares más reconocibles de Venecia. Donna Leone situó allí su primer libro, "Muerte en la Fenice", donde introdujo al comisario Brunetti. Un director de orquesta muere, precisamente, durante una representación de "La Traviata". Donna Leone tiene un ojo especial para las tradiciones e historias de origen venecianas, y para mi es una de las mejores novelas de la serie.

Después de ver la portada puedes dar una vuelta hacia la parte de atrás, donde verás el embarcadero y su decoración Art Nouveau. Aparte de ser una zona tranquila y bastante decadente, puedes imaginarte a los asistentes vestidos con sus mejores galas y, por qué no, con sus máscaras, las lámparas, quizás antorchas, brillando sobre las aguas, y una bella máscara girándose hacia ti, en un tropo que no falta en ninguna película que se precie (incluyendo, por supuesto, Veneciafrenia, donde la escena cumbre se desarrolla en un teatro, el llamado — e inexistente — teatro Manin).

La Fenice es, sin embargo, un teatro relativamente moderno; los primeros edificios usados como teatros han desaparecido en su totalidad: Los primeros teatros comerciales estuvieron en palacios alquilados por alguna familia noble a empresarios; esa tradición continúa ahora con la representación de operas en palacios. No en salas de baile o en palacios vaciados (no es que se pueda, los muros son muros de carga), sino de una forma curiosa e innovadora: una experiencia inmersiva en la que la planta noble del palacio se convierte en el escenario, y el público se va moviendo de estancia de un acto al siguiente.

El palacio donde se celebra el programa "Música a palazzo" es el palacio Barbarigo-Minotto. Este nombre compuesto es el habitual en estos palacios: se suele poner primero la familia patricia que fue la que construyó el palacio y a continuación la familia que la adquirió, generalmente tras la caída de la república.

> También así se distingue de los otros palacios Barbarigo, como el palacio Barbarigo de la Terrazza, un palacio que, ninguna sorpresa, tiene una bonita terraza justo encima de la portada, que se puede ver en la orilla opuesta del Gran Canal.

El palacio es el clásico gótico veneciano, con un exterior enlucido en rosa pálido, chimeneas y altanas, pero la decoración interior es del siglo XVIII y se debe a una de las familias que allí habitó, Gregorio Barbarigo y Catarina Sagredo. Entre diferentes decoraciones barrocas, hay también una carga considerable de simbología masónica.

> Cuál es esa simbología, no lo tengo nada claro. Cuando asista a la opera en ese lugar, trataré de fijarme. Ver La Traviata, escrita por Verdi, que era masón, en un lugar con simbología masónica, no puede ser más adecuado e inmersivo.

Hablando de masonería, Carlo Goldoni, que da nombre al siguiente teatro, sí que lo era; la familia Barbarigo, el arquitecto o Tiepolo, el decorador, no he encontrado ninguna constancia. El teatro, llamado actualmente Teatro Stabile del Véneto Carlo Goldoni, si es el más antiguo de Venecia. Como todos los teatros ha pasado por diferentes invocaciones, sin más remedio, porque Carlo Goldoni es un personaje relativamente reciente.

> Hay otro teatro Goldoni en Livorno.

Como en el caso de la Fenice, el teatro está construido "a la italiana", con cuatro pisos de palcos y una platea en la que caben, en total, 400 personas; el exterior, sin embargo, es estilo Art Nouveau y tiene una serie de puertas de forja con apariencia bastante moderna.

Goldoni era veneciano, y desarrolló gran parte de su carrera en Venecia. Durante ella, cambió el teatro tal como se conocía. Sin embargo, no se le conoce tanto fuera de Italia. Puede ser que comparta sino con el resto de los autores teatrales de la misma época. Yo recuerdo a Leandro Fernández de Moratín de mis clases en el instituto, por ejemplo, pero no se puede decir que sea popular ni entre las obras que se representan hoy en día profesionalmente, ni entre los aficionados. Ni en adaptaciones televisivas. Pero ellos, curiosamente, sí se conocían entre si; para cuando Fernández de Moratín empezó a escribir teatro, Goldoni ya era un autor consagrado. Se vieron en París más tarde, donde Goldoni había ido como director artístico del teatro de la Comedia Italiana y Fernández de Moratín en misión diplomática para aconsejar a Luis XVI medidas antirrevolucionarias. Si hubiera tenido éxito, Goldoni no habría muerto en la miseria: como era profesor de italiano de los reyes, recibía una pensión que le fue suprimida cuando estalló la revolución francesa; murió en la pobreza en 1793. Un día antes de morir la Convención revolucionaria decidió concederle una pensión, que tuvo que ir a su viuda.

> Leandro Fernández de Moratín sólo alcanzaría el éxito muchos años más tarde de esta visita, con "El sí de las niñas". Más tarde aún, perseguido por la inquisición de Fernando VII por esta obra, él mismo tuvo que exiliarse en París.

Goldoni fue profeta en su tierra, usando incluso el véneto para escribir algunas de sus comedias. También en el extranjero: algunas de sus óperas recibieron la música de los músicos austríacos Haydn, Mozart e incluso Salieri, el enemigo de Mozart. También Vivaldi le puso música a sus óperas, y escribió óperas en francés, donde residió y fue profesor de los hijos del rey Luis XV. Y allí, o en Italia, accedió al grado máximo de la masonería y escribió "Le donne curiose", donde aparece la secta de los "Liberi Muratori", al parecer relacionada con la masonería; igual que Mozart escribió "La Flauta Mágica", cuya simbología es también masónica.

Este teatro pasó por muchos nombres en sus cuatrocientos años de existencia; primero se llamó teatro Vendramin, por la familia que lo construyó; más adelante se llamó San Luca y San Salvador. Goldoni, de hecho, trabajó para el teatro mientras todavía se llamaba San Luca, antes de la caída de la república. No se llamó Goldoni hasta 1875; cuando se reabrió cien años más tarde, ya como propiedad municipal, comenzó con una representación de una obra de Goldoni, "La locandiera".

> Goldoni no estrenó, al parecer, ninguna de sus obras aquí;
> le tiraba más el teatro Sant'Angelo, en la zona de Rialto,
> ya desaparecido.

Goldoni está asociado al café en general, al Florian en particular, pero también especialmente al chocolate en taza; hace referencia en muchas de sus obras, por ejemplo en "La Locandiera", o en "La bottega del caffè", donde se juegan un chocolate dos personajes; también le escribe poemas y se habla de una receta de chocolate propia que he sido incapaz de encontrar. El chocolate en Venecia, por otro lado, es tan ubicuo como los vidrios de Murano. En mi última visita, en un día lluvioso, una pasticceria cerca de San Pantalon me proporcionó una cioccolatta con jengibre que me supo a gloria, mientras tenía todo el cuerpo empapado por una lluvia que llegaba desde todos los ángulos.

El día anterior de tomar ese chocolate, había estado viendo Casanova Pop en el teatro Malibrán, en la corte del Millone, donde vivía familia Polo.

El Teatro Malibrán es uno de los teatros más antiguos de Venecia y, por tanto, del mundo. Está situado en el barrio de Cannaregio, cerca, sin embargo, de San Marco y también de Rialto.

> Y cuando hablo de mundo hablo del mundo occidental,
> claro. Es totalmente posible que se cobrara por el teatro
> Kabuki en el siglo XI o que los títeres balineses tuvieran
> compañías profesionales estables en el siglo III. No los quiero hacer de menos, pero tampoco forman parte de nuestra
> herencia cultural, o se han incorporado a ella solamente en
> el último siglo. Así que quedémonos, por lo pronto, con la
> coletilla "occidental" cuando digo mundo.

Y lo es no porque no se celebrara teatro antes, sino porque anteriormente se alquilaban palazzi particulares para llevar a cabo representaciones. El teatro, efectivamente, es de finales del XVII, inaugurándose durante el carnaval con el nombre San Giovanni Crisostomo. Muy apropiado, con máscaras en el escenario y también en la platea. Una experiencia de las que merecería la pena viajar en el tiempo para visitar.

Pero recibe ese nombre en el siglo XIX, por una cantante española: María García Malibrán, una mezzo-soprano, la más famosa de la época, que ejecutó una pieza con tal fortuna que la familia Gallo, propietaria del edificio, decidió dedicárselo; esa interpretación salvó al teatro de la ruina, y qué menos que hacerlo. Gracias a ella, por tanto, hoy podemos disfrutar de este teatro, que sigue haciendo representaciones hasta hoy.

El teatro está justamente donde se situaba la residencia de Marco Polo, un edificio que desapareció por un incendio, está cerca de las corti Prima y Seconda del Millione, que se refieren a la obra en la que describe sus viajes; es de estilo barroco, aunque desde el exterior su apariencia no es demasiado llamativa. Estoy seguro de que he pasado por delante, y seguramente tú también, sin dedicarle más de una mirada. En él se estrenaron muchas obras, de autores locales sobre todo (como Pallavicino, Pollarolo), pero también obras como Agrippina de Händel. Este teatro sigue funcionando hoy en día, con una programación permanente de óperas y musicales diversos.

> En el momento que escribo esto, hay un musical pop basado en la vida de Casanova, llamado simplemente "Casanova Opera Pop" que iré a ver en diciembre de 2022. Casanova... También era masón. Parece que vamos de logia en logia en vez de ir de teatro en teatro.

También es un teatro de estilo "italiano", es decir, en forma de herradura y con las paredes cubiertas de palcos, con un palco "real" en medio. Esta forma se ve claramente desde arriba, en Google Maps por ejemplo. La forma de herradura no solamente está en el interior del teatro, sino que el techo tiene esa forma claramente identificable.

> A decir verdad, parece un ataúd enmarcado en una herradura un poco más grande.

Las representaciones eran ocasiones sociales, donde los artistas tenían que llamar la atención y justificarse ante el público para poder acabar la obra. Goethe, en su "Viaje a Italia" cuenta, aparte de que aparentemente había teatro, en esa época una docena de años antes de la disolución de la república, casi todos los días, que el público imprecaba e insultaba a los actores que maltrataban o hacían mal a algún personaje de los buenos, y tenían que salir esos mismos actores a convencerles que se estuvieran quietecitos, que todo al final salía de la mejor forma posible. Aún así, lo que sucedía el teatro a veces tenía más que ver con la gente que estaba allí que con la representación. Una anécdota que he leído habla, también en las postrimerías de la república, de los cánticos del público metiéndose con Cecilia Zen Tron, "la Trona", una buena pieza que, a los 17 años, fue prometida (y posteriormente desposada) con un señor de cincuenta, inmensamente rico, como en el tópico. Los cánticos, en véneto y también en verso, venían a decir que sus favores sexuales los vendía más baratos que un palco de la familia, que había sido alquilado por una cantidad exorbitante a un príncipe ruso. Cecilia "la Trona", ni corta ni perezosa, contestó también en verso

La Trona

La mona

La dona

Donde "la mona" es una palabra en idioma véneto que designa lo que podéis imaginar, es decir, que ella, la Trona, su mona, la donaba o daba gratis. No tiene gracia, pero es que hay que estar allí para pillarlo. Cabe visualizar al pueblo, en la platea, comiendo, bebiendo, y pasando un buen rato. Como, por otra parte, sucedía también en los teatros del resto del mundo. En Venecia sólo había más, y tenían a las grandes comedias creadas por Goldoni. Hasta tal punto se vivía el teatro como punto de encuentro que, según cuenta Pedro Antonio de Alarcón, las autoridades austriacas cerraron La Fenice para evitar las manifestaciones "que allí ocurrían frecuentemente".

Y es que los teatros eran un escenario para la vida; pero la vida también pasaba por el escenario. Goethe decía que en los teatros venecianos la gente reía porque reproducían las situaciones y escenas que sucedían en cualquier lugar de la ciudad; y lo hacían a través de una serie de personajes estereotipados: Arlequín, con los leotardos y el traje ajustado y, efectivamente, arlequinado; Pantalone, el mercader avaro y veneciano, un personaje con origen precisamente aquí; Zanni, el bobo, pero con un gran corazón... Todos juntos en la commedia dell'arte que pudo, posiblemente, tener su origen en la comedia en idioma véneto, pero también, por supuesto, en las comedias de Plauto. Como arte en toscano y otros idiomas precursores del italiano significa gremio, o sea que la commedia dell'arte era la "comedia del gremio", o profesional. Efectivamente, los actores eran profesionales que siempre representaban el mismo personaje y se metían en ese personaje. Hasta que llegó Goldoni, no había guión, sino situaciones que los artistas resolvían según lo que habían escuchado ese día, o habían vivido, reflejando de esa forma la vida cotidiana de los venecianos, romanos, brescianos y quien se pusiera a tiro.

En esas comedias muchos de los personajes llevaban máscaras, y de hecho se les denominaba maschere. No resulta nada raro que, durante el carnaval, la gente adoptara esos personajes y, sobre todo, sus indumentarias, sus máscaras, y su forma de actuar, cerrando el círculo: las máscaras estereotipaban a la gente, pero la gente adoptaba ese estereotipo, o el estereotipo contrario al de su zona de comfort. Al final, el gran teatro del mundo y de la vida, que no conoce límites. En carnaval o el resto del año.

Una de las máscaras más populares, sin embargo, no procede de la commedia dell'arte. Se trata de la baùta. La baùta es una media máscara que no cubre la boca, y tiene un pequeño pico; está hecha de cartón o cuero y, hoy en día, de plástico, claro. Es también la más antigua: se empezó a fabricar en el siglo XIII y se ha convertido en la máscara por antonomasia; incluso fuera de Venecia. Si ves "Versalles", unos salteadores de camino usan precisamente esta máscara. Por supuesto, en Veneciafrenia también se usa por múltiples personajes, y los principales, en una versión muñeco diabólico. Y si paseas por Mercerie o por cualquier otro sitio donde vendan máscaras (casi toda Venecia), será la que veas con más frecuencia. Como deja libre la boca, se puede comer y beber con ella, lo que es una gran ventaja al no tener que descubrirse. En "El proceso", una serie italiana en Netflix, aparece cuando se registra el dormitorio de la víctima una baùta de color blanco (debía ser una moretta, tratándose de una mujer). La sola aparición de esta máscara apunta a algo oculto, quizás ilegal y vagamente sexual. La investigadora, Elena Guerra, se queda mirándola y piensa en algo. Se trata de una muchacha de 17 años, ¿qué habrá detrás de la máscara?

> La acción se desarrolla en Mantua, una ciudad en Lombardía, bastante al oeste de Venecia, que nunca formó parte de sus dominios. El símbolo de la baùta y lo que representa ya se ha extendido a toda Italia, si no al mundo.

Y no es estrictamente una máscara de carnaval; es simplemente una máscara, que en Venecia se usaba como parte de la indumentaria habitual; ni estaba mal visto llevar máscara ni se consideraba de forajidos o truhanes. Había ciertas reglas para usarlas: nunca antes de las 12 de la mañana, tampoco en oficios religiosos ni en eventos oficiales, por ejemplo. Pero el atuendo que incluía el tricornio y el tabarro (un tabardo) eran obligatorios para las mujeres que asistían al teatro, siendo multadas en caso de que no lo cumplieran. Las reglas variaban a lo largo del tiempo: mientras que en un momento las prostitutas tenían prohibido usarlas, a continuación se las obligaba a estar enmascaradas todo el tiempo; en el siglo XVIII los viajeros describen el uso generalizado, en todo momento, antes, durante y después del Carnaval.

> No recuerdo que Goethe contara nada de esto, pero él llegó poco antes del final, donde las buenas (y malas) costumbres se habían relajado bastante.

Algunos pintores, como Longhi, las representan en sus cuadros con frecuencia. Y fue el mismo Goldoni el que empezó a usarlo en sus obras teatrales; también en óperas nacionales y extranjeras. Eso contribuyó a su popularidad en todo el mundo. Al final, el teatro, el carnaval, y la vida misma son un ciclo, el ciclo de las máscaras.

> Y ya que viene a cuento, os recomiendo "Máscaras", de Leonardo Padura, un novelista cubano cuyo personaje, Mario Conde, pertenece a la policía de La Habana y resuelve crímenes, en esta ocasión relacionados con el teatro. La reflexión de esta novela es parecida a la del párrafo anterior. Además, Cuba es una isla. Como Venecia.

No hay falta de teatros y actuaciones en Venecia, pero a falta de personal local, prácticamente están dirigidos a los turistas. Seguramente verás en muchas plazas de Venecia y en las parada de vaporetti personas vestidas como en la peli de Mozart ofreciendo conciertos en diferentes iglesias desconsagradas o "scuoli". Una interesante experiencia sin duda, que aprovecha que grandes músicos como Vivaldi hayan nacido aquí, en Venecia. Pero es como ir a un espectáculo de flamenco en Sevilla o de jazz en Nueva Orleáns. Si lo entiendes, te llena; si no, te aburre. Lo dejamos por tanto como asignatura pendiente. Tarde o temprano llegaremos a la música.

Efectivamente, no faltan teatros, pero como dice el refrán, donde no falta, sobra. En mi último viaje pasé por delante de un bonito edificio que todavía tenía un cartel que decía "Teatro Italia". Entré a comprar pan y algo de queso. Sí, puedes comprar en el supermercado que se encuentra en el antiguo Teatro Cine Italia, que ahora se llama Despar Teatro Italia; Despar es una cadena de supermercados con tiendas por toda Italia.

> De hecho, te aconsejo que lo hagas, porque hay muy pocos supermercados en Venecia y cuando pases delante de uno hay que acaparar para cuando estés a más de 20 minutos andando de cualquiera, que es donde se suele alojar uno.

Volvemos a preguntarnos por qué una población que tiene, en la actualidad, cincuenta mil habitantes, necesita tanto teatro. En mi pueblo, que tiene por el estilo, sólo hay uno, pero ni siquiera es estable. Y los pocos supermercados que hay, sobre todo en ciertos barrios. E igual eso mismo es lo que se plantearon los que compraron este edificio de principios de siglo; un edificio modernista/Liberty de los muy pocos que existen en Venecia. Ya hay suficientes espacios escénicos para los turistas, pero no hay tantos supermercados para los locales. Seguramente los venecianos lo agradecerán.

Una experiencia única, por tanto. Comprar pasta italiana, y encontrarse frescos y cornisas decoradas justo al lado de la bollería industrial y de los quesos. Y un sitio también único para terminar el paseo, ¿no? Un lugar donde la comida y los productos de limpieza son el verdadero espectáculo, y donde las arias las cantas las cajas cuando se teclea el importe de las compras.

En Twitter alguien comentaba, sin embargo, que recordaba haber ido a ese teatro, cuando era un cine, a ver Grease. Aldo Rossi decía que la ciudad era la memoria colectiva de los pueblos. Sin embargo, gran parte de la ciudad de Venecia es agua, y el agua no tiene memoria. Quizás por eso mismo construyó el Teatro del Mundo, un teatro flotante, con capacidad para unas 250 personas, que durante la bienal de arquitectura de los años 79-80 estuvo anclada junto a la punta de la Dogana, creando una curiosa combinación de monumento y servicio. No hay nada que lo recuerde, ni posiblemente nadie, y quizás sea lo mejor y lo más interesante de todo ello. El teatro tenía una cúpula octogonal, haciendo juego con la Salute, más allá de donde se ancló. A pesar de estar perdido en la memoria, este teatro del mundo recuperaba la memoria de los pabellones flotantes que aparecían en Venecia entre los siglos XV y XVII, sobre todo en carnavales; se llamaban de la misma forma, "teatri del mondo", porque, al ser flotantes, estaban totalmente libres de ataduras; podían anclarse, o moverse, o ir a donde quisieran.

Aldo Rossi era marxista y milanés, aunque pasó gran parte de su vida profesional en Venecia, como profesor en el Instituto Universitario de Arquitectura de Venecia y director de la bienal de arquitectura; escribió un libro llamado "La arquitectura de la ciudad", donde se refería repetidamente a Venecia, que seguramente sería su inspiración. Levantándose metafóricamente después de muerto, ganó un recurso por la adjudicación de las obras de La Fenice, que finalmente se llevaron a cabo con su proyecto. Este "Teatro del Mundo" no fue, pues, su única obra "teatral" en Venecia.

Pero no es el único teatro flotante; ya hablamos del concierto de Pink Floyd en medio del Bacino de San Marco; pero es que en los últimos años, también, el cinema galleggiante o flotante abre en agosto y está en funcionamiento hasta mediados de septiembre. Un escenario flotante donde se realizan eventos y espectáculos, y donde se proyecta cine; para asistir no tienes más que pillarte tu tender e irte para allá. Si las ciudades americanas, donde reina el coche, hay drive-in cinemas, ¿por qué no iba a haber aquí sail-in cinemas, o cines a los que se llegue navegando?

> Si no ponen Waterworld para inaugurar la temporada todos los años, es que tienen poco sentido de la ironía. O que

no le gustan las películas malas de solemnidad, que puede ser.

España (y Granada) en Venecia

De la conjura de las aceitunas, a los tejidos de Fortuny

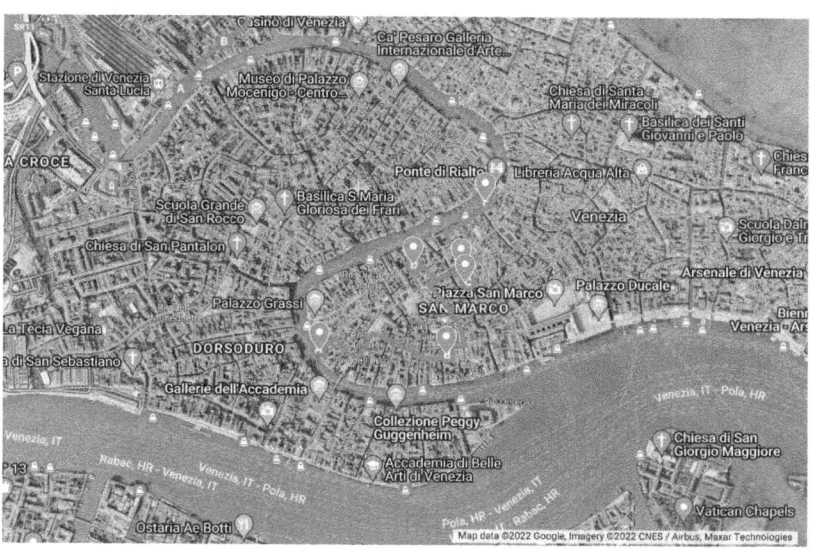

Figura 12: Recorrido por sitios más o menos españoles

"Gente son nacida al logro, y destinada al robo [...]. Su tesoro es dar a entender que pueden; su religión la que más les vale; sus ejércitos son alquilados; sus armadas aparentes; y en fin es una república ramera, que toda su vida está ganando con su cuerpo para valientes que la defiendan". Quevedo, en "Sátira contra los venecianos", citada en "Quevedo y Venecia (Una versión desconocida para sátira)". Haciendo profuso uso del punto y coma, que fuera inventado unos años antes en Venecia por Aldo Manuzio.

La relación entre Venecia y España viene de muy atrás, incluso desde antes de que fuera España. El Senado veneciano trató de establecer una serie de tratados comerciales con la Granada nazarí en el siglo XV, poco antes de su conquista. Como potencia pragmática que era, le daban igual musulmanes o cristianos, y si eran capaces de proporcionar algún servicio o de adquirir alguna mercancía, se establecían relaciones tranquilamente.

El reino nazarí de Granada tenía un puerto importante, Málaga, prácticamente hasta el final de sus días; un puerto en el Mediterráneo que los venecianos podían aprovechar en su muda a Flandes, es decir, las expediciones regulares comerciales que se organizaban desde la Signoria y que, en este caso, enganchaban con las rutas de la liga hanseática; ya hemos hablado de eso en otro capítulo. Esas escalas requerían la apertura de un consulado, y así se hizo en Málaga desde principios del siglo XV. Las galeras venecianas paraban tanto en Málaga como en Almuñécar para repostar provisiones y cargar, sobre todo, azúcar, principalmente en esta última.

El oro blanco que siguió siendo la principal fuente de riqueza de Granada durante muchos siglos.

Fue un Contarini, Bernardo Contarini, el que ejerció como cónsul en los años iniciales. De los Contarini de toda la vida. El consulado no duró mucho, sin embargo, aunque las relaciones comerciales continúan. Si ya usaban café, cómo podían pasar sin el azúcar granadino.

Evidentemente, no fue el único contacto entre Venecia y los reinos peninsulares; Venecia era la potencia del Mediterráneo, militar y comercial. Ese hecho rigió los contactos entre ella y el Reino de Aragón, que antes de la reconquista de Granada (o conquista, tampoco nos vamos a meter ahora en estas disquisiciones, que estamos hablando de Venecia) también aspiraba a potencia regional y de hecho los almogávares, mercenarios aragoneses, luchaban a favor o en contra del imperio bizantino, también amigo/enemigo de Venecia según soplara el viento e hinchara las velas de sus galeras.

Pero como los enemigos de mis enemigos son mis amigos, y Génova no se llevaba bien ni con Aragón ni con Venecia, estas se unieron en el siglo XIV en un tratado para defenderse de ella o atacarla, lo que sucediera antes. Se pusieron de acuerdo en la construcción de una flota de galeras, sufragada por las dos, y en diversas escaramuzas contra los genoveses, acabaron pocos años más tarde cuando Venecia y Génova firmaron la paz.

La corona de Castilla, no tan amiga del mar hasta que llegó Colón, principalmente proveía de productos a las mude en los puertos de Cádiz, así como pilotos que llevaban las galeras hasta Flandes. El consulado, sin embargo, se situó inicialmente en Sevilla, pero eventualmente, según se convirtieron las visitas en más habituales, se abrió también uno en Cádiz.

La colaboración con más alcance, sin embargo, fue en la batalla de Lepanto. Pero de eso ya hemos hablado en otro lugar.

Así que vamos a partir pegados al canal, en un lugar al que podemos llegar fácilmente desde la piazza San Marco o desde Rialto: Empezaremos en Ca' Del Duca, un palacio en un recodo del gran canal, que fue en su tiempo ocupado por Alonso de la Cueva, marqués de Bedmar. Un palacio con una fachada inacabada, como inacabada estuvo su labor, al tener que salir (huir según algunas crónicas) de Venecia a consecuencia de lo que se dio en llamar "La Conjura de Bedmar".

La llamada conjura española, o conjura de Bedmar, o conjuración de Venecia, es una historia compleja, pero muy española y muy veneciana. Si la tenemos que acortar, Venecia acusó a España de intentar dar un golpe de estado, y capturó y ajustició a quienes se suponía que habían participado en ella, mercenarios holandeses y franceses.

Pero la historia es más larga, y en ella sale Quevedo haciendo de espía. Así que, ¿por qué diablos acortarla?

Además, esto que quería ser un panfleto para dos o tres paseos va ya por las trescientas y pico páginas, así que de perdíos al río.

Es también bastante indicativo de la época cuando sucedió, y supuso un cambio tanto en la política española como en la veneciana, y hasta en la europea. Pero vayamos por el principio. Principios del siglo XVII, el sol no se ponía en el imperio... español. Llegaba desde las Américas hasta Oceanía, pasando por Asia. En Europa, partes de Alemania, Bélgica, Holanda también eran parte del Imperio español. También Italia. ¿Toda Italia? No, un pequeño estado, en declive, se oponía a ese dominio: Venecia. También los estados papales, claro, pero es que con la Iglesia hemos topado y ahí no quería meterse

> Ya se había metido hasta el corvejón Carlos I, su abuelo, cuyas tropas, aliadas con los franceses, protagonizaron el infame "saco" o saqueo de Roma.

Felipe III, a la sazón monarca, y en esta posición desde el filo del siglo, 1598, estaba por la paz. Pero gobernar un imperio tan grande era un asunto complicado. Por eso le encargaba diferentes dominios a virreyes y gobernadores.

> Seguro que hay una diferencia, pero se me escapa. ¿Lo colegas que eran del rey?

Así que llegamos a principios del siglo XVII, con gran parte de Italia bajo el control español. En el Milanesado gobernaba Pedro de Toledo, marqués de Villafranca, que era el único territorio español que realmente tenía frontera con Venecia; hacia el este, Bérgamo y Brescia eran parte de la República.

El virrey de Nápoles era, a la sazón, Pedro Téllez, duque de Osuna. Una persona de armas tomar, resolutiva, que había puesto orden en la zona de Nápoles, desarrollado nuevas tácticas de guerra naval, y se había opuesto a los pirata otomanos y berberiscos. Quevedo era su amigo, secretario y ocasionalmente espía; también su propagandista, con algún soneto conservado y alguna biografía que no ha sido nunca publicada, pero que se sabe que existe.

El marqués de Bedmar, granadino, era embajador, residiendo en la susodicha ca' del Duca. Felipe III tenía como lema "vamos a calmarnos", y no quería problemas con nadie. Tras el imperio en el que no se ponía el sol, quería seguir con la misma cantidad imponiendo la Pax Hispanica. Su política era de alianzas y de desarrollo, no de cambiar (más) fronteras ni de subvertir el orden político en ningún lado.

Los demás protagonistas son los otomanos, que desde Lepanto habían estado en paz con Venecia, lo que sucedía a gusto de los dos, un imperio en ascenso, el otomano, y otro en declive, el veneciano. Otro imperio más en ascenso, el de los Habsburgo, se enfrentó con los venecianos por un intermediario, los "uscoques" o "uscocos", que o eran piratas de las islas del Adriático, o simplemente gente que vivía en esas islas y que estaba hasta las narices del dominio veneciano y aprovechaba cualquier ocasión para darles para el pelo. Cuando podían, estos le devolvían el golpe; ofrecían un premio por cada uscoque capturado y asesinado, y sus cabezas se exponían el la piazza de San Marco. Y España, o al menos el duque de Osuna, aprovechaba también cualquier ocasión para pescar a río revuelto. En apoyo a los uscoques o en apoyo a la libertad de navegación, la flota del duque de Osuna, que como tenía prohibido usar la cruz de San Andrés que se usaba como bandera de los ejércitos españoles usaba una bandera negra, se enfrentó a la veneciana en las cercanías de Ragusa o Dubrovnik, consiguiendo según todas las fuentes, es decir, la Wikipedia española y la francesa, porque en la italiana no viene nada, una derrota vergonzosa de los venecianos, que certificaban así su decadencia, la de una flota que, menos de medio siglo antes, había derrotado a los otomanos, bien es verdad que con la ayuda de estos españoles (o españoles y asimilados) con los que ahora se enfrentaba.

La flota veneciana tenía la ventaja numérica, pero la española, muy inferior en número y dotada de 15 galeones solamente, logró vencer, provocando el caos y bastante mortandad, hundiendo 4 de las 34 galeras que tenían los venecianos. Eso no hizo más que aumentar la animadversión de los venecianos hacia el duque de Osuna, que culminó en la conspiración llamada de Bedmar.

La secuencia de los acontecimientos no está muy clara. Sí está claro que, posiblemente a continuación de esta derrota, el pueblo veneciano, o quizás simplemente los arsenalotti animados por sus capataces, se plantaron en esta Corte del Duca y quemaron en efigie al marqués de Bedmar y a Quevedo, no se sabe muy bien si por su actividad propagandística en contra de Venecia o porque se conocía su relación con el duque de Osuna.

Y quizás su presencia en Venecia. Los cronicones cuentan que durante ese episodio tuvo que salir por patas de Venecia, disfrazado de mendigo y gracias a su dominio del veneciano. Dado que había que salir en góndola de la misma, habría que ver exactamente como lo hizo, pero es más cierto que vivió para contarlo que el hecho, no constatado, de que estuviera en Venecia.

La conjura vino, posiblemente, a continuación. La historia veneciana oficial dice que los españoles, comandados por el marqués de Bedmar y ayudados por los franceses, infiltraron, en el mejor estilo de guerra híbrida, mercenarios franceses y holandeses, que debían atacar el palacio ducal. Una flota del duque de Osuna esperaba en las afueras del Lido.

Pero una prostituta patriótica, según una versión, o simplemente los agentes del Consejo de los Diez, se enteraron de la conspiración y detuvieron a los cabecillas. Lo que sucedió a continuación no te sorprenderá: los encerraron en los Piombi, los torturaron y confesaron ser culpables hasta de la muerte de Manolete. Todo esto sucedió el 18 de mayo de 1618, y cuentan las crónica que "los canales se encuentran llenos de cadáveres".

El marqués de Bedmar se dio el paseo desde aquí, la casa del Duca, hasta la piazza, un cuartito de hora mal contado, y exigió ante el Senado explicaciones sobre lo ocurrido. No había tales barcos, ni había tales mercenarios, ni el marqués de Bedmar aparentemente sabía nada ni tenía nada que ver con la conspiración ni nunca se probó que fuera provocada por el marqués. Según algunos historiadores, fue simplemente una operación de propaganda del estado veneciano contra sus entonces enemigos, los españoles, que aprovecharon para deshacerse de algunos mercenarios incómodos o, efectivamente, agentes españoles.

Pero el dogo Bembo logró deshacerse de algunos mercenarios más incómodos de la cuenta y lo más importante, del duque de Osuna, que acusado de tratar de ganar Venecia para si y no para la corona, y de desobedecer órdenes montando su propia flota contra los otomanos y venecianos, fue obligado por Felipe III a volver a España, cubierto de cadenas, y finalmente murió "como un perro". Afortunadamente, el marqués de Bedmar pudo seguir su carrera diplomática. Pero en un giro de guion inesperado, lo nombraron cardenal y acabó como obispo de Málaga.

> Para confundir todo un poco, hay otro Alonso de la Cueva, el I de su nombre, que fue señor y no marqués de Bedmar, y que nació en mi pueblo, en Úbeda. No he logrado entender la relación que hay entre ellos, pero o son hijo o sobrino o, a todo tirar, nieto. Los dos, en todo caso, están relacionados con el Beltrán de la Cueva supuesto padre de la "Beltraneja", de los que hemos sabido en la serie "Isabel".

Esta conjura, o lo que fuera, pasó a la historia no sólo por las operaciones de propaganda y contrapropaganda de los españoles y venecianos, sino porque dio lugar, unos 80 años más tarde, a un informe o novela de Saint Réal, escrita en francés originalmente, "La conjura de los españoles contra la república de Venecia", donde los españoles quedaban bastante mal, pero tenía tanta intriga, emoción y violencia que se convirtió en un best-seller, traduciéndose por supuesto al italiano y terminando por crear el relato de esta conspiración, conjura o golpe de estado. Hasta Voltaire la cita; a lo largo de los siglos siguientes tuvo múltiples reediciones.

Este hecho, un tanto rocambolesco, ha inspirado también una de las pocas obras literarias de la filósofa Simone Weil. La obra, inacabada, se llama "Venecia salvada", y contrapone la belleza de una ciudad con el sueño de un revolucionario que, finalmente, decide salvar a la ciudad denunciando a sus compañeros de conspiración, los otros mercenarios que participaron en la conspiración, según cuentan los cronicones. En el contexto en el que lo escribió, la guerra europea, y más en la Francia de Vichy, el estado colaboracionista con los nazis, Venecia representa cualquier ciudad, y Jaffier, el mercenario colaboracionista con la potencia extranjera, España, es avatar de cualquier traidor. Pero ese traidor tiene un intento fallido de redención; y trata de redimirse por salvar la ciudad, la ciudad de la que habla Marco Polo (según Italo Calvino) cuando habla de cualquier otra ciudad. Lo que no deja de ser curioso es como cualquier evento de Venecia acaba, pasando por la literatura universal, elevado a la categoría de mito. Es el efecto de Venecia.

Pero volvamos a la Venecia real, y al sitio real donde tuvieron lugar esos acontecimientos. Podemos acercarnos a esta Ca' del Duca desde el canal, donde será fácil de reconocer por un gran desconchón en la pintura de la fachada que deja al aire los ladrillos de debajo; otra parte está almohadillada, y en general da una impresión de no haberse puesto de acuerdo la comunidad de vecinos que es muy típica española. O típica de los cambios de arquitecto y propietario del palacio: Fue del padre de Catarina Cornaro, pasó por el duque de Sforza, se lo expropiaron, Sansovino hizo un proyecto de restauración, lo usó Tiziano como estudio, y finalmente fue ocupado por el duque de Bedmar. Puedes acceder a una escalera que baja al canal desde la corte, a la izquierda de la misma, desde la que podrás ver la fachada perfectamente. Al otro lado, el rio del Duca permitirá, seguramente, una salida alternativa desde la que podría escapar Quevedo o el propio duque en caso necesario.

En la corte del Duca hay una palmera platanera, y es un lugar recoleto, apartado del mundanal ruido, y donde podrás leer tranquilamente algún relato del episodio, mientras te sientas un rato en la escalera que da al canal, como lo hace el chaval que se ve en la foto de la Wikipedia. En esos escalones, alguna colilla; si fuera todavía la embajada española, habría también cáscaras de pipas, porque en España los escalones donde sentarse son el espacio apropiado para sentarse a comer pipas de girasol y donde quiera que van los españoles hacen lo mismo.

Ahora, según Google Maps, es un hotel, y por doscientos y pico euros la noche lo puedes alquilar en AirBnB, y al parecer aloja también un colectivo artístico. Puedes también echarle un vistazo desde la corte, estrecha y alargada, con el pabellón de Iraq de la bienal al otro lado, una plaza recoleta, lejos del turismo, donde, sin embargo, sucedió el acontecimiento más dramático de la historia común de España y Venecia.

> No siempre las relaciones fueron tan truculentas; este paseo podría tener como parada intermedia el teatro Malibrán, llamado así por una cantante española que tenía ese

segundo apellido (el primero, García, posiblemente era demasiado común para el bautizo de un sitio tan señero como el teatro). Pero ya hay un paseo dedicado a los teatros, así que mejor échenle un vistazo al mismo.

Si bien casi todo mundo conoce a Bedmar en Venecia, es posible que Mariano Fortuny sea el español que más éxito ha alcanzado en Venecia; discutiblemente, junto con la mezzosoprano Malibrán que le dio nombre al teatro (y de la que hablamos en su capítulo). No solamente era español, sino granadino de pura cepa; igual, por cierto, que el susodicho Bedmar. Nació durante la estancia de sus padres, el también pintor Mariano Fortuny y Cecilia Madrazo. Fortuny era de Reus, y pasó sólo dos años en Granada, así que realmente nació de casualidad. Pero eso no quita que sea tan de pura cepa como el marqués de Bedmar de más arriba.

Y lo más curioso es que el español que más fama alcanzó en Venecia es que lo hizo en un arte, el brocado, que es puramente veneciano. Los venecianos, tras importar lana de Flandes e Inglaterra y seda de Oriente, acabó creando sus propios tejidos: brocados, damascos y terciopelo. Para un humano con cromosomas XY como yo, soy incapaz no ya de describiros la diferencia, sino siquiera de entenderla. "Tela cara y suavita", así, en general. Pero los venecianos no sólo desarrollaban estos tejidos, sino a que fueron pioneros en entender la química que daba lugar a diferentes colores; igual que aportaron el color a la pintura, también a la moda: en el "Plictho de l'arte de tentori", donde arte ya sabéis que equivale a un gremio, y tentori eran los tintoreros, se describía como y de dónde obtener colores como el vermellón (de un gusano) o el negro, de la corteza de algunos árboles.

Fortuny se encontró esa tradición, pero fue mucho más allá. Creó un tipo de tejido, con múltiples pliegues, con el que creó la célebre túnica Delphos, que salía en "El tiempo entre costuras", y que llevaron diferentes artistas de fuste. ¿Merece la pena acercarse al palacio Pesaro-Fortuny para ver todo esto? Pues igual sí. Fue el palacio donde Fortuny tenía el taller, y donde murió en el año 49. Y también formó parte de algo llamado "La orden de la maleta" u ordine della Valigia, sobre la que no he podido encontrar gran cosa. Sé que se trata de 27 pintores, que incluyen a otros como Marco Novati o Armando

Tonello, y que decoraron una maleta de cartón y que era una reacción al modernismo. Y que se reunían en el café Gorizia.

Fortuny, de hecho, era bastante clásico: sus vestidos estaban inspirados por la antigüedad griega, y no tenía nada que ver con el futurismo. Pero Venecia es así, aloja todas las contradicciones, los futuristas presentan sus manifiestos, y los anti modernistas... Pintan una maleta de cartón.

> Era una maleta de cartón que pertenecía al dueño del café Gorizia, y que fue encontrada por un grupo de pintores que se reunían en dicho lugar, pateada por las plazas venecianas, y finalmente decorada y firmada por ellos. Una maleta pintada, al final, fue el manifiesto de esta Magnifico ordine della Valigia; una maleta que quedó, finalmente, expuesta en el hotel que alojaba el café y que a partir de entonces se llamó "a la Valigia". Si pasas delante del ahora llamado hotel Gorizia la verás, en una urna de cristal, expuesta en un escaparate que da a la calle. Una maleta vieja, con asa de cuerdas enrolladas, y que está, en la cara visible, dividida en varios rectángulos; uno muestra una silueta del Canalasso; en la esquina superior izquierda, un señor con bombín y una colilla humeante, un pequeño cuadrado con una naturaleza muerta, otro joven con chaqueta y corbata, de frente... Arte clásico, figurativo, en un formato que se parece más al dadá o al movimiento fluxus. En todo caso, un trozo de historia contemporánea, sólo comprensible para los que estén ya iniciados en la misma, y que por la misma razón me entusiasmó encontrar, precisamente cuando volvía del Palazzo Fortuny al hotel, después de un largo día veneciando.

Este hotel, como es natural, queda a medio camino entre el palacio Fortuny y la tienda Fortuny. El primero es un museo que contiene muchas de las obras que emprendió el susodicho Fortuny, incluyendo el célebre vestido Delphos; en el segundo podrás comprar complementos, lámparas de seda y cristal, perfumes, tejidos y prendas que no vas a encontrar en ningún otro lugar (bueno, también en París y Munich). Es un sitio que combina la historia veneciana con el ingenio español, granadino y catalán. ¿Qué mejor sitio para absorber y entender Venecia?

Quizás el siguiente que os voy a proponer, que conmemora un episodio dramático, aunque no para España, que en general lo ignoró. A continuación pararemos, por qué no,en Campo Manin. Esta plaza está ocupada, en el lado este, por un edificio moderno, la Intesa San Paolo; el sur es un canal enterrado, Rio Terrà S. Paternian, y en el oeste, un ponte storto o torcido.

> Hay siete ponti storti en Venecia; son simplemente puentes que, por unir dos calles que no están alineadas, no son perpendiculares a la ribera.

Pero el centro está ocupado por un monumento a Daniele Manin. Como ya quedamos en que íbamos a reivindicar el origen español de Daniele Manin, lo metemos en este capítulo. En mi primera visita recuerdo pasar por esta plaza, ver ese mismo edificio de la Intesa, y el monumento. "Daniele Manin, ni idea". El monumento presenta a un señor de porte, con levita, grandes patillas de la primera mitad del XIX, y un aspecto a lo político de la independencia italiana; pero a sus pies, en la parte baja del pedestal, hay un gran león alado con la zarpa adelantada y rugiendo.

Efectivamente, era político y buscaba la independencia. La de Venecia de los austríacos, creando la República de San Marco, cuya bandera era la italiana con el escudo de Venecia, el león alado con la zarpa adelantada, inserta en la banda verde.

El padre de Daniele Manin se llamaba Pietro Antonio Fonseca; Pedro Antonio de Alarcón, en su viaje a Milán, tuvo que elegir entre una obra sobre Garibaldi y otra sobre Manin. En su libro "De Madrid a Nápoles" dice "Manin fue muy superior a Garibaldi... Y ya ha muerto". Esta, muy pillada por los pelos, es la otra relación de Manin con España... Y con Granada. De la obra, Pedro Antonio de Alarcón cuenta:

> En él hay vivas y mueras, himnos, cañonazos, policía austríaca, motines populares... Todo lo que puede encender la sangre de las masas.

Manin se proyecta, en esa obra, como un patriota y ejemplo para el resto de Italia; y este relato a vuelapluma resume bien lo que pasó. Si añade a los arsenalotti, los primeros que se rebelaron, asesinando al director del Arsenale impuesto por los austríacos, y a los soldados croatas, los schiavoni que por una vez dispararon a los venecianos, en vez de para los venecianos, tenemos una idea más o menos precisa de lo que sucedió en esos días en los que emergió Manin como presidente.

El campo se llamaba originalmente de San Paternian, como el rio Terrà, pero ya en Curiosità Veneziane, escrita a finales del XIX, se dice que en ese campo iba a erigirse la estatua, y que se había elegido este campo porque Daniele Manin había vivido cerca. Un sitio adecuado, pues, aunque este trozo de historia efímera pase totalmente desapercibido.

Muy cerca también vivía Aldo Manuzio, en esta misma parroquia de S. Paternian.

Un paseo por el idioma veneciano

Puede que estés hablando veneciano sin saberlo

> "El véneto es la lengua más bella y más culta de todas, en la cual se respira toda la grandeza de la lengua griega", frase de un tal Pontico Virunio.

El idioma, el lenguaje que usa, dice mucho de la visión global que un pueblo tiene, de cómo ve el mundo; también necesita palabras para designar cosas que sólo se dan allí, o que allí y sólo allí son de uso cotidiano. Por eso hay una serie de palabras que se usan en español (y, a veces, en muchos más idiomas) que en realidad proceden del idioma véneto, desarrollado, como el español, a partir del latín vulgar, y que todavía se habla en la provincia que incluye a Venecia, llamada precisamente Veneto; también, curiosamente, en algunos lugares de Brasil y México y algunos puntos del antiguo imperio veneciano (Croacia, por ejemplo). Es un lenguaje bastante popular todavía, con unos seis millones de hablantes, y con una cultura bastante pujante, que incluye al grupo de reggae en veneciano Pitura Freska, algunas comedias de Goldoni y frases en las versiones originales del cómic Corto Maltés.

La lengua es, de todos modos, más parecida al español que el propio italiano, y en muchos casos será fácil de entender directamente; en otros, casi imposible. No tiene traductor automático en Google ni en Apple, así que habrá que confiar en el instinto.

En su época, fue la lengua franca de gran parte del mediterráneo, sobre todo en el ámbito comercial; lo que puede explicar cómo las palabras pasaron al español; en general, sin embargo, muchas de ellas fueron adoptadas primero por el italiano, y de ahí al español. Las que pondremos a continuación son o palabras en veneciano o palabras de origen veneciano, aunque no se hayan usado como tales en el idioma (por ejemplo, Casanova).

Pero vamos a por esas palabras.

Arsenal

Arsenal, lugar donde se almacenan o fabrican armas, viene del Arsenale, los astilleros venecianos que se convirtieron, eventualmente, en fábrica de todo tipo de ingenios militares. En el resto de los idiomas significa almacén de armamento, y de ahí al equipo de fútbol Arsenal, situado en un barrio donde precisamente lo había. La palabra viene del árabe, y en España dio lugar a otros términos: atarazanas, o astilleros, y dársena, que se usa tanto en muelles como, en algunas regiones, para los andenes donde aparcan los autobuses.

Casanova

Un conquistador, un hombre popular con las mujeres, no viene exactamente del idioma veneciano, pero sí del veneciano Giacomo Casanova, que efectivamente respondía a tal arquetipo, y escribió (incesantemente) sobre ello.

Casino

Una casa pequeña en veneciano y en Venecia, era donde estaban los ridotti, sitios donde estaba permitido el juego. Al decaer la economía veneciana a principios del siglo XVI, muchos nobles convirtieron sus palacios en lugares de juego, de donde viene el nombre.

Chao

Transcripción más o menos directa del italiano ciao, Igual que "esclavo", más abajo, también viene originalmente de la palabra schiavo, que significa también servidor. Para despedirse, se usaba para indicar algo así como "a su servicio"; pasó al italiano y se acortó como "ciao" y al español como chao.

Cristal

Este sí que no te lo esperabas, ¿eh? La palabra, al parecer, viene del latín y significa "transparente", pero para nosotros es simplemente vidrio, con lo que se hacen los vasos y demás. Pues bien, viene del veneciano cristallo, un tipo de cristal descubierto por los artesanos de Murano que era, efectivamente, transparente; los vidrios creados anteriormente no lograban serlo, por lo que el crearlo y comercializarlo consagró el éxito de la investigación y desarrollo en temas vidrieros de la República.

Cuarentena

Aislamiento de un enfermo por cuarenta días, decretado por primera vez en Venecia en una de las epidemias de peste bubónica, que al ser puerto de mar sucedían con bastante frecuencia. Como tenían que pasar 40 días hasta que se curaran (o dejaran de preocuparse de curaciones y otras cosas mundanas), se le llamó cuarentena. La palabra quaranta, que significa, no surprise here, cuarenta.

Esclavo

Los venecianos llamaban schiavoni, o schiavi a toda persona que venía de Dalmacia (la actual Croacia, principalmente), de los Balcanes y más allá. Como los derrotaron y colonizaron, en Venecia eran siervos y galeotes. Así que "schiavo" significó "servidor", y de ahí la palabra actual.

Folio

En España se usa para un tamaño de papel específico, con relativo uso hasta que llegó el A4, pero también los encuadernadores llaman folio a cada una de las hojas que se imprimen, a dos páginas por cara, y se cosen. La palabra la creó el impresor Aldo Manuzio en Venecia, por ser el tamaño que la fábrica de papel veneciana usaba en aquella época.

Gaceta

Una gaceta es una de las formas de denominar a un periódico (o boletines oficiales donde se publican leyes y similares, el Boletín Oficial del Estado es también la "Gaceta de Madrid"); una gaxeta era la moneda que se usaba para pagar un periódico que se distribuía con noticias de la guerra de los turcos y supongo que algún cotilleo de sociedad para llenar. De ahí pasó al italiano, y eventualmente al español y otros idiomas. La moneda se llamaba así porque tenía la imagen de una urraca (gazza).

Góndola

Es la típica embarcación veneciana. La palabra se usa también para designar la cabina de los dirigibles, pero también un estante de un supermercado, o las plataformas colgantes que se usan para el mantenimiento de los exteriores de los edificios.

Gueto

El infame barrio donde las ciudades de diferentes países europeos (Alemania e Italia entre ellas) solían encerrar a los judíos en la Edad Media y más allá, en la época de los nazis, tiene su origen en Venecia. Un "ghetto" era una fundición, en cuya zona se restringió originalmente el asentamiento de judíos, en el norte del sestiere Cannaregio.

Lazareto

Aunque no sea una palabra que se use muy a menudo últimamente, los lazaretos eran, hasta que se descubrió una cura para la lepra en el siglo XX, sanatorios dedicados, sobre todo, a los leprosos. Pero originalmente era simplemente para aislar a enfermos de alguna plaga, de la peste, por ejemplo. La república decretó que se recluyeran en una isla, Santa María de Nazaret, de donde se acabó deformando la palabra que los denominaba en lazareto. Dubrovnik disputa a Venecia el privilegio de ser el primer lugar que creó esta institución, pero de lo que no cabe duda es que la palabra en sí procede del idioma véneto.

Lira (la moneda, no el instrumento musical)

La que fue hasta no hace tanto (el 2002, concretamente) moneda italiana se acuñó por primera vez en Venecia, y venía de la "libra", el peso de una moneda usada en el Sacro Imperio Romano Germánico; su significado era literal; una lira de una moneda era de forma precisa la cantidad de monedas que pesaba una libra. Una lira a grossi, por ejemplo, equivalía a 7 grossi y medio, que eran los que pesaban una libra, en el siglo XIII, aunque llegó hasta 9 grossi cuando se degradó el precio. Las monedas, en aquella época, tenían un valor que equivalía a su peso en algún metal precioso, oro, plata o cobre; en Venecia se usaban sobre todo monedas de plata, pero eventualmente se introdujo el oro en monedas como el ducat, precisamente, que tenía tres gramos y medio de oro.

La eventualmente llamada simplemente lira fue adoptada por Napoleón en su reino de Italia, y luego el mismo reino italiano. Una lira nunca valió mucho en los tiempos modernos, y siempre estaba el cachondeo en las pelis americanas donde cambiaban un dólar y le daban un puñado de billetes; un dólar llegó a valer, en el momento del cambio con el euro, más de dos mil liras.

> Otras monedas que nunca se han usado en España, ni el idioma ha tenido palabras para ella, como el zecchino, también viene de este idioma.

Marioneta

Aunque casi todas las etimologías que hay dicen que viene del francés, el relacionar "María" con muñecos articulados viene, al parecer, de Venecia, por una tradición algo confusa, llamada fiesta de las Marías, que incluye tal tipo de muñecos llamados maría de legno o de madera y también mariona, que se celebró en Venecia hasta mediados del siglo XIV.

Pantalón

Viene de "Pantalon" (en véneto; "Pantalone" en italiano), un personaje veneciano arquetípico de la commedia dell'arte; el avaro que trataba de ser una parodia del mercader veneciano. Y estos usaban ese tipo de prenda; el nombre, a su vez, viene de San Pantaleón, patrón antiguo de los venecianos, que por esa razón recibían como apodo "Pantaloni".

Regata

Las carreras de diferentes tipos de embarcaciones reciben este nombre, al parecer porque donde se hicieron por primera vez, en Venecia precisamente, estas barcas de remo se colocaban en fila (riga en italiano). Puede tener otro origen, pero lo cierto es que estas carreras se celebraron primero en Venecia y del véneto su nombre pasó al resto de los idiomas.

Los inventos de Venecia

Ideas, objetos, instituciones en dónde la república más serena de todas fue la primera

> "Rápidamente me di cuenta de que los venecianos inventaron nuestro mundo", Meredith Small, en su libro "Inventing the world; Venice and the transformation of Western Civilization"

No hay escasez de pueblos o civilizaciones a las que se le haya atribuido la invención de absolutamente todo (o de todo lo que importa) en el mundo mundial, o quizás sólo el mundo moderno. Arthur Herman trató de convencernos en su libro "How the Scots invented the modern world" que fueron los escoceses quienes inventaron este último, principalmente a través de la ingeniería como disciplina que se enseñaba en las universidades escocesas desde más o menos el siglo XVIII. El texto predictivo del buscador de Google nos indica también Manchester, Baltimore y toda Gran Bretaña pueden ser los que, realmente, merecen ser llamados inventores del mundo moderno. Y entre otros países, Francia inventó nada menos que la democracia moderna, así que algún mérito tendrá. Y España inventó la fregona. Así que cada país tiene lo suyo.

Pero Venecia, según Meredith Small, autora del libro que mencionamos en la introducción, inventó el mundo entero, no sólo el moderno. Y algo tiene de cierto, si lo cualificamos añadiendo "occidental", o al menos dentro de la esfera cultural de occidente. En Venecia, sea por parte de los venecianos o sea simplemente por parte de personas que acabaron siendo acogidas allí, se inventaron muchos conceptos, artefactos y costumbres que damos por hechas hoy en día. He hablado de muchas de ellas a lo largo de este libro (o en lo que al final se haya convertido). Pero la invención del mundo es algo prolijo, y esas invenciones están dispersas; así que vamos a reunirlas todas ellas en este capítulo, con referencia a los otros capítulos donde han sido mencionadas, y alguna info adicional. Incluso bibliografía, fíjate tú. Como si esto fuera un libro serio o algo.

Lo haremos por orden alfabético para una fácil referencia.

Artillería embarcada

No es de extrañar que, con tanto barco y tanta pelea, Venecia eventualmente se decidiera combinar las dos para obtener, tachán, la artillería embarcada.

Algo que puede parecer bastante obvio hoy en día. Subes como buenamente puedas un cañón a un barco y hala, a pegar tiros. Pero no es tan fácil. Primero, porque los barcos en aquella época eran de madera. Disparar bolas metálicas, o de piedra, usando explosivos, igual tampoco es buena idea, porque una chispa y te quedas sin barco. Pero el problema mayor no es ese. Por el principio de acción y reacción, el cañón retrocederá; tampoco es cuestión de que salga por la borda, así que podemos fijarlo a la cubierta. Pero en ese caso, el meneo que le pueden meter al barco puede ser considerable. Así que hay que resolver una serie de asuntos que no son, en realidad, nada triviales.

Pero claro, Venecia tenía que solucionar una serie de problemas tácticos. Porque si los barcos no se tiraban cañonazos unos a otros, ¿cómo se peleaban? Pues como toda la vida, a hostia limpia: los barcos estaban diseñados para embestir con espolones al los contendientes, no tanto con el objetivo de hundirlos (que oye, mira, si colaba, colaba) sino de abordarlos y llevar la pelea hasta allí, y eventualmente capturar barco, tripulación (que luego venderían como esclavos, o si se trataba de la oficialidad, tratarían de aprovechar solicitando un rescate por ellos) y lo que hubiera menester (la propia nave, los remos y hasta las velas de dar luz y las otras). Así fue la batalla se Salamina y hasta batallas mucho más modernas, como la muy mencionada de

ARTILLERÍA LIGERA EN COMBATE

Lepanto, procedían de la misma manera; por eso en las pinturas se ven abigarradas de gente y barcos unos tan cerca de otros; el que se usara artillería de forma ocasional no quitaba que se siguieran usando los métodos de asalto, que aparte de lo efectivos que pudieran ser, eran decididamente más lucrativos.

¿Cómo empezó entonces la artillería embarcada? Desde que se introdujo a principios del segundo milenio, podían usarse cañones, o más bien las denominadas bombardas para mantener a raya, desde la costa, a navíos enemigos; pero no para combatir una nave desde otra nave.

Fue en uno de los episodios de la guerra entre Génova y Venecia en el siglo XIV cuando sucedió tal cosa. Génova se había hecho con Chioggia, en la propia laguna veneciana, un mal augurio para estos; así que había que echar toda la carne en el asador para echarlos. Usando una serie de circunstancias favorables, armaron todo tipo de embarcaciones con bombardas de tamaño proporcional al de la embarcación, y siempre en la proa; de esa forma, el retroceso del arma se absorbía más fácilmente y no provocaba bamboleos excesivos.

Según los entendidos, este uso de artillería resultó decisivo para la derrota de los genoveses, que no volvieron a dar la lata a los venecianos sino esporádicamente.

Sólo en Venecia, con su Arsenale y su inventiva, podía haberse dado este hecho. Y así fue.

En contexto habrá batallas navales en el palacio de los Dogos. Para hartarse. No de esta batalla. También hay un cuarto con armas, y en él varias culebrinas, aunque tampoco son tan antiguas. Por supuesto, en el Arsenal.

Artillería ligera en combate

Artillería es cualquier artilugio, generalmente de fuego indirecto (es decir, que no apunta directamente a donde quiere disparar) y que necesita varias personas para cargarse, moverse y dispararse.

La pólvora se inventó en China, pero para que a alguien se le ocurriera montar culebrinas (pequeños cañones, a veces decorados con formas de serpientes) en carros y llevarlos al campo de batalla, tuvo que llegar el condottiero Colleoni, un jefe de mercenarios al servicio de la república, y la batalla en Imola, que le enfrentó con más mercenarios al servicio de los Sforza milaneses y de los Medici florentinos. Como parece que hay cierta documentación que dice que se usó por las dos partes, aunque también hay documentación que los milaneses/florentinos dijeron que no se diera cuartel a los venecianos por haber usado un arma tan poco honorable con la artillería, pues se lo asignamos a los venecianos y nos quedamos tan panchos.

En contexto: El Arsenal era, evidentemente, también un arsenal; no sólo producía navíos de combate y naves comerciales, sino también todo tipo de armamento. Al lado de él, además, hay un museo de historia naval donde seguramente se podrá aprender mucho más sobre el tema; y digo "seguramente" porque todavía no he podido visitarlo.

Bancos

Los bancos son un gran invento, o no, que tenemos que agradecerle, o culpar, a Venecia; de hecho, no sólo es el primer banco, sino el primer banco central o banco estatal y de emisión de moneda, porque empezó con las necesidades de dinero de la República a finales del siglo XII, forzando a los nobles y comerciantes a realizarle préstamos, que registraban y a cambio de los cuales se emitían bonos. Pero estos bonos acabaron, por un lado, siendo negociados en el mercado secundario; y no sólo eso, los comerciantes acabaron depositando su dinero en este banco, que se llamaba simplemente la cámara de préstamos; esta cámara acabó emitiendo letras de cambio, haciendo préstamos, y haciendo en general todo lo que hacen los bancos hoy en día. Cuatro siglos más tarde se convirtió oficialmente en el banco central con el nombre Banco del Piazza del Rialto. No fue el primer banco central: eso fue invento de los suecos.

En contexto: evidentemente, Rialto es el sitio para hablar de esto. Además, a la derecha según sale está la cárcel de deudores, una curiosa institución que duró un montón de años. El banco era muy serio con sus acreedores, pero también con los deudores, a los que se les encerraba en el palazzo dei Camarlenghi, mencionado en ese capítulo.

Biblioteca nacional

Una biblioteca nacional es la que recoge todos los libros publicados en un país; la Biblioteca Nacional de España los tiene (o los tenía, no sé ahora en los tiempos de autopublicación masiva con Amazon y LeanPub si seguirá siendo así); en Estados Unidos es la Biblioteca del Congreso (Library of Congress). Para registrar la propiedad intelectual de una obra hay que depositar unos ejemplares en ellas; en Andalucía, por ejemplo, se hace en la Biblioteca de Andalucía. Yo lo hice en su época con mi primera novela, "La Cuarta Taifa".

> No lo he vuelto a hacer con ninguno de los libros sucesivos.
> Y no creo que suceda con este libro, si es que alguna vez logro terminarlo.

La Biblioteca Marciana fue la primera del mundo que implantó tal medida; en 1603, un siglo después de que la imprenta se volviera popular, el Senado promulgó una ley que lo pedía, convirtiéndose así en la primera Biblioteca que podía llamarse de esta forma. De hecho, si se han guardado ejemplares de libros publicados en italiano en esa época ha sido por esta razón: el resto de la península estaba dividida, y aunque no lo hubiera estado, en pocos lugares (salvo en los estados pontificios) había un marco legal tan estable.

En contexto: en la piazzetta San Marco, enfrente de la Biblioteca Marciana. O si decides visitarla, dentro de ella. No se puede acceder a la biblioteca en sí, en todo caso, salvo que seas investigador cualificado.

Mencionado en el capítulo sobre la susodicha piazzetta.

Bienales de arte

Una bienal es un sarao que se celebra cada dos años. Es perfectamente posible que hayáis pasado por la vida no ya sin haber asistido a una, sino sin haberte enterado de que tal cosa existe. Pero es un evento de cierta importancia: cada dos años artistas, y tratantes de arte se reúnen en sitios determinados tales como Venecia o Sao Paulo para examinar las tendencias, organizar futuras exposiciones, y para que los museos de arte contemporáneo de los muchos que hay dispersos por el mundo.

Pues igual que Venecia inventó el mercado libre de arte, también inventó las bienales; hasta que se celebró la primera Biennale en 1887 (según la entrada de las bienales) o 1895 (según la entrada de la Wikipedia de la propia Biennale) a nadie se le había ocurrido tal cosa. Fue el alcalde quien, posiblemente, había visto los ingresos por turismo disminuir desde que Venecia había pertenecido a 4 o 5 estados diferentes durante el siglo y no quería pillarle el cambio de invasor y los cañonazos consiguientes. Puede decirse que tuvo éxito.

Mencionado en el capítulo sobre las puestas de sol; ese paseo se queda un poco más cerca de los jardines, porque no es cuestión de pasearse por los jardines de noche. También en el capítulo sobre Rialto, a cuento de las bienales de arte que comenzaron allí.

En contexto los Giardini de la Biennale, en Castello, es donde mejor se puede aprender sobre el tema; el Arsenale también tiene una sección dedicada a ella. También se menciona en Rialto, a cuento de los primeros mercados de arte, que comenzaron en esa zona.

Cafetería

Como todo lo cotidiano, el concepto de cafetería parece tan sencillo, que no se puede uno imaginar que efectivamente sea objeto de invención. Es un lugar donde se sirve, principalmente, café y cosas que se toman con el mismo, es decir, bollería, pastelería y, si eres de Madrid, tortilla de patatas.

Es cierto, que, como tal concepto, realmente no se inventó en Venecia: En la península arábiga y Turquía existían establecimientos que servían café (imagino que sin cruasanes) desde hacía siglos. Pero lo que hoy en día llamamos cafetería, es decir, un lugar con mesas, sillas, barra, camareros y demás, vio la luz por primera vez en el Caffè Florian, en Venecia, aunque al principio se llamó oficialmente "Venezia Trionfante"; el nombre por el que se le conoce hoy en día es el nombre por el que todo el mundo lo conocía en el principio, el nombre véneto del propietario.

Hay otros lugares en Europa que dicen ser también los primeros cafés del mundo: El café Procope de París, que es bastante anterior, era un restaurante donde se servía café, por lo tanto no exactamente un café creado como tal; hay también un par de lugares en Oxford que también dicen ser más antiguos. Así que es enteramente posible que este no haya sido el primer café de Europa. Lo que te quitará una razón para dejarte los cuartos tontamente en el sitio.

Mencionado en el capítulo dedicado a la piazza San Marco.

En contexto cuando se hable de café en Venecia, o de café en general. O in situ, vamos, en el mismo café. O en el de al lado, no tan caro y casi mejor.

Capitalismo

Hala, uno que llegó aquí pensando escuchar que en Venecia se inventaron los clips para pillar papeles o los primeros tapacubos para las ruedas, y nos encontramos con, wait for it, el capitalismo. Todo él.

Pero si el capitalismo ha estado siempre ahí, no lo ha podido inventar nadie, dirá el lector. Los sucios explotadores plutócratas, todo eso, o los titanes de la industria que nos han sacado de la pobreza. Whatever. El hecho es que el capitalismo no se hace solo, hay que hacerlo. Se basa, como bien atinó Marx (que no era veneciano), en el concepto de la plusvalía. Pero no puedes calcular siquiera la plusvalía si no tienes un sistema, como la contabilidad de partida doble, que permita saber, en un plazo determinado, qué se ha invertido, qué se tenía, y qué beneficios se han obtenido.

¿Qué fue primero, la contabilidad por partida doble o el capitalismo? Es decir, el hecho de que se persigan beneficios por parte de los propietarios del capital, o el hecho de que efectivamente se pueda saber, o no, si se han obtenido beneficios.

Sea como fuere, las herramientas permiten que se concreten las ideas, y al revés, las ideas tratan de obtener una forma de concretarse o potenciarse a través de herramientas. Y las herramientas se crearon, principalmente, en Venecia por parte de Luca Pacioli. Así que tampoco hay que dar muchas vueltas para atribuirles también la invención de la idea que generó o lo que sea, el capitalismo.

En contexto: donde mejor que Rialto. Incluso en el palacio de los Dogos, que fueron quienes inventaron el concepto de capitalismo de estado, sería un buen sitio; concepto este, por cierto, que también se inventó aquí, al ser el gobierno de la ciudad el que impulsaba y a la vez se beneficiaba de los grandes proyectos empresariales, sobre todo de construcción naval, iniciaba las mute y las protegía y avalaba los créditos.

Carpaccio

Seguramente habréis probado alguna vez esa preparación llamada carpaccio, esencialmente carne cruda y muy especiada, de ternera o, como una vez en Verona, de caballo.

> Aunque a decir verdad, se trataba de tartar, y no de carpaccio. La principal diferencia es que en un caso se trata de láminas de carne, en el otro de carne triturada. El tartar no es italiano, sino, posiblemente, tártaro.

Y a lo mejor habéis oído hablar de un pintor veneciano llamado Carpaccio. Oye, qué casualidad, se llaman igual.

Pues lo uno viene de lo otro: Carpaccio era un pintor veneciano, renacentista, un innovador en la narrativa de la pintura... Y una persona que usaba el color rojo, el de la carne, de forma peculiar, y posiblemente excesiva.

Pues bien, en una retrospectiva de Carpaccio (el pintor) organizada en Venecia, un chef presentó el carpaccio (el plato) para regocijo de muchos, y goce de generaciones sucesivas. En los 30 (según una historia), en los 60 (según la National Gallery of Art), o quizás en los 50; más fiable esta última fecha, porque en los 30 estaba recién abierto el Harry's bar, al lado de San Marco, que es donde trabajaba el chef. Cuenta la historia que la condesa Nani tenía deficiencia de glóbulos rojos y le recomendaron que tomara carne cruda. No al punto, cruda. Cipriani, el chef del susodicho establecimiento, mezcló carne cortada muy fina con mostaza y salsa Worcestershire, y la mezcló con capas de parmigiano reggiano. Y le puso a su plato el nombre de este pintor, igual que usó Bellini para nombrar a uno de sus cócteles; en ese momento, en los 50, supongo, había una muestra de Carpaccio (el pintor) en el palacio ducal.

Ahí sigue Harry's Bar, y ahí sigue todo el mundo, llamando carpaccio a prácticamente cualquier cosa cruda, carne, pescado, verdura o fruta, aliñada de una forma determinada. Y ahí sigue Google, donde si buscas carpaccio te saldrá antes el plato que el pintor. Una pena.

> Tampoco voy a andar de entendido y decir aquí que yo conocía el carpaccio desde que pintaba cuadros en el Renacimiento, porque no es verdad.

En contexto: Harry's Bar está cerca de la piazza San Marco; Carpaccio tiene cuadros en la Accademia. Cualquiera de los dos lugares es válido.

Mencionado en el capítulo de Dorsoduro, en la visita a la Accademia.

Comedias con guión

El que más y el que menos ha participado en algún teatrillo durante la época del instituto, posiblemente también más tarde. Lo importante, lo único importante, es saberse el papel. El guión, en multicopista en mi época, en los móviles o tablets ahora, es la guía, una guía grande, una guiona, o, qué se yo, un guión.

> Vale, ya me retiro.

Parece lógico que las situaciones, los diálogos resultantes, estén escritos de antemano por personas que conozcan los mecanismos de la vida, el lenguaje, y las reacciones de la gente. Sin embargo, esta situación es relativamente reciente y se debe a Carlo Goldoni, un guionista de comedia veneciano, que estrenó sus primeras comedias con guión precisamente en esta ciudad.

La situación anterior era la commedia dell' arte. El guionista simplemente planteaba situaciones, y los personajes estereotipados tenían que reaccionar de acuerdo con la interiorización del carácter de los mismos. Polichinela se iba a comportar de una forma, el comerciante avaro de otra forma, y el soldado fanfarrón cómo sólo los soldados fanfarrones sabían hacerlo. La reforma de la comedia que trajo Goldoni consistió en una obra donde el texto de los diálogos de cada uno de los personajes estaba escrito de antemano. En 1738 escribió una opera con guiones pre-escritos, y un poco más adelante, en 1743, la primera comedia, "La donna di garbo", creada de la misma forma.

En contexto: En cualquiera de los teatros, o en el teatro Goldoni.

Mencionado en el capítulo sobre teatros.

Cuerpo diplomático

El cuerpo diplomático es el encargado de representar a un país ante un estado extranjero; como tal representante, se encargará de negociar y por supuesto de entender y transmitir las intenciones del susodicho país con respecto al nuestro. Hasta mediados del siglo XV, los estados se enviaban representantes en misiones, a hacer recados, como aquél que dice. Pero el estado de guerra permanente en esa época, y la importancia de los estados papales tanto geoestratégicamente como representantes de la cristiandad, significaba que había que tener un interlocutor permanente allí.

Los embajadores, y también los bailíos, una posición que era a la vez embajador (representante) y cónsul (es decir, una oficina para asistir a los ciudadanos del país in situ) se hicieron famosos no sólo por ser pioneros, sino por las relaciones o informes de los mismos al Senado, que o se filtraban o directamente se publicaban, informes completos de un país con los que Venecia podría tener relaciones pacíficas, estar en guerra o las dos cosas a la vez.

En contexto: en casi cualquier palacio habrá habido alguien de la familia que haya sido embajador; los patricios copaban estos puestos, como cualquier otro. También en el palacio de los Dogos, como es natural, donde se producían los nombramientos de estos embajadores.

El Excel

Todos sabemos que el Excel lo inventó Bill Gates personalmente, o Microsoft en general, o no nos hemos preocupado nunca de quién lo inventó. Pues fue Venecia. No.

EL EXCEL

Pero es que si pongo "contabilidad de partida doble" nadie va a saber lo que es, ni siquiera yo, que lo he tenido que buscar en la Wikipedia.

El lector avispado ya se habrá dado cuenta que, dentro de este capítulo de inventos organizado por orden alfabético, esta entrada ocupa el lugar correspondiente al texto entrecomillado.

Es el equivalente de double entry bookkeeping, o contabilidad de entrada doble (partida doble, supongo). Es decir, una columna para el debe, otra para el haber, de forma que sea relativamente sencillo, por parte de un un comercio, cuanto dinero se tiene o se debe en un momento determinado. De esa división el columnas de la contabilidad vino la primera hoja de cálculo, que fue el VisiCalc.

Curiosamente, calc, como el calcular, viene de calcis, que significa piedra (calcio viene de la misma palabra). ¿Por qué? Porque se calculaba con cuentas (vaya, "contar" también viene de "cuenta" o piedrecita) o piedrecitas, usando el ábaco. Pero cuando se escribían las cantidades, se hacía con números romanos. No sé si os acordáis con números romanos, pero así del tirón, ¿cuanto es VII más XIII? ¿Lo has pasado a los números "normales"? ¡Eso es trampa!

Pues fue una trampa que empezó en Venecia, o más bien empezó en el mundo occidental en Venecia, donde Fibonacci (a quien todos los informáticos conocemos por la sucesión, que precisamente introdujo a la vez) empezó a usar los números "arábigos" o "indo-arábigos", que había visto usar en Argelia, donde vivió de chaval. Fibonacci no tiene (prácticamente) nada que ver con Venecia, sino con Pisa (su nombre era Leonardo Pisano), pero en Venecia adoptaron rápidamente ese sistema para hacer cuentas y apuntar cantidades, ya en el siglo XIII. Pero quien si estaba en Venecia era Luca Pacioli, que fue quien publicó, en Venecia, su Summa Arithmetica. Pacioli había trabajado para un mercader de raza judía en Venecia, y posiblemente codificó una práctica que se usaba en Venecia desde tiempo atrás. Pacioli, una personalidad interesantísima en todos los aspectos, fue más un influencer que un inventor. Porque la verdadera inventora fue Venecia.

Mencionado en el paseo de San Marco a Punta Dogana.

En contexto posiblemente en el primer ghetto, donde seguramente estaría establecido el empleador de Pacioli en Venecia.

Cristal transparente

El cristal, o vidrio, no lo inventaron los venecianos, se conocía desde la antigüedad. Sin embargo, ese vidrio no era transparente: tenía color verdoso, o ámbar. Tendría que pasar bastante tiempo hasta que el departamento de investigación y desarrollo de algún horno de Murano se diera cuenta de que añadiendo algún óxido de algo al vidrio, perdía todo color y se volvía transparente. A este tipo de vidrio transparente se le denominó cristallo, una palabra latina que quería decir precisamente eso, transparente, así que no sólo tenemos la palabra cristal para denominar, en general, a cualquier tipo de vidrio, sino también el cristal en sí para ventanas, gafas o lo que sea. Cuando limpies tus gafas y vuelvan a ser transparentes, acuérdate, pues, de los venecianos.

Mencionado en el capítulo sobre palabras venecianas que han pasado a otros lenguajes (incluyendo el nuestro). También en el capítulo sobre Murano, y en la ruta desde el aeropuerto, en la que se deja Murano a la izquierda (o se para, según el que tomes).

En contexto: prácticamente en toda Venecia se puede comprar cristal de Murano, incluyendo imitaciones. Por supuesto, en todos sitios hay cristal transparente. Si encuentras uno que parezca especialmente viejo en una iglesia o palacio, posiblemente sea el sitio adecuado.

Estuco veneciano

Para ser honestos, no tengo muy claro que esto se inventara en Venecia, pero lo cierto es que se llama así, así que al menos contribuiría a la popularización. En el mismo espíritu del terrazo veneciano, el estuco veneciano, que también se llama marmorino, mezcla polvo de mármol con estuco o escayola. Así se hace mucho más resistente, y además puede darle un aspecto más parecido a la piedra, incluso poniendo vetas de diferentes colores.

> Al parecer la principal diferencia entre el estuco veneciano y el marmorino es el uso: el último se usa principalmente

en restauración.

El estuco está en prácticamente todos los palacios de Venecia; todos los techos están decorados con relieves, y pintados; las paredes muchas veces presentan este aspecto liso, marmóreo, que revela la existencia de este tipo de terminado del mismo.

Mencionado en Ca'Sagredo, en el paseo por Cannaregio.

En contexto: hay estuco en todos los edificios prácticamente, al menos de cierto nivel. Igual hasta en el hotel. Cualquier palazzo que no tenga mucho de otra cosa puede ser el lugar adecuado para informarse sobre el estuco veneciano.

Infantería de marina

No es de extrañar que, habiendo mantenido un imperio durante un milenio, muchos de los inventos de Venecia tengan que ver con este mantenimiento, a través de la guerra, que como todos sabemos es la extensión de la política por otros medios.

Y siendo un imperio marítimo, tenía que ser la infantería, es decir, soldados a pie, de marina, es decir, que llegan a su zona de combate usando medios marinos; igual que los paracaidistas son infantería aerotransportada.

Por supuesto, cualquier militar español dirá que la infantería de marina primera fue el Tercio de Armada español; que los Royal Marines ingleses fueron los primeros si es alguien de las fuerzas armadas británicas, y que fueron los marines si se trata de un americano cualquiera.

Pero no, mal que me pese y hubiera preferido que fueran los españoles. Incluso el artículo de la Wikipedia que trata de la infantería de marina, en español, así lo dice: primer cuerpo de tal tipo, instituido por Carlos V en 1537.

Sin embargo, la Wikipedia inglesa te dice que, aunque infantería llevada en barco se usaba desde las guerras púnicas, el primer cuerpo de infantería de marina lo montó el dogo Enrico Dandolo, que creó un regimiento de 10 compañías para conquistar Tierra Santa de los infieles o arrasar Constantinopla porque el Papa no pagaba los barcos venecianos en la cruzada. Lo que sucediera antes.

Sí, a esa peña no se le llamó oficialmente fanti da mar hasta 1550. Trece años después de que Carlos I creara las Compañías Viejas del Mar de Nápoles. De hecho, España era una potencia en ascenso y Venecia era una potencia en declive. En la batalla de Lepanto, fueron los infantes españoles los que se distinguieron en el abordaje, sobre todo porque eran profesionales y no mercenarios o comerciantes con más ganas que pericia; pero también hubo Fanti da Mar en abundancia, buscando la venganza de uno de sus comandantes, Bragadin, que había sido masacrado de forma indigna por los otomanos en el asedio de Chipre.

En contexto a los fanti se les reclutaba tanto en terraferma como en oltramare, pero muchos de ellos eran schiavoni, así que el sitio sería en la riva de ese nombre. Pero también deben aparecer en los cuadros sobre Lepanto en el palacio de los dogos. Igual se les puede reconocer con la chaqueta azul y camisa roja.

Mencionado en el capítulo que va por la ribera de la Laguna hacia la puesta de sol.

Tipo de letra itálica

Hoy en día más que tipo de trata de un aspecto de la letra, igual que la negrita; la itálica o cursiva es esa letra inclinada que, según la guía de estilo de la que se trate, se usa para definiciones o para palabras extranjeras.

Pues bien, otra de las cosas que le habremos de deber a nuestros amigos venecianos, y una vez más a la mente y el taller de Aldo Manuzio, que según un artículo era el "Steven Jobs de su época", pero que en realidad lo que trató de hacer es ganar más dinero imprimiendo, y en eso sí que era innovador. Frente a las letras mayúsculas o letras de bloque, las itálicas... Gastaban menos tinta y por tanto costaba menos dinero; al estar ligeramente inclinadas, se podían incluir más letras en una línea, y los libros al final pesaban "menos". Es muy posible que fuera el ya mencionado Griffo el que diseñó este que inicialmente era un tipo de letra y ahora es simplemente un aspecto o modo (un tipo de letra se puede expresar en cursiva/itálica o negrita); el nombre no se lo puso él (le puso aldina, claro está), pero al copiarse el tipo en otros países se le denominó itálica por su origen.

En contexto es difícil situarlo; es muy posible que la guía turística (la otra, la que uses de verdad) tenga cosas en cursiva. En esta misma frase, en contexto está en cursiva, así que cuando todo el mundo se quede callado en un momento en tu paseo por Venecia, lo sueltas así como quien no quiere la cosa.

Mencionado en este capítulo, un montón de veces. Si vamos a tener que titularlo el capítulo de Manuzio y otros mendas.

Leyes "Mickey Mouse"

Esta no la viste venir, ¿verdad? Vale que Venecia parece a veces un parque temático, pero hasta el punto de que inventara la ley Mickey Mouse...

Igual tendremos que aclarar. Y vayamos por partes. En general, el copyright de una obra se concede al autor y herederos por un tiempo limitado; lo que tiene sentido, porque si no los tataranietos de Tolstoi estarían todavía viviendo del cuento (o cuentos) que este escribiera en su tiempo. Este tiempo está más o menos establecido de forma fija en casi todos los estados del mundo, y es de unos 70 años desde la muerte del autor.

Pero no es así en Estados Unidos. En estos, cada vez que el copyright de las primeras obras de Mickey Mouse está a punto de expirar, se promulga nueva ley, que por eso recibe este nombre, que extiende ese plazo. Bueno, pues en Estados Unidos van ya por los 95 años, nada menos.

¿Qué pasó en Venecia? Cuando el no suficientemente ponderado Luca Pacioli escribió su tratado, quien lo pagó, de nombre Paganini, vio que se vendía tanto y que se podía seguir reimprimiendo que solicitó al Senado veneciano una extensión del periodo en el cual podía beneficiarse de forma exclusiva de las copias del libro. En aquella época eran unos simples 10 años, y consiguió 15 años más. Así pudieron ambos seguir con este libro, un verdadero best seller de la época.

Libro de bolsillo

El folio era lo que teníamos cuando no había A4, "Sacad un folio en blanco que vamos a hacer un examen" era una frase temida por todo estudiante español que se precie. Los venecianos no inventaron el folio, sino que lo dividieron de forma que de un folio salían cuatro páginas de un libro que, dobladas, se cosían por el lomo.

Y fue Aldo Manuzio, inventor de otras muchas cosas que iremos poniendo y que aparece aquí por primera vez porque es lo primero que se me ha ocurrido escribir, como terminator del reinado del folio, que era el tamaño que tenían todas las páginas antes, e inventor de un formato más manejable. Aldo Manuzio, evidentemente, no es inventor de la imprenta (ese fue Gutenberg); y tampoco era veneciano, sino romano, pero fue a Venecia al calor de la libertad de expresión (pongamos comillas aéreas alrededor, porque era algo así como) que llevó a tantos impresores a establecerse allí poco después de la invención de la misma, cuando en toda Europa las guerras de religión hacían que contar lo que uno pensaba te pudiera costar el pellejo.

Dada la cantidad de griegos, huidos de la caída de Bizancio, que por aquella época había allí, a mesr. Manuzio se le ocurrió publicar libros en un formato manejable, con las páginas en "octava", o sea, del tamaño de medio folio. Estas ediciones, que vienen a ser del tamaño que hoy llamamos "de bolsillo", se llamaron ediciones "aldinas", y se las quitaban de las manos la burguesía europea de aquella época, por su precio y porque era algo que podían llevar para leer en cualquier lado. Sí, la burguesía de aquella época era muy leída. Eran los que sabían leer; los nobles, muchas veces, eran simplemente analfabetos (fuera de Venecia; en Venecia la mayoría recibía educación para poder formar parte de las tareas de administración del estado). Y estos libelli portatiles, o libros portátiles (en latín), llamados por él "libros de mano" o enchiridion (que significa literalmente "en la mano"), eran económicos, y efectivamente podían sujetarse con la mano mientras se leían. Un gran invento, que le dio éxito y fortuna a su creador.

En contexto: hay muchísimas librerías en Venecia, pero prácticamente ninguna imprenta tradicional. Quizás venga más a cuento en la Biblioteca Marciana, justo enfrente del palacio de los Dogos, que conserva muchos ejemplares de esta imprenta.

Lienzo (para pintura)

Esta invención me pilló bastante desprevenido, la verdad.

No es una novedad en este capítulo. Pero qué queréis, ha sido así.

Leyendo un libro llamado "La chanfaina", de un autor granadino, mencionaba el lienzo con trama "a la veneciana" y me puse a investigar. Efectivamente, a grandes rasgos, el lienzo de pintura tal como lo conocemos hoy en día se inventó en Venecia. Si habéis ido a algún museo, y supongo que lo habéis hecho si estáis leyendo este libro, habréis visto que la pintura gótica se hace sobre tablas de madera; también se usaban paredes pintadas como soporte para las mismas. Sin embargo, la madera tenía otros usos más utilitarios en Venecia, y por la humedad y temperaturas en la zona, los frescos hechos sobre edificios no duraban mucho. Había otro material que circulaba en abundancia en Venecia: las velas hechas de lino. Así que se le añadió un material que mantuviera la trama por detrás, un bastidor para mantenerlo estirado, y hete aquí los lienzos tal como los conocemos hoy en día (aunque actualmente se usa algodón o fibras sintéticas, en vez de lino).

En contexto: el mejor lugar es, probablemente, las Gallerie dell'Accademia, donde se podrá ver la transición de tabla a lienzo fácilmente. También en San Barnaba, una iglesia cuyo techo está recubierto de pinturas en lienzo, demostrando la facilidad, que no tenían las tablas, de crear pinturas de gran tamaño.

Mapamundi (o planisferio)

Un mappa mundi, o mapa del mundo, mete, en una sola hoja, todo el mundo conocido. Que fue (más o menos) todo el mundo desde Colón, o mejor, desde Magallanes y Elcano, pero que antes era realmente el mundo conocido. Este mapa es circular, y sitúa el norte abajo, con lo que tiene una pinta un tanto extraña para nuestros ojos del siglo XXI.

De hecho, técnicamente no es un mapamundi, sino un planisferio, es decir, una representación en plano de la esfera que es el mundo. Al parecer, sólo es mapamundi si está representado en una esfera, como los globos terráqueos que teníamos de niños. Yo tenía uno pequeño, metálico, que acabó desmontándose y abollándose perdiendo su esfericidad rápidamente.

Y fue un fraile, Fra Mauro, quien entre 1457 y 1459 lo dibujó, mientras estaba en el convento de san Michele, donde ahora está el cementerio, con la ayuda de un cartógrafo veneciano, Andrea Bianco. Se lo había encargado por el rey Alfonso V de Portugal. Para que nos situemos un poco, estamos pasarían unos treinta años hasta que Colón propusiera el viaje a "Cipango" a Isabel la Católica, pero muy pocos años hasta que los portugueses se lanzaran a la explotación de "Guinea", que iba desde la actual Ghana, hacia el sur, por toda África Occidental. A este Alfonso V le acabaron llamando "El Africano".

Colón conocía el mapa, como es natural, y lo usó para calcular cuál sería la distancia que separaría las Canarias de ese Cipango. Se equivocó bastante, claro, pero llegó a algún sitio.

Fue el primer mapa que incluyó a Japón, por ejemplo. Antes de él, el conjunto de mapas más famoso fue el llamado Atlas Catalán; pero Fra Mauro no solamente bebió de todas las fuentes cartográficas que había, sino también del libro de los Millones de Marco Polo, y de los relatos de marineros venecianos. Sin haber pisado más que unos cuantos conventos, como muy lejos en Istria.

Con este mapa en sus manos, las naves del rey portugués empezaron a circunnavegar África. Durante el reino del sucesor de Alfonso V, Juan II, se dobló el cabo de Buena Esperanza (en la actual Sudáfrica); durante el reinado de Manuel I, finalmente, Vasco de Gama descubrió la ruta a la India. A partir de ahí, Portugal empezó a crear rutas comerciales a India, y comenzó el declive de Venecia.

Los mapas son tecnología, y la tecnología eleva, pero también derriba a los imperios. Con los Google Maps de hoy, es muy fácil navegar de un sitio a otro y saber, de antemano, cuanto se va a tardar. El mapa de Fra Mauro y Bianco hace lo mismo: indica qué partes de la tierra

MAPAMUNDI (O PLANISFERIO)

están conectadas unas con otras. Por ejemplo, este mapa indicaba que África acababa en algún lugar, y que África estaba conectada, por mar, con India. Pero también se pueden estimar distancias: un mapa te puede decir cuantas jornadas navales hay desde Gibraltar hasta Guinea, o desde Ormuz hasta la India. Y esto, precisamente, es por lo que lo encargó el rey de Portugal.

Mientras el consejo de los 10 montaba un pifostio cuando se le iba un vidriero de Murano, del mismo Murano salió este mapamundi (o planisferio) sin que nadie le prestara la más mínima atención.

> La anécdota cuenta que yendo un senador a visitar a Fra Mauro y pidiéndole que le enseñara donde estaba Venecia, al ver el tamaño que tenía en proporción a todo el mapa, indicó en veneciano que era "cussì piccola". Al indicarle, pacientemente, Fra Mauro, que tenía ese tamaño en proporción a la extensión de todo el planeta, el senador impertérrito le contestó "Fè el mondo più piccolo e Venezia più granda", que no es difícil de interpretar como que el senador quería que Venecia apareciera más grande en proporción al mundo. Parafraseando el célebre chiste del bilbaíno y el "mapamundi de Bilbao", quería un mapamundi de Venecia. El problema es que ese mapamundi, literalmente, ayudó a que el mundo fuera todavía más grande, al ayudar a su exploración, y Venecia paulatinamente más pequeña. Así que no sabemos si el senador tuvo mucha vista, o, por el contrario, ninguna.

Y esta tecnología sólo podía desarrollarse en Venecia: sus marinos iban por todo el Mediterráneo, y hablaban con otros marinos que navegaban por otros mares y que se encontraban por esos puertos desde Tánger a Beirut, pasando por Palma de Mallorca y Palermo.

> Y podían hacerlo porque los marinos hablaban la lengua franca o parla mediterránea, pero esa es otra historia. Ese patois, o lengua inventada mezclando diferentes lenguas de esas riberas, desde el véneto hasta el árabe o el griego.

Por si fuera poco, la leyenda del mapa, es decir, los nombres de las cosas y de las ciudades, mares y otros accidentes orográficos, está en veneciano, porque el veneciano también se entendía bastante entre los marinos y navegantes.

Finalmente, Fra Mauro incorpora una cantidad de datos y lugares procedentes del relato de Marco Polo. Por tanto, en Venecia y en ningún otro sitio habría sido posible esta innovación. Y es que los mapas son también ideología, y como decía McLuhan, el medio es el mensaje: el primer mapa del mundo nos habla en veneciano; Venecia es la que está creando la imagen del mundo, la única que conoce el mundo, la imago mundi pertenece a Venecia; cada una de las copias del mappamundi eran publicidad para los navegantes (y, por supuesto, los gobernantes) venecianos: Nosotros somos los que sabemos viajar por el mundo. Pero quizás, en el culmen de su poder, pensaron que nada ni nadie les podía superar. Y, con este mapa, pusieron las semillas de su destrucción.

En contexto tanto en la isla/cementerio de San Michele como en la Biblioteca Marciana, donde hay expuesta una de las copias que se conservan (aunque la Wikipedia española dice que está en el Vaticano).

Mencionado en el capítulo dedicado al cementerio.

OSINT, Open Source Intelligence

Esto no me lo esperaba ni yo, pero parece que hay varios indicios que apuntan a que, igual que los servicios de inteligencia centralizados se inventaron aquí, también la recolección de informes de inteligencia procedentes de fuentes abiertas, también.

De eso se trata el OS, o "inteligencia de fuentes abiertas". Simplemente se trata de recopilar información que no está oculta, pero requiere de algún trabajo para recogerla o simplemente saber donde está. Ahora, con la guerra de Ucrania, está teniendo una edad de oro, con gente que usa desde satélites de la NASA para detectar incendios hasta grupos de Telegram de propagandistas rusos.

En Venecia fue, inicialmente, la información comercial, en la que también la república de Ragusa, anterior colonia y en ese momento enemiga jurada, tenía gran interés. A partir de la introducción de la imprenta y de la aparición de diferentes boletines de información comercial, los agentes venecianos recopilaban información de las diferentes ferias comerciales que había en el continente: la de Amberes, las de Francia y las de Alemania. Allí recolectaban información sobre precios, rumores, tendencias, y los enviaban al Senado o al Consejo de los Diez si es que tenía alguna implicación en la seguridad del estado; los agentes de Ragusa recopilaban diferentes publicaciones periódicas; entre ellas, Notizie del Mondo de la misma Venecia. Espía contra espía, era el nombre del juego.

Pero los embajadores (y bailíos, embajadores que aparentemente tenían mayor rango, como el de Constantinopla) de Venecia se hicieron famosos en toda Europa por sus relazioni, informes que presentaban al Senado cuando eran relevados de su puesto, y que se llegaron a imprimir por toda Europa, convirtiéndose en fuentes para los historiadores desde entonces. Estos informes iban más allá de la información comercial, incluyendo información política, militar, y de todo tipo. Eventualmente, la información que las diferentes instituciones venecianas poseían no tenía parangón en ningún lugar en Europa.

En contexto: tanto en Rialto como en el palacio de los dogos tiene relevancia; en realidad los intereses comerciales y los políticos siempre estuvieron más cerca que el cuarto de hora que se tarda en llegar de uno a otro.

Mencionado de forma oblicua, en el capítulo de Rialto, aunque la referencia era más bien a la inteligencia de fuentes cerradas, la de toda la vida, vamos.

Polifonía multicoral

Nadie, nunca, ha oído hablar de esto. Así que lo dejamos aquí y redirijo al capítulo correspondiente.

En contexto: en la basílica de San Marco, que al parecer, por la posición del púlpito y del iconostasio, favorecía la sonoridad de este tipo de música.

Mencionado en el capítulo sobre teatros.

Pinturas de paisajes

¿En serio? ¿Paisajes? Pero si eso es, yo qué sé, miras para un sitio vagamente natural y lo pintas. Y ya.

Pues no. "La tempestad" de Giorgione es posiblemente el primer paisaje de la pintura occidental. Entendemos tal pintura de paisaje como un cuadro en el que el tema principal es el paisaje en si; es decir, no enfocado en las figuras humanas o animales. Este cuadro, que se creó al principio del siglo XVI, poco antes de que el autor, que se llamaba en realidad Zorzi da Castelfranco, muriera de peste. Y el tema principal es una tormenta: vemos rayos, nubarrones, una ciudad, un puente, un muro con dos columnas truncadas, en general, lo que viene siendo un paisaje. Ah, también en primer plano hay una señora desnuda amamantando un bebé, a la derecha, y un soldado o arlequín a la izquierda; aunque la mujer mira al soldado, este parece ir a su bola y no parece tener nada que ver con el resto de la imagen. El cuadro está lleno de color, gradaciones y texturas, una de las características de la pintura veneciana (recordemos: venecianos, colore, florentinos, disegno o dibujo).

Y una vez más, sólo en Venecia habría sido posible; sólo aquí había tantos colores con base mineral, y sólo aquí se le ocurrió a alguien usar óleo para pinturas de encargo (y no sólo para los grandes cuadros que encargaba el estado). Fue la familia Vendramin la que lo encargó y pagó, y la que lo presentó en su palazzo durante un tiempo, hasta que eventualmente lo adquirió el estado italiano para la Accademia.

Y ahí sigue, para admiración de propios y extraños. Lord Byron le dedicó un poema, y el ínclito Juan Manuel de Prada ganó el premio Planeta con una novela titulada así, "La tempestad", y que la tiene como centro de la trama. Una trama que incluye de alguna forma visitas a palacios llenos de caca de paloma y de la que recuerdo bastante poco, la verdad. Es difícil que seas aficionado a este autor (pero todo puede ser), pero lo seas o no, merece la pena que te pares un poco en tu visita a la Accademia.

En contexto: cerca de la Accademia, el puente del mismo nombre, o dentro de las galerías, o en general en la zona de Dorsoduro.

Mencionado en capítulo en el que se pasea de San Marco a la Punta Dogana, en las Gallerie dell'Accademia.

El punto y coma

¿Cómo es que siquiera se puede inventar el punto y coma? ¿No ha estado siempre ahí? Además, ¿qué hay que inventar? Es un punto y una coma, ¿no?

Pues no, se tuvo que inventar, y vino evidentemente con la tipografía y la invención de los libros populares. No sé si os habréis fijado alguna vez en los grandes libros que hay en catedrales y demás, con cánticos y cosas por el estilo, o en biblias o "Libros de horas" de esa época. No tienen separación entre palabras, ni entre frases, ni nada.

Cuando Aldo Manuzio trató de popularizar la lectura con los primeros libros de bolsillo (ver más arriba), tenía que buscar una forma popular de imprimir las frases y la división entre palabras que podían ser, a priori, desconocidas, pues se esperaba del cliente que pudiera leer y poco más. Pero de repente hacía falta indicaciones más precisas sobre la lectura, como cuando hacer pausas breves, o cuando se iba a iniciar otro pensamiento. Así que Pietro Bembo, que fue el autor del texto, Manuzio, el impresor, y Griffo, el diseñador de los tipos de letra (el contador) esculpieron, supongo que en madera en aquella época, este símbolo tipográfico que fue a ilustrar un tratado de Bembo sobre el monte Etna (que todavía está disponible en formato electrónico, por si a alguien le interesa).

En contexto la imprenta de Manuzio estaba en el barrio de San Polo, donde ahora hay un restaurante que se llama Due Colonne en la Calle della Chiesa. Pero estos paseos no nos llevan mucho por San Polo, desgraciadamente, así que si caes cerca del Ponte delle Tette o del Campo San Polo, puede ser una ocasión para hablar de esto (vale, también de las Tette susodichas). El palacio Bembo está en el Gran Canal, así que puede hablarse de él si se pasa por ahí en góndola o como sea menester.

Mencionado en el capítulo de historia retrógrada de Venecia se menciona el palacio Bembo, una de las familias aristocráticas de rancio abolengo.

Primas de seguro

Posiblemente, si habéis estado practicando el adulting, sabréis que una prima se seguro es una pequeña cantidad que se paga para "asegurar" recibir una cantidad sustancialmente mayor si un riesgo determinado (lo que se asegura), sucede eventualmente. Puedes pagar unos cuantos euros para asegurar recibir el precio total de tu viaje en caso de cancelación, por ejemplo, o una cantidad para cubrir tus gastos médicos en caso de caer enfermo o tener que recibir alguna terapia o procedimiento médico.

Se asegura, pues, el riesgo, y la cantidad que se paga es una función de lo asegurado y el mismo riesgo. Pues imaginaros el riesgo de un convoy de galeones llevando lanas inglesas que partía de Venecia con destino a Alejandría y que por el camino podía encontrar tormentas, piratas uscoques, otomanos o normandos, más tormentas, una plaga de ratas, que se comiera la lana y más piratas. El valor de la carga es elevado, el de los galeones y los tripulantes más, y el riesgo, dependerá del momento.

Desde tiempo inmemoriales existían créditos marítimos, cuyo interés estaba ligado al riesgo; de alguna forma, eran un seguro: se pagaban solo si se recibía la mercancía a salvo, pero el crédito dependía del riesgo. Sin embargo, cuando se compraban mercancías en destino a precio fijo, el coste del riesgo tenía que estar desligado del crédito para financiarlo, y de esa forma surgieron las primas. En todo caso, cobrar interés por préstamos estaba prohibido por la iglesia, así que no quedaba otro remedio que ofrecer algún tipo de servicio a cambio de dinero; en Venecia (y también en Génova), surgieron los seguros basados en primas, más o menos en el siglo XIII. En Venecia estaban a cargo del consoli dei mercanti.

En todo caso, salvo ese hecho puntual y el que tuvieran un magistrado específico dedicado al tema, Venecia cedió la posición de pioneros a Génova, donde se halla el primer contrato de seguro, e incluso a Barcelona, donde el Edicto del mismo nombre fue la primera legislación sobre el tema.

En contexto este consulado se halla en el palacio de los camarlengos, en Rialto, así que es el sitio adecuado para hablar del tema.

Servicios de inteligencia estatales

Venecia tenía todos los componentes de un estado moderno, y como tal la centralización de la información de todo tipo era esencial. En el palacio de los dogos hay un buzón que permitía a cualquier persona emitir protestas sobre cualquier injusticia a la que hubieran sido sometidos. Y los servicios de información no iban a ser menos. Se centralizaron en el consejo de los Diez, que recibían informes tanto de los agentes internos de contraespionaje y contrainsurgencia, en la ciudad o en las colonias, como de los agentes que espiaban a otras potencias. Aunque evidentemente no inventaron ni el espionaje ni los chivatos, sí es cierto que Venecia lo "inventó" como algo que tenía un proceso de toma de decisión específico, y por supuesto actuar al respecto.

> Aunque se menciona a veces el skrinion barbaron, u "oficina de bárbaros" bizantina como tal servicio de inteligencia, era más bien un servicio de contraespionaje que evidentemente recolectaba información referida a los extranjeros (o bárbaros).

Mencionados principalmente en el capítulo sobre Rialto y también donde se habla de Cannaregio

En contexto: un buen sitio para referirse a esto es cuando se visite la calle de la Lista di Spagna, ya que se era donde se encontraba la embajada española, y también otras embajadas, en lugares próximos para que fueran más fáciles de controlar por tal servicio.

Spritz

El Spritz viene a ser un vermú con gaseosa y a veces alguna otra bebida alcohólica espumante como prosecco o sidra. Aunque ya se vende combinado con el Aperol, también se puede hacer con cualquier otro vermú como el Select, el Campari o incluso, dios nos libre de la alcachofa, el Cynar.

Aunque surge de forma espontánea entre las tropas austríacas, de ahí el palabro alemán, en todo el norte de Italia, quien le puso el nombre y popularizó fue algún barman en Padua o en Venecia, cuando lo combinó con Aperol o Select.

Un invento que llegó a España más o menos con la pandemia, y que si no ha cambiado el mundo, al menos ha proporcionado alternativas para la hora del aperitivo o de la barra libre.

Es posible que esto, como a mi, te importe absolutamente nada, porque no es una bebida de mi gusto. Realmente está muy amargo, pero si te va el vermú o el Gin Tonic, igual puedes echarle un vistazo. Sin embargo, es un curioso ejemplo de invento que ha perdurado hasta nuestros días, y que es mezcla de sensibilidades de colonizador (el imperio austrohúngaro, colonizador donde los haya) y colonizados (Venecia y el norte de Italia). El mismo espíritu que, más o menos, creó el Cuba Libre (que es ron con Coca Cola). ¿Estamos diciendo que Venecia inventó el Cuba libre? No sé, cada cuál que decida.

Mencionado en el capítulo sobre Cannaregio.

En contexto: te puedes comprar Aperol o Select en un supermercado y mezclarlo tú mismo con gaseosa y sidra; así que puede ser una oportunidad de comentar el precio de la hostelería en Venecia cuando pases por el Harry's o cualquiera de esos bares de San Marco. En general, sin embargo, acércate a cualquier taberna de cicchetti y pídetelo, por supuesto usando Select en vez de Aperol.

Teatro (de pago)

Los venecianos eran mercaderes, y tenían una clase media considerable, así que no es de extrañar que muchos de sus inventos sean cosas que ya existían, pero ahora pagando (o siendo pagadas, como las vacaciones).

El teatro es uno de esos casos. Las tragedias y comedias y autos de fe y todo tipo de representaciones se vienen haciendo desde la antigüedad. Pero... sólo se hacían en ocasiones especiales, o bien se organizaban por parte de nobles, reyes y gente de posibles, con posibles quiero decir que se trataba de explotadores miserables sin más mérito que la genética. Dicha la soflama republicana, pasemos a la república de

Venecia. Con la afluencia de granturistas y visitantes diversos, sobre todo el Carnaval, se vio la necesidad de ofrecer espectáculos más allá de los que se pudieran organizar por parte del gobierno. Y donde hay una necesidad, hay un capitalista para cubrirla, así que muchos nobles vieron la posibilidad de ofrecer sus palacios a impresari, o empresarios, que montaban espectáculos con el sólo objetivo de entretener, generalmente basados en la Commedia dell'Arte, es decir, personajes fijos, con una puesta en escena muy ligera, y principalmente basados en la improvisación.

Y, tachán, mujeres. Como actuar se consideraba algo "indecente", o algo que inspiraba la indecencia, o vaya usté a saber qué, nunca habían actuado mujeres en ningún papel; los papeles de personajes femeninos los hacían hombres travestidos. La commedia dell'arte fue la primera que las incluyó, con personajes como Colombina, una sirvienta, o Rosaura, la hija de Pantalone, el avaro ligón. Esto no sucedió en Venecia, sino que la primera vez que se tiene constancia fue en Roma, en un acta notarial para un contrato. Pero, oye, no se puede inventar todo.

¿La primera ópera de pago? Sí, también en Venecia.

Mencionado en el paseo por los teatros de Venecia.

En contexto el primer teatro, o palacio alquilado como tal, se creó en la zona de San Cassiano, cerca de Rialto. Por supuesto que una visita a uno de los principales teatros, La Fenice, también puede ser una buena oportunidad para contar esta bonita historia.

Terrazo

El terrazo era el pavimento que se usaba, sin excepción, en casi todas las casas construidas en España hasta quizá los años 80 o 90. Se trata de un conglomerado de mármol o algún otro tipo de piedra más o menos noble con arcilla o cemento, formando una característica combinación aleatoria cuyo color depende de las piedras que se hayan combinado. Todavía se ve como pavimentado de las aceras en algunas ciudades, y por supuesto en esas casas que todavía no se han tirado.

Ese tipo de pavimento tampoco es que sea difícil de obtener. Si tienes mezcla de ladrillo, o arcilla, o lo que sea, y piedras por otro lado, y las mezclas, la tienes; ya en la época romana se hacía y se ha encontrado en yacimientos arqueológicos. Sin embargo, se empezó a hacer sistemáticamente y a popularizar en Venecia en el siglo XVI, al parecer a partir de la llegada de ciertos artesanos de la zona de Friuli (al nordeste de Venecia, en la región que se llama hoy en día Friuli Venezia Giulia); allí se creó el arte (o gremio) de los terrazzeri, con una serie de reglas para crearlo y usarlo en construcción. A partir de ese momento, se le conoció como terrazzo (o batutto, "batido") alla veneziana. El tener piedras duras le añade resistencia, pero al no ser bloques completos el precio es muy inferior que el de una losa de piedra de Istria o de mármol.

Hoy en día el terrazo usa todo tipo de materiales, desde cemento hasta resina epoxy, y combina también múltiples "tropezones", desde vidrio hasta piedras de diferentes orígenes.

En contexto: se usa en los soportales del palacio ducal, donde se pusieron en 2014 por parte de los hermanos Vianello, restauradores locales.

Vacaciones pagadas por el empleador

Los cristaleros de Murano tenían el monopolio de fabricación del cristal, y también todos los secretos para la fabricación del mismo. No sólo no podían salir de la isla, sino que si se iban detenían a su familia, y si eso no era suficiente, el estado veneciano enviaba asesinos para cargárselos.

Pero también tenían una serie de privilegios. Sólo podía haber hornos en Murano, no en la ciudad, y todo el mundo tenía horno. Eso, combinado con el horno que es de por sí el verano en Italia, puede convertir todo eso, sí, en un horno. Así que los horneadores de cristal venecianos fueron los primeros en tener el privilegio de vacaciones, suponemos que pagadas, porque el estado tendría que mantenerlos contentos durante esos 5 meses que duraban, aunque igual los obligaban a ir a cursillos de riesgos laborales o de design thinking. Así que, aún muy limitadas y sólo a un gremio, los venecianos inventaron un concepto que aún no ha llegado a sitios como Estados Unidos. O más bien ha llegado como en Venecia, depende un poco de la empresa, pero el estado no obliga ni a esto ni a pagar las bajas por embarazo ni nada de eso.

En contexto: si visitas alguna fábrica de cristal de Murano, es el momento; nada más bajarte del vaporetto verás a una serie de personas que te dirigen hacia la izquierda, que es donde se encuentran.

Preguntas frecuentes

Cosas que te has podido preguntar, o no

El agua de la laguna, ¿es dulce o salada?

Cabe hacer una suposición un poco salvaje, y es que es salada, al menos hasta cierto punto, porque en realidad la laguna está comunicada con el mar. Incluso aunque recibiera agua dulce, el Mediterráneo es un mar muy salado y a la fuerza tiene que haberse mezclado. Los muchos pozos que hay en la isla posiblemente estarán, en cierta medida y a estas alturas, ya salados o simplemente inutilizable, aunque al principio, como es natural, servirían para saciar la sed de la gente. Realmente, el pozo en medio del campo que es tan típico está, siempre, clausurado e inaccesible.

Después de esta suposición poco informada inicial, e Informándome un poco más adelante, resulta que aunque inicialmente desaguaban en la laguna tres ríos diferentes, dos de esos ríos fueron canalizados y ahora es sólo el Brenta, y muy disminuido, el que aporta un poco de agua dulce a la misma. O sea que totalmente confirmado, salada todo el tiempo.

¿Dónde aparca la gente sus lanchas?

Esta no se me había ocurrido, pero Jan Morris lo aclara en su "Venice", un libro que recomiendo muy encarecidamente. Aunque en principio puedes aparcar tu embarcación donde te dé la gana, no hay mucho sitio en los alrededores de San Marco ni de Rialto; el sitio donde se encuentra aparcamiento más fácilmente es en las Fondamente Nuove, al norte de Cannaregio. Las góndolas aparcan un poco por todos lados, y las puedes ver arrimadas a muchas fondamentas por aquí y por allí. Lanchas y embarcaciones más pesadas, sin embargo, ni siquiera caben fuera de los canales principales.

En algunos canales también se ven entradas a pequeños fondeaderos, bajo los palazzi. Como se ve en "The Italian job", al principio de la película. La gente con posibles tiene estos "garajes", como sucede en tierra firme con los garajes para los coches.

¿Cuanta gente vive en Venecia?

La población censada en Venecia es la de un pueblo grande o ciudad pequeña, unos cincuenta mil habitantes.

Mi pueblo, Úbeda, tiene unos 45000.

Llegó a tener en tiempos históricos casi 250 mil, y ser una de las ciudades más pobladas del Mediterráneo. Pero lo que el turismo da, riqueza y un modo de vida, el turismo quita, un sitio donde vivir con cierta calidad de vida: supermercados cerca o accesibles en un vehículo, zonas deportivas, transporte público bien dimensionado. Así que la gente se ha ido desplazando a ciudades menos bonitas, pero más "normales", por ejemplo, Mestre (que técnicamente es parte de Venecia), justo en al otro extremo del puente, parada obligatoria en todas las líneas férreas que salen de allí, y dejando la isla central y las otras islas en la laguna más bien vacías. Pasear por Murano al caer la tarde, por ejemplo, es más bien desolador, como pasear por un polígono industrial a esas horas. Salvo el cálido roal de la terraza de un bar para turistas a lo largo del canal, no hay nadie deambulando, ni nada abierto.

La ciudad ni siquiera está hecha para que los turistas se queden más de la cuenta, por no mencionar los locales. Hay sólo un puñado de supermercados, por ejemplo. Así que cada vez se refuerza más el aspecto de parque temático, para dejar de ser una Ciudad Real, donde vive Gente Real. Los locales tienen que sufrir muchas de los efectos del turismo masivo, como colas para tomar el imprescindible transporte público, sin muchas ventajas si no vives directamente del turismo. Por eso hay una campaña (en el año 2022) que menciona que ya hay 49.999 habitantes en Venecia, y verás quizás carteles o pancartas que lo mencionen. Bajar de la barrera psicológica de los cincuenta mil certifica el declive.

Ucronías venecianas

¿Qué habría sucedido en el mundo si la república veneciana no hubiera sido desmantelada por Napoleón?

Habría sido barrida por el imperio austrohúngaro, por una revolución nacionalista en la primera mitad del XIX, o eventualmente incluida en el estado italiano en el mismo momento en que lo fue finalmente. Es muy difícil que se hubiera sustraído a los vientos de la unificación.

Pero es que incluso antes del final, Venecia ya era un estado en bancarrota; sus gobernantes no tenían una visión clara del futuro; el estado carecía de ningún tipo de ingreso estable y su forma de gobierno, aunque nominalmente, y para una parte de la población, democrática, era muy cercana a la monarquía absoluta.

A los aficionados a la historia alternativa, como yo, nos resulta evidente que la historia tiene cierta inercia y funciona como olas que van barriendo los despojos de naufragios hasta que, eventualmente, crean una costa uniforme; esta costa uniforme es la historia "tal como la conocemos".

Por supuesto, en el mismo contexto también se habla del "punto Dunbar", un punto de inflexión en el cual sí había posibilidades de cambio de la historia; como un tsunami, cambian las mareas, la costa y lo que se le ponga en su camino.

¿Dónde habría estado ese punto, en el caso de Venecia? A partir de la conquista de Chipre por parte de los otomanos, que llevó eventualmente a la batalla de Lepanto, a la merma de su expansión territorial y al eventual declive, la suerte de Venecia cambió. Pero antes de eso estuvo la guerra contra la Liga de Cambrai, que dejó a la república muy debilitada. Las epidemias de peste, que se llevaron a pintores, soldados, comerciantes y artesanos. Pero esos mismos comerciantes también perdieron el monopolio de los productos de Oriente cuando, usando los mapas que la misma Venecia había generado, Portugal encontró la ruta del Cabo de Buena Esperanza a la India, y España llegó a América con la ayuda de un (posiblemente) genovés, enemigos tradicionales de los venecianos. Con lo que es complicado encontrar ese punto Dunbar, o quizás imposible.

Los países ascienden, los imperios se expanden, se estabilizan y finalmente caen. Esa es la historia. El resto puede ser inspiración para elucubraciones más o menos plausibles, pero especulaciones, al fin y al cabo.

¿Cómo se las apañan la gente de Venecia?

Es decir, ¿cómo lo hacen para hacer sus comprar, llevar a sus nenes al cole, ir al hospital o el centro de salud, comprar cinta americana, pasear al perro, y en general, todas las cosas que hacemos en tierra firme sin siquiera pensar mucho?

En Venecia hay dos medios de transporte: las propias piernas, y el agua. Así que o la primera, o la primera y la segunda, tienen que usarse para absolutamente todo. Están prohibidos todo tipo de vehículos, con motor o sin él, así que a pie es como hay que hacer las cosas. Tampoco son comunes los ascensores: la mayoría de los bloques no tienen más de tres o cuatro pisos, y salvo construcciones nuevas hay que subir la compra a pezuña. Así que hay un cierto límite en la cantidad de cosas que se pueden llevar de una sola vez.

El problema es similar al de personas que viven en zonas calificadas como patrimonio de la Humanidad como el Albayzín en Granada, aunque en este último sí hay una zona amplia que es accesible por vehículo. No solamente está el problema de la accesibilidad, sino también las multitudes que te vas a encontrar en ciertas zonas; afortunadamente, no en todas.

Eso hace que el carrito de la compra sea una herramienta imprescindible para el veneciano que sale a hacer sus recados del día, a veces acompañado de una mochila. Fácilmente arrastrable a pie, se puede montar en el vaporetto sin muchos problemas, y le cabe una gran cantidad de cosas. Como antiguamente en nuestro país, hay que olvidarse de las compras semanales o mensuales: no puedes llevar la furgoneta hasta la puerta del ascensos y subirlo todo. Poco a poco, vas comprando lo necesario para el día y poco más, y si tienes que comprar una caja de varios cartones de leche no te quedará espacio para mucho más ese día.

Por supuesto, muchas familias tienen barcos de diferentes tamaños y formas para llevar a cabo sus tareas, o para moverse hacia el continente, o para lo que le apetezca. Los barcos no tienen que ser más caros que una moto, dependiendo del motor, claro, y las familias de posibles irán a por algo de más lujo, más rapidez o las dos cosas. En un lugar donde las calles son canales, es natural que los vehículos sean barcos.

Qué se le va a hacer, vivir en la que es (posiblemente) la ciudad más bella del mundo tiene sus inconvenientes.

¿Por qué llevan los gondoleros camisetas así?

Esto es una teoría propia, muy posiblemente no sustanciada. Pero plausible.

Los gondoleros llevan camisetas a rayas, blancas y azules, rojas o negras. ¿A qué se debe?

Hasta principios del siglo XVI, las góndolas eran simplemente vehículos propiedad de las diversas familias nobles de Venecia. Como tales, iban pintadas con los colores de la familia, los del escudo de cada una. Azul y amarillo para Contarini, Morosini y Soranzo, rojo y blanco para los Dandolo y Gradenigo... y blanco y azul para los Michiel, los Zane, los Barozzi, los Moro, los Gritti, los da Mula... Y los Mocenigo.

La casada Mocenigo fue una de las más ricas de la república, una de las casas ducali que accedieron a la nobleza poco después de la serrata, pero que aún así lograron colocar en el dogado a varios de sus miembros.

No sería raro, pues, que hubiera una buena cantidad de camisetas blanquiazules disponibles y circulando por la laguna en el momento de la prohibición de la suntuosidad de los diferentes colores. Las góndolas se fundieron al negro, pero las camisetas siguieron usándose. Y como probablemente las camisetas blancas y azulas son las más comunes, acabaron siendo adoptadas por todo el mundo, hasta nuestros días.

Para ser precisos, el escudo de los Michiel es el único que tiene el mismo tipo de patrón: listas blancas y azules. Una familia bastante popular, pero cuya relevancia no duró tanto, posiblemente ni siquiera hasta que se cerraron las libreas de los gondoleros. También es cierto que en algunos casos se ven listas rojas, e incluso negras; en alguna ocasión he leído que los colores distinguían los de la margen derecha y la margen izquierda, pero también el color rojo y blanco es el de los Dandolo, Gradenigo, Zorzi y Venier. Lo cierto es que la mayoría de estos palacios están en la misma ribera del canal, así que a saber; las familias grandes, de todas formas, tenían palacios por todos los sestiere, así que no es difícil que hubieran tomado el color de una de las familias.

> Discutiblemente, la familia Contarini, la más grande de Venecia, tenía los colores azul y amarillo. Extraño que no haya prevalecido ese color en particular.

¿Cómo funciona el reparto a domicilio en Venecia?

En una ciudad sin ningún tipo de vehículo a ruedas (salvo los patinetes de los niños que van al cole, y las carretas de los repartidores de mercancías), ¿se puede pedir una pizza o una hamburguesa?

Pues sí, se puede. Los servicios tradicionales de riders, sin embargo, tienen que usar el mismo medio de transporte que el resto de los ciudadanos: a pie o en barca. Durante la pandemia nació además Cocai Express (las cocai son las gaviotas), un servicio que fue gratuito durante la misma pero que sigue funcionando, con una cantidad de establecimientos adheridos, y reparto de todo tipo de comida. La página web, con Venecia a vista de pájaro e iconos con el tipo de vituallas que reparten, es una delicia también. Si un día decides descansar en el hotel o residencia, úsalos, aunque sea por tener una experiencia exclusivamente veneciana. Otra más.

¿Dónde repostan gasolina las barcas?

Como es natural, no hay una gasolinera a la salida de San Marco, pero evidentemente, dónde van a repostar si no, en un atracadero con surtidores. Los hay por toda Venecia, pero puedes ver uno en Cannaregio, entre el canal de Cannaregio y Santa Maria dell'Orto; se ve desde el vaporetto. Dada la escasez de estos establecimientos, seguramente cargarán garrafas; para repostar en caso necesario.

Epílogo

Un "continuará" para un libro que tiene forzosamente que continuar

> "Venecia es como tomarse una caja entera de bombones al licor de una sentada", Truman Capote.

Si lo que dice el bueno de Truman Capote es cierto, acabamos de zamparnos una caja de 400 páginas (o igual más, no lo sé) de algo que empezó con la intención de ser una barrita rápida para deglutir mientras se daba un paseo, o dos, por Venecia con la familia.

Pero, como dice Tiziano Scarpa, "perderse es el único lugar al que merece la pena ir", así que hemos acabado yéndonos por los rami y también, inevitablemente, por los cerros de Úbeda. Aún así, no hemos llegado a muchos lugares que sí he visitado, como San Pantalon (aunque este sí es cierto que lo hemos mencionado), y a otros que posiblemente no visitaré nunca, como Burano. Hay excelentes guías que te aconsejarán qué ver en unos y otros, y mirar al techo en uno (o ver antes Indiana Jones y la última cruzada) y visitar el museo de los merlotti o encajes, en la otra isla, a casi una hora en vaporetto de Venecia.

Yo vuelvo a aconsejarte lo que te diría el comisario Brunetti en la escena de un crimen: Venecia es tridimensional, y paseando por cualquier lugar tienes que mirar hacia arriba, donde puedes ver algún camino y más de una altana, hacia delante, donde verás los nombres de las calles y artesanía de Murano o en papel, y por supuesto hacia abajo, donde acabarás diferenciando una salizzada de una calle y viendo los diferentes nizioleti publicitarios que llevan ahí decenas de años.

EPÍLOGO

Este libro es quizás demasiado desorganizado para llevarlo en un paseo real; pero si llevas un tablet puedes usar el excelente modo de búsqueda del lector de libros del mismo para ver si hablar del campo o palazzo delante de donde estás.

> También aconsejo el excelente Google Lens, que casi siempre te da una referencia adecuada, si es que ni siquiera sabes como se llama.

Estos "paseos" te pueden ayudar a unir los puntos que vinculan a ese cuadro de Tiziano con la propaganda dogal, o a ese puente con el Consejo de los X. Y como Venecia apabulla a los sentidos y entre foto y foto apenas te deja tiempo para leer nada, también puedes llevártelo para leértelo en el avión o tren de vuelta, o cuando estés en tu hogar, mientras estás organizando las fotos.

En todos los trabajos científicos hay una sección que se refiere a por dónde se va a continuar en el futuro. Calculo que este libro venderá uno o dos ejemplares, así que tampoco es cuestión de ir sacando nuevas ediciones ampliadas, con más paseos, aunque por supuesto iré corrigiendo los errores materiales y tipográficos que encuentre (y que tú, lectora o lector, puedes comunicarme a mi correo electrónico, jjmerelo@gmail.com, o comunicar en un formulario en GitHub, https://github.com/JJ/paseos-por-venecia/issues, donde también está todo el libro con una licencia libre y puedes sugerir cambios a través del interfaz web o como te apetezca; Fernando Tricas y mi hija Elena Merelo ya lo han hecho, y se lo agradezco).

Pero Venecia es un mosaico, y en los mosaicos pintados en el suelo se juega a la Rayuela, así que quizás la mejor forma sea reorganizar todo este material (y el que surja) en tal rayuela, de forma que puedas organizar tu propia secuencia de saltos, tus propios paseos, en capítulos pequeños, unidos unos a otros por secuencias que pueden sugerirse, pero nunca hilarse explícitamente.

Como el propio "trabajo futuro" de estos artículos en revistas científicas, sucederá o no. Mientras tanto, agradezco al lector o lectora haber llegado hasta aquí, y espero que este libro le ayude a disfrutar de Venecia un poco más, si cabe.

En la versión en papel se ha usado el tipo de letra "Bembo", que imita las fuentes usadas por Aldo Manuzio en su imprenta, y que se denomina tipo de letra "Veneciano".

Dedicatorias y reconocimientos

Las dedicatorias son lo más importante del libro, por eso lo dejamos para el final. Desde que lo comencé en febrero de 2022, tratando de añadir un poquito todos los días, ha habido un montón de gente que, de una forma u otra, me ha ayudado, o contestando a mis dudas, o soportándome mientras daba la chapa sobre el tema (y lo que les quede), o no contestándole a dudas razonables sobre qué había dicho el menda en la serie de la tele cuando yo estaba en el sofá escribiendo en mi iPad con teclado (que es donde mayormente lo he escrito).

Lo más importante primero: Charo, mi mujer, mis hijas Elena, Cecilia y Charo, me han animado, han soportado mis peroratas a lo largo de tres viajes (dos de ellos una vez comenzado este libro). Charo, además, ha corregido unos cuantos capítulos, y Elena me ha hecho también algunas correcciones en persona personalmente (homenaje al ínclito Catarella de la serie Montalbano).

Aparte de la susodicha Elena, Fernando Tricas también ha corregido errores tipográficos en el manuscrito, y por eso le estoy agradecido.

Mis amigos no han podido evitar que entre cerveza y cerveza les cuente el origen del punto y coma, o el sistema electoral de los dogos, así que salud, y muchas gracias por aguantarme.

Voy a dedicárselo también a mis estudiantes de Infraestructura Virtual del curso 22-23, qué diablos, que para ilustrar el concepto informático de domain driven design acabaron escuchando la historia de la batalla de Lepanto y el papel de las galeazas en la misma (y no solo).

Voy a tratar de poner a todo el mundo, sobre todo en Twitter, que me ha ayudado a entender ciertas cosas. A Cristina Molinari la escuché primero en un podcast y gracias a ella entendí cómo se elegía a los dogos, y sus implicaciones. Luego compartí un macchiatone con ella en la cafetería de Ca' Foscari, y pude comprobar el amor por la ciudad, pero también el conocimiento que tenía sobre ella y la amabilidad y paciencia al transmitirlo.

De entre la cuadrilla tuitera, cabe destacar a @laOlga60, que pacientemente ha contestado múltiples preguntas, y cuyos tuits me han inspirado a buscar información sobre un montón de cosas, que han acabado en estas páginas. Otras personas, como `@mafalda_venice`, me ha mostrado muchas cosas sobre Murano; Monica Cesarato, @monicacesarato, es una guía excelente e, in situ, nos dio a conocer historias sobre el vino y los cicchetti que habría sido imposible conocer de otra forma. @DreamOfVenice me inspiró con sus novelas y sus imágenes. Y, por supuesto, `@alberto_sanavia`, que todos y cada uno de los días del año pone varios eventos acaecidos en la Serenísima, y donde he sacado muchísima información. Josto Maffeo me dio buenos consejos y me iluminó zonas que hasta entonces habían estado en la oscuridad.

Este libro se ha escrito desde febrero de 2022 hasta enero de 2023 en aviones volando sobre Europa, Granada, Playa Granada (Motril), Tallin, Tartu, Narva, Kuressaare, Pärnu, Vigo, Berlín, Lisboa y, por supuesto, Venecia, causa primera y destino último.

www.ingramcontent.com/pod-product-compliance
Lightning Source LLC
Chambersburg PA
CBHW052341220526
45465CB00003BA/909